財務報告論

第3版

Financial Reporting Theory

矢部孝太郎 編著

原田保秀・吉岡一郎・酒井絢美・近藤汐美
松脇昌美・中村映美・梶原太一・廣瀬喜貴 著

中央経済社

第３版への序

本書は，企業の財務報告，連結財務諸表を中心とする会計情報，および経営基礎分析，財務諸表分析，企業価値評価からなる企業分析に関する体系的知識を説明したものです。これらの専門的知識は，企業経営者，ビジネスパーソン，投資家，金融・証券アナリスト，経営コンサルタントといった経済人や職業的専門家が，自らの目標を最大限に達成するための合理的な経済的意思決定を行ったり，自らの専門的職務を遂行するために，不可欠となる知識です。

企業が作成する財務諸表は，企業の経営上の業績（経営成績）や，企業の財務状況（財政状態）を，客観的な数値で示すためのものです。財務諸表を見れば，企業の経営状況を正確なデータに基づいて理解できることになります。

わたしたちが生きるために，あるいは快適に生活するために必要な物資（商品・製品）やサービスなどは，経済社会における生産主体である企業が生産・提供しています。そして，多くの人が企業で働いて生産活動に従事し，生活に必要な賃金・給料を得ています。したがって，企業はわたしたちの身近にある存在であり，社会にとって不可欠な組織体です。たとえば，長年にわたって販売されているロングセラー商品や，長年にわたって営業している総合スーパーのように，企業が生産・提供する商品・製品・サービスは，消費者である個人の生活や人生に関わり，あるいは，社会全体での文化を構成するものとなります。このように，企業は，わたしたちの生活や人生に大きく関係しています。

ひとりひとりの人間の場合，光る明日を見つけて明日をつかむために，前向きに，少しずつでも，自分自身の目標や課題，仕事に努力を続けていくことが，成果を得ることと，（ゆっくりあるいは急速に）成長していくことにつながると同時に，その中で，充実感・充足感や達成感，安心感という幸福や心の安寧の要因につながると思われます。企業についても同様なことが言え，企業は，良い企業活動を行い，良い商品・製品・サービスを生産・提供し，顧客価値・顧客満足を高めて，適正な利益を得るために，経営者・従業員が不断の努力を続けていくことが，企業の持続的な成長と中長期的な企業価値の向上につながると同時に，その中で，従業員の経済的待遇の向上，従業員自身の成長や働きがい，株主，利害関係者の利益につながっていきます。このように，企業という存在は，社会全体の幸福（厚生・福祉・福利）の最大化に大きく関与しています。

企業は，社会に多くの便益（便利さ）を提供し，消費者の生活の利便の向上や生産者の生産性の向上に寄与して，社会に役立ち，社会に貢献しています。企業は，生産活動によって，社会に存在する価値を増大させる役割を果たし，経済・社会全体の発展と，人類の福祉と繁栄の拡大に欠かせない存在です。

企業経営者の場合，企業の利益と企業価値を最大化し，長期持続的に企業を成長させて，企業のすべての利害関係者と社会に貢献していくためには，財務諸表上の財務数値が良くなるように，企業経営を行っていく必要があります。したがって，企業を経営する経営者は，財務報告，会計，財務諸表，企業分析に関する極めて高度な専門的知識を備えなければなりません。

営業担当や経理職といったビジネスパーソンの場合，ビジネスの基礎知識であって，職務に必要であり，ビジネスの共通言語としての会計，財務諸表，財務諸表分析の知識を身につける必要があります。

自己責任を負って自己の投資利益の最大化を図る株主・投資家の場合も，合理的な投資意思決定のために，財務報告や企業分析の知識が必要となります。

本書の内容を学び，実際の上場企業の財務報告書や連結財務諸表を読み，企業分析をする練習を積み重ねることにより，財務報告書と連結財務諸表を読みこなし，財務報告情報と会計情報を理解・解釈・分析し，企業の経営状況を正確かつ精密に深く理解して，その認識，分析，評価を記述・表現する能力を身につけることができます。そして，企業の経営成績や財政状態を評価する能力や，適正な企業価値や株価水準を評価する能力を身につけることができます。

本書を用いて学ぶ読者の方々が，本書で説明する財務報告書，連結財務諸表，企業分析（経営基礎分析・財務諸表分析・企業価値評価）の知識を活用して，将来，企業経営者，経営幹部，経理責任者，財務担当役員，起業家，アナリストなど，さまざまな業種のビジネスリーダー，投資家などとして，社会で大活躍され，満たされた日々を送られることを心より祈っております。

しあわせになるために生きていく中で，本書が役立つことがあり，ひいては，心の安寧につながることがあれば，光栄の至りに存ずるところです。

2023年　桃の花が咲き誇る季節に　神戸にて

著者一同を代表して

矢部　孝太郎

目　次

第1部　企業会計

第3部　企業分析

第1部　企業会計

企業の財務報告（financial reporting）とは，企業が利害関係者に対して，
会計情報を中心とする財務情報と，
それに関連する企業の情報（非財務情報）を報告する行為のことです。
会計情報とは，会計によって作成された会計数値を中心とする情報のことです。
会計（accounting）とは，経済主体（経済活動を行う単位のこと）の行動によって生じた結果を，
貨幣金額で測定し，記録し，伝達する行為のことです。
企業会計は，企業の会計記録（会計帳簿，会計データ）を作成し，
そのデータを集約した，企業の財務諸表を作成し，
それを開示（ディスクロージャー，情報公開）する技術です。
企業会計により作成された会計記録と財務諸表は，
企業が説明責任（アカウンタビリティー）を果たすことにも役立ちます。
財務諸表は，企業活動の成果（企業業績）や企業の経済状況を報告するための書類です。
財務諸表上の会計数値と，それを加工した財務比率などの財務指標は，
企業業績や財政状態などを比較可能な客観的数値で示す，
インディケーター（指標，計器）です。
企業内部の経営者・経営管理者も，企業外部の利害関係者も，財務諸表，財務指標を使って，
企業を分析し，企業を評価し，自らの経済的意思決定を行います。
第１部では，大企業の経営状況を理解し，分析し，評価するときに必要となる，
連結財務諸表の情報内容について説明します。
多くの大企業は，子会社とよばれるグループ企業と企業集団を構成して，
事業活動を行っています。
連結財務諸表は，１つの企業集団全体の経営状況を示す財務諸表です。
子会社を持たない企業は，個別財務諸表（単体財務諸表，財務諸表）のみを作成しますが，
連結財務諸表に関する知識があれば，個別財務諸表を理解することができます。
財務諸表（連結財務諸表，個別財務諸表）を理解する能力は，
企業を正確に理解する能力の基礎です。

財務報告と会計の意義

1　企業の意義

(1) 利潤追求と市場競争

企業（営利企業）は，財・サービスを，顧客に販売することによって，利益を得ようとする主体です。企業は顧客に財・サービスを販売することによって，顧客から販売代金を受け取ります。顧客への販売金額を，売上(うりあげ)収益といいます。一方，企業は，顧客に引き渡す財・サービスの仕入(しいれ)原価や製造原価，人件費，経費，営業費等の費用を支出しています。この収益合計と費用合計の差額が，**利益**（もうけ）となります。費用合計が収益合計を上回る場合は，**損失**が出ていることになります。損失の累積が巨額となると企業は倒産します。

市場経済では，同種の財・サービスを生産する企業間で生き残りをかけた競争が行われています。販売競争や，新製品の開発競争，技術革新の競争などに負け，損失を出してしまえば，倒産してしまうこともあります。競争に勝って市場で生き残り，利益を効率的かつ持続的により多く稼ぎ出すことができる企業ほど，社会の役に立っているといえます。なぜなら，顧客（消費者）は，自らの自由意思で，お金を払って財・サービスを購入し，その消費によって満足や便利さ・快適さなどの便益を享受しているため，利益を多く上げている企業ほど，多くの便益を社会に提供していることになるからです。反対に，顧客（消費者）のニーズに合った財・サービスを提供していない企業や，顧客（消費者）のニーズに合った財・サービスを適切な生産コストで生産できない企業は，利益を上げられず損失を出して，財産を失い，倒産して，社会の中から消滅してしまいます。社会から必要とされない企業は，淘汰されるのです。利益にはそれに対応する顧客満足や顧客の利便，幸福といった裏付けがあるため，利益の金額が大きい企業ほど，社会の役に立ち，社会に貢献しているといえます。

本書では，大企業やグローバル企業であり，金融商品取引所に株式や社債を上場（取引所で売買できるようになること）している上場会社である株式会社を想定して，その企業を，**財務**（お金や財産や利益に関することがら）面から**企業分析**するための基礎的な体系的知識を説明します。

（2）企業活動の基本サイクル

株式会社は，事業の継続的な運営によって利益を得て，その利益を，会社の出資者であり所有者である株主に，分配（配当）して，株主に利益を還元することを目的とする組織です。

営利を目的とする企業（株式会社）は，事業（ビジネス）を行うために必要な**資金**（**資本**）を調達し（**資金調達**），その資金で設備投資や在庫投資などの投資を行い（**資金運用・投資**），その投資によって得た事業用の資産を使って，仕入・生産・販売・代金回収といった基本的な業務活動を行って新たな資金を稼ぎ出すことで，投資資金を**回収**して，同時に，**利益**を上げ（**営業活動**），その利益を企業の所有者に分配する（**利益分配・利益配当**）ことを，基本的な活動の流れとしています。資金は**資本**（広義）とよぶこともあります。

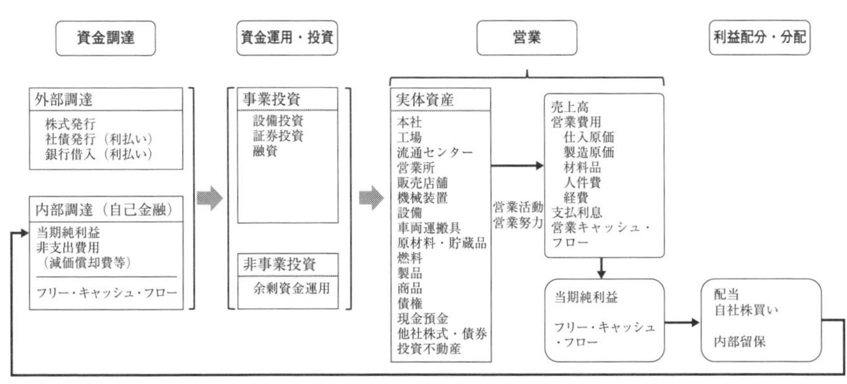

(3) 資本と利益，投資と回収

企業は，付加価値を付けた財・サービスを生産し，顧客に販売するという**事業**（ビジネス）で，利益を稼ぎ，お金を増やしていく主体です。企業活動では，元手の**資本**となる資金を調達し，その資本を**投資**して，営業活動により**回収**することによって，**利益**を上げていくというプロセスを繰り返します。資本は，投資と回収の繰り返しにより，利益を生み出しながら循環していき，利益によって増大していきます。調達した資本を投資し回収することで利益が生まれ，利益の分だけ資本が増加します。「投資の回収」はビジネス（商売）の基本であり，投資を回収し，さらに投資した金額以上の収入がなければ，利益は生まれず，回収できない金額すなわち回収不能額は，**損失**となります。損失が生じると，損失の分だけ資本が減少します。すべての資本を失えば，企業は倒産します。

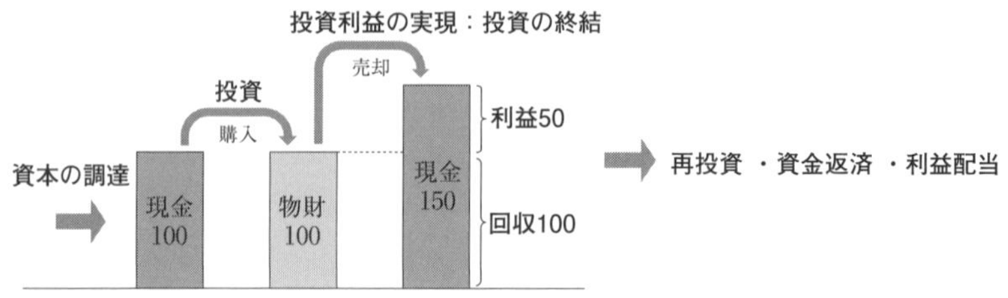

(4) 企業成長

企業成長とは，資本総額，資産総額，固定資産の規模，工場・営業所・販売店舗数，従業員数，売上高，人件費，純利益，キャッシュ・フロー（現金預金の収入・支出）などが増加していくことです。現在，大企業となっている企業も設立当初から大企業だったわけではなく，顧客に価値（便益）を提供することができる事業により利益を稼ぎ続けることで，大企業に成長していったといえるのです。銀行借入れによって資本（広義）の総額を増やすにしても，それに見合った利益を事業によって稼ぎ続けていなければ，長期的・継続的に借入残高を増やしていくことはできません。事業によって得る利益が大きくなっていくとともに，企業の資本は増加して，企業は成長していきます。

企業成長の財務的基本構造は，次の**図表1-1**のようなサイクルで理解することができます。設備投資によって，生産量や販売量が増加することにより，売上が増加します。売上の増加によって利益とキャッシュ・フローが増加します。

図表1-1　企業の最適成長モデルと財務サイクル

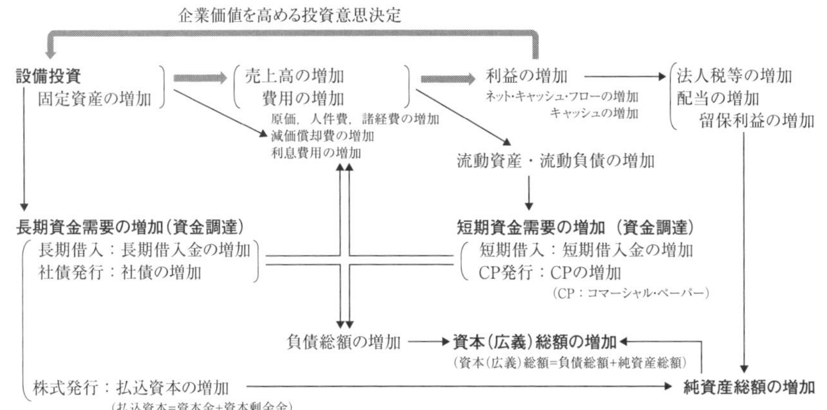

2　利害関係者

企業の**利害関係者**（**ステークホルダー**；stakeholders）とは，企業活動によって直接的あるいは間接的な影響を受ける，企業と利害関係を持つ者のことです。株式会社の場合，①投資者（現在および将来の出資者（株主），社債権者），②金融機関，③仕入先，④顧客（消費者，得意先），⑤地域住民，⑥税務当局，⑦監督官庁（国・地方自治体），⑧従業員，⑨経営者などのことです。社債権者，金融機関，仕入先などは，債権者ともいいます。企業の経営者は，すべてのステークホルダーに配慮しながら企業経営を行う必要があります（188頁参照）。

企業の利害関係者は，企業会計の情報を，自らの意思決定に役立てます。

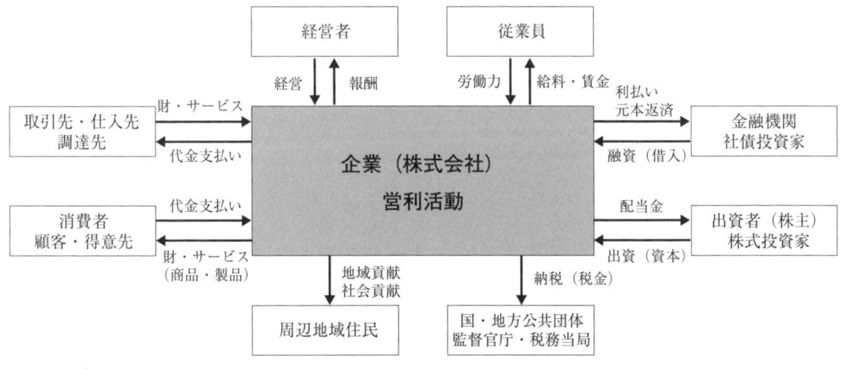

3　企業会計と財務諸表

企業は，顧客に財・サービスを提供する事業活動を通じて社会に対して価値を創出し，その結果として，利益を稼得（稼ぎ出して得ること）する社会的存在です。企業が，事業活動の成果（結果）として，いくらの利益を稼得したのか，ということは，人間の直観や感覚でわかるものではありません。企業の財産と債務や資金収支（収入・支出）を記録・計算し，同時に，企業が，利益をいくら稼得したかを，客観的に，貨幣金額を使って，数値で明らかにする体系的な記録・計算システムを企業会計といいます。

企業会計とは，**複式簿記**（現行の企業会計で使われている記録・計算技術のこと）によって，企業の財産や活動などを，帳簿に記録し，一定の期間ごとに帳簿の情報をまとめた財務諸表を作成して，その財務諸表によって，企業の利害関係者に対して企業の財務情報を報告し，説明する一連のプロセスのことです。企業会計は，企業の財産や活動などを，複式簿記によって帳簿に貨幣金額を用いて記録することで**会計情報**を作成し（**会計測定**），その会計情報を企業内部および外部の利害関係者に対して提供する（**情報伝達**），技術体系とその実践行為のことといえます。企業会計を行うことで，企業の利益が客観的な数値で明らかになります。利益数値は，企業の業績（**企業業績**）を示すものであり，企業会計は，企業の**業績測定**を行うシステムです。

財務諸表・会計情報によって，利害関係者は，企業の経営状態（企業業績・財務状況等）を客観的な数値で理解することができ，企業の収益力や効率性あるいはどこに問題や無駄があるのかなどの経営課題，成長性，負債の返済能力，資金繰りの安定性，倒産可能性などを評価することが可能となります。

企業会計は，財務会計と管理会計に分類されます。

財務会計（financial accounting）とは，資金調達（**ファイナンス**；finance）のための会計であり，企業が**資本市場**（金融商品市場と金融市場）で資金調達するために，企業外部の投資者（現在および将来の株主，債権者（銀行など））などに対して，会計情報の報告書である財務諸表を提供することが目的の会計です。

財務諸表とは，企業の財政状態や経営成績，キャッシュ・フロー（資金収支）の状況などを説明するために，複式簿記によって作成した会計情報（**財務会計情報**）をまとめた報告書のことです（８節で説明します）。**財政状態**とは，ある一時点における企業の財産や債務などの金額と状況のことであり，**財務状況**ともいいます。**経営成績**とは，企業のある一定期間における経営の成果のことであり，**企業業績**，**業績**，**財務業績**ともいいます。財務会計は，株主（株主総会）への決算（会計）報告のための受託責任会計と，投資者等への情報開示のための情報公開会計に分類されます。前者は５節で，後者は６節で説明します。

管理会計（managerial accounting）とは，経営管理（**マネジメント**；management）のための会計であり，経営者が的確な企業経営を行うために，企業内部の各レベルの経営管理者（社長，副社長，部長，課長など）に対して，原価管理や利益管理，予算統制，業績評価，経営意思決定に役立つ会計情報を提供することが目的の会計です。

4　財務会計の機能

財務会計には，情報提供機能と利害調整機能があります。これらの機能を果たすことが財務会計の社会における存在意義です。

情報提供機能は，財務会計が，企業の利害関係者の意思決定に有用な情報を提供する機能のことです。たとえば，株式投資や社債投資を行う投資者の投資意思決定に役立つような企業の財務情報を提供するという機能のことです。

利害調整機能は，財務会計が，企業の利害関係者間の利害対立を調整する機能のことです。これには，①株主と経営者の間の利害の調整，②株主と債権者の間の利害の調整，③株主と税務当局（徴税権者）の間の利害の調整などがあります。①について，経営者は株主総会で選任され，株主のための経営を行う義務を負っていますが，株主が経営者を常時監視することはできないので，株主は，経営者が株主のための経営を行い，成果をあげたかどうかを，財務諸表を見ることによって判断することになります。財務諸表で示される企業業績が良好であれば，経営者の任期や報酬総額も厚遇されます。②について，株式会社は，剰余金の配当とよばれる株主への配当金の支払いを行いますが，無制限に配当金を支払える場合，会社にお金を貸している債権者の資金回収に悪影響を与える場合があるため，会社法では，財務諸表（貸借対照表）を基礎にして，剰余金の配当の金額を制限しています。③について，株式会社は，法人税などの税金を支払いますが，法人税法では，公平な課税のために，法人税の金額を，財務諸表（損益計算書）の純利益の金額を基礎にして計算します。

5　受託責任会計とアカウンタビリティー

株式会社の所有者は，株式会社に出資した株主です。株主は，会社の経営者である取締役に，会社の経営や財産の運用を委託しているといえます。

財産や業務を委託された人のことを代理人・**エージェント**（agent）といい，委託した人のことを依頼人（主人）・**プリンシパル**（principal）といいます。株式会社の場合は，株主がプリンシパルで，経営者がエージェントです。

プリンシパルとエージェントの関係は，**エージェンシー関係**（agency relation）といいます。エージェンシー関係において，エージェントはプリンシパルから任された財産や資金の運用・管理（企業経営）業務を誠実に行う義務を負います。この義務を**受託責任**（スチュワードシップ；stewardship）といいます。そして，エージェントは，プリンシパルに対して，自らの業務の結果（顛末）を報告する義務を負います。この義務を，**説明責任**（アカウンタビリティー；accountability）といいます。

株式会社において，経営者（取締役）は，株主の利益のために，株主資本利益率の最大化や企業価値の最大化を目的として行動するという受託責任があり，株主総会において株主に対して財産の運用の結果や状況について**決算報告**（**会計報告**）する説明責任があります。経営者が株主に対して説明責任を果たす際に，決算報告によって，企業会計に関して説明する責任を**会計責任**といいます。

エージェントである経営者が，プリンシパルである株主に対して，決算報告をするときの報告書が，財務諸表（会社法では計算書類という）（決算書）です。決算報告が，アカウンタビリティーの具体的な履行であり，経営者は，財務諸表によって，財産の状況や業務遂行の成果についての説明責任・会計責任を，株主に対して果たすことになります。

株式会社において，財務会計によって財務諸表を作成し，エージェントである経営者が，プリンシパルである株主に対して，財務諸表によって，説明責任と会計責任を果たすために行われる会計を，**受託責任会計**といいます。受託責任会計は，プリンシパルとしての株主に対する情報提供のための会計です。

受託責任会計の内容は，**会社法**によって具体的に定められています。会社法に基づく会計制度（**会社法会計**）については，第6章で説明します。

6　情報公開会計とディスクロージャー

企業は，事業に必要な資金（資本）を，企業の外部の投資者から調達します。上場会社は，株式や社債を証券取引所に上場することにより，株式発行によって出資者（株主）から，社債発行によって社債権者から，資金を調達します。

上場会社は，投資者から資金調達を円滑に行うために，自己の**会計情報**（財務諸表）を証券市場の投資者全体に対して**情報公開・情報開示**（**ディスクロージャー**；disclosure）します。投資者全体とは，現在の投資者および将来の潜在的な投資者の全体のことであり，社会全体の個人や会社，機関投資家等を含んでいます。つまり，上場会社は，社会一般に広く，会計情報を情報公開しています。もし，会計情報（財務諸表）のディスクロージャーが行われていないとしたら，企業の経営者は，企業の会計情報を保有するのに対して，投資者は，企業の会計情報を保有しないことになります。そのような状況を，**情報の非対称性**があるといいます。その状況では，会社の発行する証券である株式や社債の品質，すなわち企業自体の品質を，投資者が知ることができないため，自己責任を負う投資者は，情報不足による投資リスクによって，株式や社債の購入を行うことができなくなります。したがって，企業側も，資金調達ができないことになります。このような状況を回避するために，企業の会計情報についての情報の非対称性を緩和（解消）することが必要となり，そのために，会計情報（財務諸表）のディスクロージャーが行われます。

現在の投資者および将来の潜在的な投資者の全体すなわち社会一般に，企業の会計情報を情報公開するために行われる会計を，**情報公開会計**といいます。情報公開会計は，現在の投資者および将来の潜在的な投資者の全体に対する情報提供のための会計です。

情報公開会計の内容は，**金融商品取引法**によって具体的に定められています。金融商品取引法に基づく会計制度（**金融商品取引法会計**）によって，**有価証券報告書**という報告書が作成・公表されますが，その中のメインの情報として，企業の財務諸表が記載されます。有価証券報告書は，社会一般に情報公開されますので，株式と社債を購入する投資者以外の利害関係者も利用することができます。金融商品取引法に基づく会計制度については，第6章で説明します。

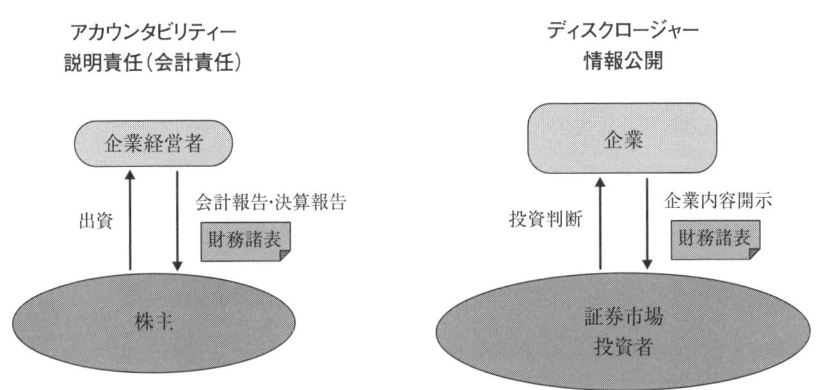

7 企業集団，親会社，子会社，関連会社

大企業は，多くの場合，自らが親会社となって，支配従属関係のある子会社，関連会社とともに企業集団（企業グループ）を構成し，グループとして企業活動を行っています。それは，大企業は，経営を多角化して複数の事業を営み，また，海外を含む複数の地域で事業を行っていることが多く，その場合，複数の会社で，事業を分担した方が効率的に事業運営を行えるからです。

企業集団（企業グループ）とは，1社の親会社と，従属するすべての子会社および関連会社から構成される1つの組織体（経済的実体）です。なお，ある1社の親会社，子会社，関連会社を合わせて，**関係会社**といいます。

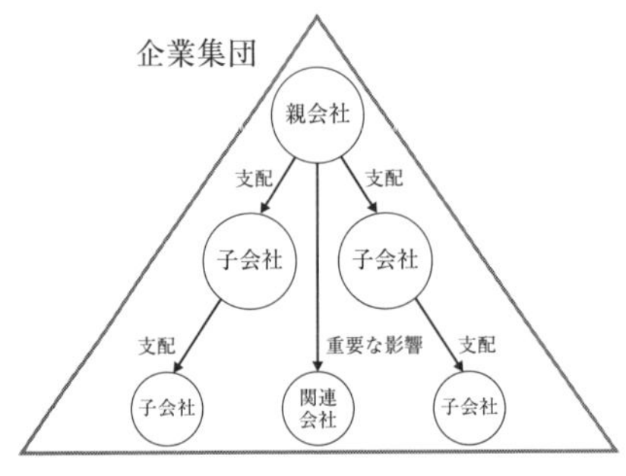

- 企業会計上は，子会社が支配する子会社のことも孫会社とはよばず，子会社とよび，ひ孫会社等についても同様に，子会社とよびます。
- 上記の「企業集団」という概念は，日本の六大企業集団（三井・三菱・住友・芙蓉・三和・第一勧銀）とは異なる概念です。

親会社とは，他の企業の意思決定機関を支配している企業のことであり，**子会社**とは，他の企業によって自社の意思決定機関を支配されている企業のことです。意思決定機関とは企業が株式会社の場合は，株主総会と取締役会のことです。具体的には，親会社が議決権（議決権付き株式）の過半数（50%超）を所有する場合は，当該議決権を所有されている会社は子会社となります（**持株基準**）。また，親会社が議決権の40%以上を所有し，かつ，①親会社と同一の意思で議決権を行使する者（他の子会社など）の所有する議決権と合わせて過半数を占める場合，または，②親会社の役員や従業員が取締役会の構成員の過半数を占めている場合，または，③重要な財務・営業・事業の方針の決定を支配する契約等が存在する場合，または，④負債による資金調達額の過半を親会社もしくは親会社と緊密な関係のある者が融資している場合，または，⑤その他，意思決定機関を支配していることが推測される事実が存在する場合は，当該議決権を所有されている会社は子会社となります（**支配力基準**）。さらに，親会社が所有する議決権が40%未満であっても，親会社と同一の意思で議決権を行使する者（他の子会社など）の所有する議決権と合わせて過半数を占め，上記の②から⑤のいずれかに該当する場合も，当該議決権を所有されている会社は子会社となります。親会社が，子会社の議決権（議決権付き株式）を自ら所有することを**直接所有**といい，親会社が支配する子会社が，別の会社の議決権を所有することで，親会社が間接的に議決権を所有することを**間接所有**といいます。

関連会社とは，他の企業によって自社の財務・営業・事業の方針の決定に重要な影響を受ける子会社以外の会社のことです。具体的には，親会社が議決権（議決権付き株式）の20%以上を所有する場合で，子会社ではない場合は，当該議決権を所有されている会社は関連会社となります。また，親会社が議決権の15%以上20%未満を所有し，かつ，①親会社の役員や従業員が代表取締役や取締役等に就任している場合，あるいは，②重要な融資を行っている場合，③重要な技術提供を行っている場合，④重要な取引がある場合，その他，財務・営業・事業の方針の決定に重要な影響を与えることができると推測される事実が存在する場合は，当該議決権を所有されている会社は関連会社となります（**影響力基準**）。さらに，親会社が所有する議決権が15%未満であっても，親会社と同一の意思で議決権を行使する者（他の子会社など）の所有する議決権と合わせて20%以上を占め，上記の①から④のいずれかに該当する場合も，当該議決権を所有されている会社は関連会社となります。

8　連結財務諸表

（1）連結財務諸表

企業集団の親会社は，連結財務諸表を作成しなければなりません。**連結財務諸表**とは，支配従属関係にある２つ以上の企業からなる集団（企業集団）を単一の組織体とみなして，親会社が，当該企業集団全体の財政状態，経営成績およびキャッシュ・フローの状況を総合的に報告するために作成する財務諸表です。なお，単一の企業の財務諸表を，**個別財務諸表**（単体財務諸表，財務諸表）といいます。１つの企業集団内の親会社，子会社，関連会社などの個々の会社は，それぞれ別個に個別財務諸表を作成しています。

連結財務諸表は，次の５つの財務表および連結附属明細表から構成されます。

［１］　**連結貸借対照表／連結財政状態計算書（IFRS）**（第２章）

企業集団の，ある一時点における，すべての，資産，負債，純資産（資本）の残高を記載し，企業集団の財政状態を示す報告書

［２］　**連結損益計算書**（第３章３節）

企業集団の，一会計期間における，収益と費用の金額を記載して，収益合計と費用合計の差額である当期純利益（損失）を計算・表示し，企業集団の経営成績（業績）を示す報告書

［３］　**連結包括利益計算書**（第３章４節）

企業集団の，一会計期間における，当期純利益とその他の包括利益の金額を記載して，その合計である包括利益（損失）を計算・表示し，企業集団の活動全体の包括的な企業業績を示す報告書

［４］　**連結株主資本等変動計算書／連結持分変動計算書（IFRS）**（第４章１節）

企業集団の，一会計期間における，純資産の変動金額を，純資産項目別・変動事由別に記載し，企業集団の純資産の変動状況を示す報告書

［５］　**連結キャッシュ・フロー計算書**（第４章２節）

企業集団の，一会計期間における，キャッシュ・フロー（現金預金の流れ），すなわち，収入と支出を記載し，企業集団のキャッシュ・フローの状況を示す報告書

連結附属明細表は，社債，借入金，資産除去債務の金額の明細表です。

本書では，連結財務諸表を，第２章から第５章でくわしく説明します。

(2) 連結と持分法

連結財務諸表は，企業集団内の個々の会社（親会社と子会社）が作成している個別財務諸表を合算し調整する，すなわち連結することで作成されます。連結財務諸表の作成技術は，**連結会計**とよばれます。

個別財務諸表が連結されて連結財務諸表に含められる企業の範囲のことを，**連結の範囲**といいます。親会社は，原則として，すべての子会社を連結の範囲に含めなければなりません。ただし，支配が一時的であると認められる子会社，および連結することにより利害関係者の判断を著しく誤らせるおそれのある子会社（たとえば，激しい物価上昇が生じている国に立地する子会社など）は，連結の範囲から除外しなければなりません。また，重要性の乏しい小規模な子会社は連結の範囲に含めないことができます。連結の範囲に含まれる子会社を**連結子会社**といい，連結の範囲に含まれない子会社を**非連結子会社**といいます。親会社と連結子会社を合わせて**連結会社**といいます。連結子会社については，その個別財務諸表を連結することで，その企業業績・財務状況が，連結財務諸表に反映されます（これを全部連結といいます）。

非連結子会社と関連会社については，「**持分法**（もちぶんほう）」という会計処理により，その企業業績が，連結財務諸表上に反映されます（これを部分連結といいます）。持分法を適用する企業の範囲のことを，**持分法の適用範囲**といいます。親会社は，原則として，すべての非連結子会社と関連会社を持分法の適用範囲に含めなければなりません。ただし，持分法を適用しても連結財務諸表に重要な影響を与えない場合は，持分法の適用範囲に含めないことができます。持分法が適用されることで連結財務諸表に業績が反映されている会社のことを，**持分法適用会社**といいます。持分法は，個別財務諸表を連結することなく，持分法適用会社の個別損益計算書上の利益または損失のうち親会社（連結会社）の**持分**（議決権の所有割合などに基づく会社の部分的所有権として会社に対して有する権利のこと）または負担（持分法適用会社の欠損の負担について責任を負う範囲のこと）に見合う額を，当該会社への投資に関する資産勘定残高に増額または減額して，同時に，その額を連結損益計算書上の当期純利益に算入する方法です。

本書では，企業業績が連結財務諸表に反映される，連結会社（親会社および個別財務諸表を連結する連結子会社）と持分法適用会社（持分法を適用する非連結子会社および関連会社）を合わせて，**連結グループ**とよぶことにします。

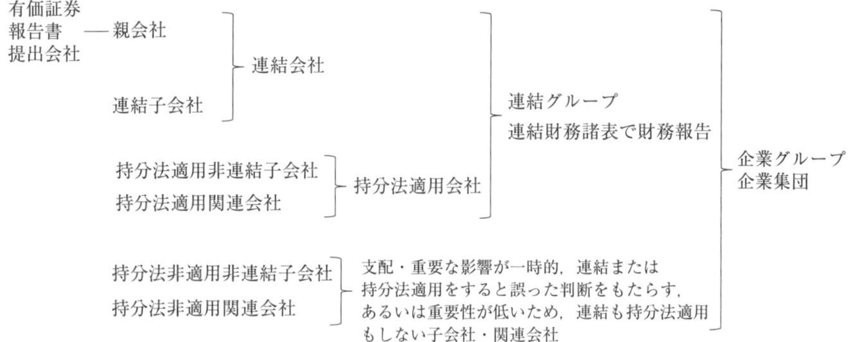

9　親会社株主と非支配株主

親会社は，子会社の議決権（議決権付き株式）を保有する，子会社にとっての株主であり，子会社を支配しているため，子会社にとって**支配株主**といえます。

親会社が１つの子会社の議決権（議決権付き株式）の100％を保有している場合，その子会社を**完全子会社**といい，親会社を**完全親会社**といいます。

親会社（または連結会社）が１つの子会社の議決権の100％を保有していない場合，すなわち，完全子会社ではない場合は，親会社（または連結会社）以外に，つまり，企業集団の外部に，その子会社の発行する議決権（議決権付き株式）を保有する株主が存在するということになります。そのような株主は，その株式の発行会社を支配していないため，非支配株主といいます。**非支配株主**とは，企業集団における子会社（連結子会社）に該当する会社の株式を所有している株主のうち親会社（または連結会社）以外の株主のことです。非支配株主は企業集団に含まれない，企業集団外部の主体です。非支配株主は企業集団における子会社（連結子会社）に該当する会社に，出資者として資金を提供している資金提供者ですが，その会社を支配しているわけではないため，企業集団外部の第三者と位置付けられます。

１つの企業集団の親会社に当たる会社の株式を所有している株主のことを**親会社株主**といいます。連結財務諸表は，親会社が，企業集団全体の企業業績・財務状況を，利害関係者に報告するために作成するものですが，主として親会社株主を報告先の中心としており，企業集団の親会社株主に係る成果とそれを生み出す資本に関する情報を提供するものです（これを親会社説といいます）。

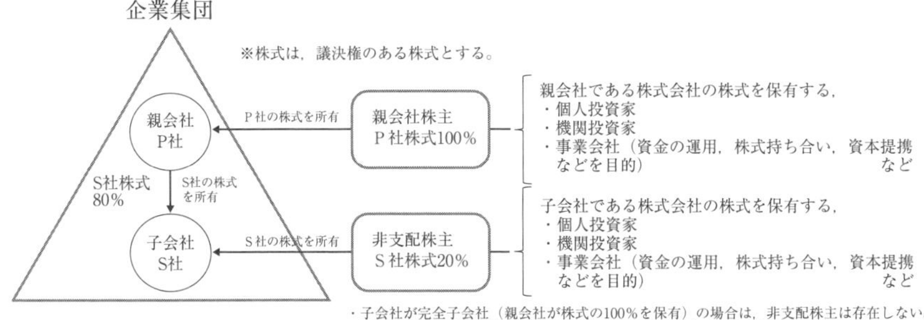

10　財務報告の意義

企業は社会に対する説明責任を果たすため，および，投資者に企業価値を適切に評価してもらい資金調達を円滑に行うための情報公開として，財務報告書を作成し，財務報告を行っています。上場企業が作成する財務報告書には，**有価証券報告書**，**決算短信**（けっさんたんしん），**アニュアルレポート**（**年次報告書**），**統合報告書**などがあります（これらについては第６章で説明します）。

財務報告（financial reporting）とは，企業が，利害関係者に対して，企業の経営状況の分析や企業の将来予想のために役立つ，財務情報の提供を行うことです。財務報告の目的は，企業の利害関係者の合理的な意思決定に役立つ有用な情報を提供することです（これを意思決定有用性アプローチといいます）。

財務報告書とは，**財務諸表**（**連結・個別**）とそれ以外の文章や図表による説明によって企業の**財務情報**（企業の財産・債務，利益，収支などに関する金額データや企業の価値を評価するための情報）を詳細に説明する報告書です。また，財務情報に限定せず，企業を評価するために役立つ**非財務情報**（たとえば，企業倫理や企業の社会的責任に関する取組みの説明）についても説明されます。

財務報告書の情報は，企業の過去から現在までの実績情報と，それ以外で企業の将来の状況を予想するための基礎となる情報で構成されています。

財務諸表を分析すると，その組織体の利益，収益・費用構造，財産残高，財産の変動，資金の流れなどについて，理解することができます。多くの上場企業が該当しますが，企業集団を形成している企業の場合は，連結財務諸表が，その企業集団の財務会計情報を示します。連結子会社を持たない単独の会社の場合は，個別財務諸表が，その企業の財務会計情報を示します。

財務諸表以外の情報は，文章や図表を用いて説明されますが，その内容には，たとえば，経営理念，事業内容，製品内容，事業計画，グループ会社，役員・従業員，生産・受注・販売の状況，事業等のリスク，研究開発活動，設備投資，株式の状況，配当政策といった内容があり，これらの情報を，財務諸表（連結・個別）とあわせて用いることにより，客観的情報・データという基礎から，企業をより広く深く精密に分析・理解することが可能となります。

このように，財務報告書に示される客観的な数値や文章・図表による説明により，利害関係者は，企業や企業集団の経営状態（企業業績・財務状況等）および将来性を分析・理解・予想するための基本情報を得ることができます。利害関係者は，財務報告書に示される情報を用いて，企業や企業集団の**収益力・収益性**，**効率性**，経営上の問題点や課題，**債務返済能力**，**倒産可能性**，**存続・持続可能性**，**将来性**などを分析して，自らの意思決定に役立てようとします。

企業の財務報告は，それを行う一企業のみならず経済全体がうまく機能していくために必要不可欠なものです。すなわち，財務報告は，企業の経営者による企業内容の開示を促進し，市場参加者の情報の非対称性を緩和・解消し，証券および金融商品（株式，社債等）の公正な取引，円滑な発行・流通を促進し，資本市場を機能させ，公正な価格形成を保証し，資本市場において資金という希少資源の最適な配分を実現させ，経済の健全な発展に資する，社会全体にとっての社会的基盤（インフラストラクチャー）の１つです。

本書では，企業を財務面から正確に理解するために必要となる，財務報告書の情報内容についての体系的な知識を説明します。

会計と倫理

財務報告と財務会計の情報は社会の多くの人々に影響を与えうるものです。このため，財務報告，財務諸表の情報は真実であり，信頼できるものでなければなりません。財務諸表が企業の財務に関する諸状況について真実な情報を提供するものでなければならないという基本原則を「真実性の原則」といいます。イギリスでは，「真実かつ公正」(true and fair)，アメリカでは，「公正」(fairness)，日本では，「適正」であることを財務諸表の基礎としています。企業の経営者は，真実の情報で財務報告を行う義務を負っています。

企業の財務諸表は，企業取引の事実に基づき，会計ルールに従って，会計上の判断を行うことで作成されるものであるため不正が生じる余地があり，またそれは，社会全体にさまざまな影響を与えるものであるため，企業会計において倫理（ethics）は不可欠な根本的前提です。会計に関する倫理を会計倫理（accounting ethics）といいます。

キーワード

企業　上場会社　企業分析　企業活動　企業成長　利害関係者（ステークホルダー）
企業会計　会計情報　財務会計　財務諸表　管理会計　情報提供機能　利害調整機能
受託責任会計　説明責任（アカウンタビリティー）　受託責任（スチュワードシップ）
情報公開会計　情報公開・情報開示（ディスクロージャー）
企業集団　企業グループ　連結グループ　親会社　子会社　関連会社
連結財務諸表　個別財務諸表　親会社株主　非支配株主　財務報告　財務報告書

練習問題

問題１－１　カッコ内に適切な用語を記入しなさい。

(1)　資金調達のための会計を（①　　　）会計といい，経営管理のための会計を（②　　　）会計という。

(2)　企業集団の財務諸表を（③　　　　　）といい，１つの企業の財務諸表を（④　　　　　）という。

(3)　企業の財務情報を，財務諸表とそれ以外の手段によって，報告することを（⑤　　　　　）といい，金融商品取引法上の（⑥　　　　　）がその書類の代表例である。

(4)　説明責任のことを（⑦　　　　　　　　　）といい，情報公開・情報開示のことを（⑧　　　　　　　　　）という。

(5)　財務報告の目的は，企業の利害関係者の意思決定に有用な情報を提供することであり，この考え方を（⑨　　　　　）アプローチという。また，財務会計の機能には（⑩　　　　　）機能と，（⑪　　　　　）機能があり，前者は，企業の利害関係者が意思決定を行う際に有用な情報を伝達することを主眼としている。

問題１－２　興味のある上場企業を３社選び，その企業の最新の有価証券報告書を見て，その企業集団の親会社，子会社，関連会社の状況を調べなさい。115頁参照。

問題１－３　倫理問題

企業がディスクロージャーした財務情報に重大な虚偽が含まれていた場合，企業の利害関係者はどのように損害を受けることになるか。次の利害関係者，①投資者（現在および将来の出資者（株主），社債権者），②金融機関，③仕入先，④顧客（消費者，得意先），⑤地域住民，⑥税務当局，⑦監督官庁（国・地方自治体），⑧従業員，⑨経営者について，それぞれ説明しなさい。

連結貸借対照表

1 連結貸借対照表の意義

連結貸借対照表（れんけつたいしゃくたいしょうひょう），**連結財政状態計算書**（IFRSの場合）（consolidated balance sheet ; B/S, consolidated statement of financial position）とは，企業集団の，ある一時点における，すべての，資産（しさん），負債（ふさい），純資産（じゅんしさん）（資本（しほん））の残高を記載した報告書です。純資産は資本と言う場合もあります。

連結貸借対照表は，次の貸借対照表等式（会計等式）を基礎に作成されます。

資産合計＝負債合計＋純資産（資本）合計

ある一時点における，企業集団のすべての資産の合計金額は，すべての負債の合計金額とすべての純資産（資本）の合計金額の和に等しくなります。この関係は，企業会計上，企業集団のどの一時点においても常に成り立っています。

連結貸借対照表　（単位：億円）

資産　1,000	負債　200
	純資産　800

連結貸借対照表は，企業集団の**財政状態**（financial position；財務状況）を示す報告書です。

財政状態とは，資産，負債，純資産の残高の状況や，負債残高の多寡，負債残高と資産残高のバランス，固定資産と資金の調達源泉のバランス，負債と純資産のバランスなどのことを意味しています。負債が多すぎたり，負債に対して現金預金や金融資産が少なすぎれば，負債を期日に返済できず倒産してしまうリスクが高くなります。負債が多すぎる場合，財政状態は悪いといえます。

財政状態が悪い（良い）場合は，倒産するリスクが高い（低い）といえます。

連結貸借対照表の右側（負債と純資産の部）は，企業集団が資金（広義の資本という意味で，資本ともよぶ）をどのように調達したかを示し，**資金（資本）の調達源泉**を表すと解釈されます。他方，連結貸借対照表の左側（資産の部）は，調達した資金（資本）を企業集団がどのように運用（投資）しているかを示し，**資金（資本）の運用形態**を表すと解釈されます。

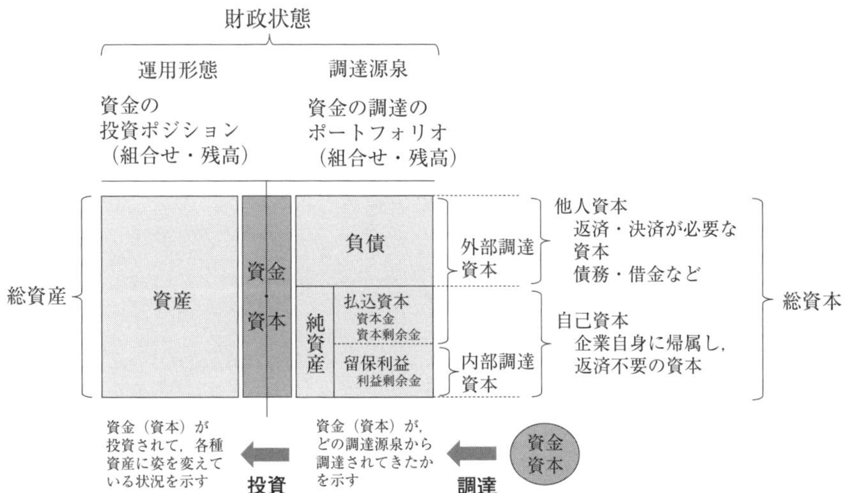

資産は，現金及び預金，受取手形・売掛金などの売上債権，商品・製品などの棚卸資産，土地・建物・備品・機械装置・車両運搬具などの有形固定資産，特許権・実用新案権・意匠権・商標権などの無形固定資産などのことです。

負債は，支払手形・買掛金などの仕入債務，短期借入金・長期借入金・社債などの有利子負債，退職給付に係る負債，各種の引当金などのことです。

純資産は，株主が出資した金額である資本金・資本剰余金，企業が事業によって稼得し企業内に留保した利益である利益剰余金などのことです。

2　連結貸借対照表の構成要素

連結貸借対照表に計上（認識）される資産，負債，純資産の定義は，以下のとおりです。これらの定義に合致しない項目は，連結貸借対照表に計上される資産，負債，純資産とならず，計上することができません。

①　資　産

資産（assets）とは，過去の取引などの結果として，現在時点において企業が保有（支配）しており，将来，企業に，現金収入（キャッシュ・イン・フロー）をもたらすような用役（サービス）や便益（ベネフィット）を提供すると期待される経済的資源のことです。日常用語でいう「財産」とおおむね同じです。

②　負　債

負債（liabilities）とは，過去の取引などの結果として，現在時点において企業が負っている，将来，債権者に，現金を支払う，現金以外の資産を引き渡す，または，サービスを提供することによって経済的資源を引き渡すという義務のことです。日常用語でいう「債務」とおおむね同じです。

また，負債は，債権者によって提供された経済的資源の調達金額を表し，債権者が持つ企業の資産に対する請求権を表します。

③　純資産

純資産（net asset）（**資本**）とは，資産の総額から負債の総額を控除した残りの金額のことです。日常用語のようにいえば「正味財産」ともいえます。

純資産（資本）合計＝資産合計－負債合計

純資産は，株主資本と株主資本以外の純資産項目からなります。株主資本は，親会社株主によって提供された経済的資源の調達金額を表し，資産総額から負債総額および株主資本以外の純資産総額を控除した後の残余の資産に対する親会社株主が持つ請求権（残余請求権）を表します。株主資本は，親会社株主が出資した出資残高と，企業集団が過去に稼ぎ出した親会社株主に帰属する純利益のうち，配当せずに内部留保した金額の累計によって構成されます。

3　連結貸借対照表の様式

連結貸借対照表において，資産，負債，純資産は，企業集団の財政状態をより明瞭に表示するために，一定の意味を持つ分類に区分されて表示されます。

資産と負債は，「**流動資産**」と「**固定資産**」，「**流動負債**」と「**固定負債**」に区分されます。資産は，上記の他に，「**繰延資産**」という分類区分もあります。

資産＝流動資産＋固定資産＋繰延資産
負債＝流動負債＋固定負債

資産・負債の流動項目と固定項目は，次のように分類されます。まず，企業の主たる営業活動内（仕入，生産，販売，回収の活動）において生じる資産・負債の項目は，すべて流動資産・流動負債となります。これを**正常営業循環基準**といいます。次に，主たる営業活動内以外の活動において生じる資産・負債の項目については，決算日から１年以内に期限の到来する債権・債務と，決算日から１年以内に費用・収益となる資産・負債の項目は，流動資産・流動負債となり，それ以外の項目は，固定資産・固定負債となります。これを**１年基準**といいます。こうして流動資産の合計金額と流動負債の合計金額が表示されると，短期的に支払期限の到来する債務や短期的な支払能力が表示されることになり，財務諸表利用者にとって有意義な情報提供となります（228頁参照）。

資産のうちの固定資産は，「**有形固定資産**」，「**無形固定資産**」，「**投資その他の資産**」に区分されます。

固定資産＝有形固定資産＋無形固定資産＋投資その他の資産

純資産は，「**株主資本**」，「**その他の包括利益累計額**」，「**株式引受権**」，「**新株予約権**」，「**非支配株主持分**」に区分されます。そして，株主資本は，「**資本金**」，「**資本剰余金**」，「**利益剰余金**」，「**自己株式**」に区分されます。

純資産＝株主資本＋その他の包括利益累計額
　　　　＋株式引受権＋新株予約権＋非支配株主持分

株主資本＝資本金＋資本剰余金＋利益剰余金－自己株式

図表2-1 【連結貸借対照表】の表示区分の構造

連結貸借対照表

×2年3月31日（時点）　　（単位：億円）

資産	1,000	負債	200
		純資産	800

連結貸借対照表：左側

資産	流動資産			230	1,000
	固定資産	有形固定資産	355	750	
		無形固定資産	190		
		投資その他の資産	205		
	繰延資産			20	

連結貸借対照表：右側

負債	流動負債			50	200
	固定負債			150	
純資産	株主資本	資本金	200	600	800
		資本剰余金	200		
		利益剰余金	250		
		自己株式	△50		
	その他の包括利益累計額			130	
	株式引受権			0	
	新株予約権			10	
	非支配株主持分			60	

（注）**図表2-1**は，連結貸借対照表の場合の分類表記ですが，個別財務諸表の貸借対照表では，「その他の包括利益累計額」は，「評価・換算差額等」と表記されています。

「評価・換算差額等」 ＝ 「その他の包括利益累計額」

個別財務諸表の貸借対照表の場合，「非支配株主持分」の項目は存在しません。

2015年3月以前の連結貸借対照表においては，「非支配株主持分」は，「少数株主持分」という名称で表記されています。

連結貸借対照表の表示区分の構造は，図表2-1のようになります（日本基準［「企業会計原則」・金融商品取引法「連結財務諸表規則」］の表示形式）。数字は，1つの数値例で，×2年3月31日時点において，資産は1,000億円，負債は200億円，純資産は800億円です。負債と純資産の合計金額は1,000億円で，貸借対照表等式に基づき，資産の合計金額1,000億円と一致しています。資産1,000億円は，流動資産230億円，固定資産750億円，繰延資産20億円から構成されています。負債200億円は，流動負債50億円，固定負債150億円から構成されています。純資産800億円は，株主資本600億円，その他の包括利益累計額130億円，新株予約権10億円，非支配株主持分60億円から構成されています。

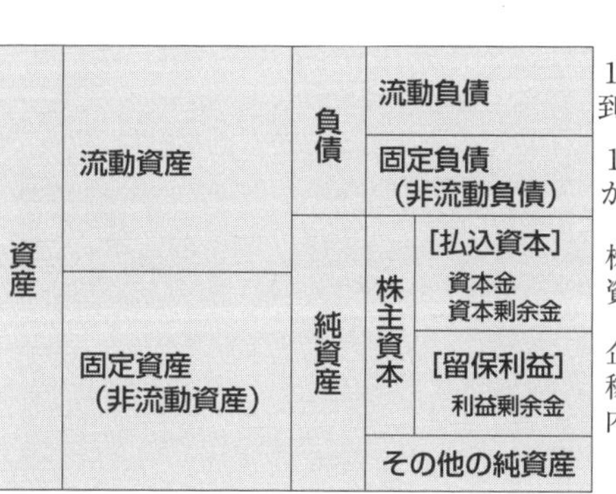

◆流動性配列法・固定性配列法

図表2-1の様式と**図表2-2**のコーセーの連結貸借対照表では，流動資産と流動負債が，上部に配置されています。貸借対照表において，流動資産と流動負債を固定資産と固定負債よりも先に（上に）記載する方法を，**流動性配列法**といいます。反対に，固定資産と固定負債を先に（上に）記載する方法を，**固定性配列法**といいます。一般的には，流動性配列法が採用されていますが，電気・ガス・水道業など固定資産の金額の占める割合が大きい業種を営む企業は，固定性配列法を採用している場合があります。

流動性配列法

借方	貸方
流動資産	流動負債
	固定負債
固定資産	純資産

固定性配列法

借方	貸方
固定資産	固定負債
	流動負債
流動資産	純資産

図表2-2 コーセー【連結貸借対照表】2022年度

（単位：百万円）

	前連結会計年度 （2021年12月31日）	当連結会計年度 （2022年12月31日）
資産の部		
流動資産		
現金及び預金	105,281	116,535
受取手形及び売掛金	※4 44,211	※4 52,451
商品及び製品	34,374	37,165
仕掛品	2,310	2,853
原材料及び貯蔵品	27,059	29,058
その他	4,243	7,080
貸倒引当金	△156	△664
流動資産合計	217,324	244,481
固定資産		
有形固定資産		
建物及び構築物	52,620	52,458
減価償却累計額	△24,429	△26,042
建物及び構築物（純額）	28,191	26,415
機械装置及び運搬具	21,902	22,161
減価償却累計額	△15,749	△17,226
機械装置及び運搬具（純額）	6,152	4,934
工具、器具及び備品	45,211	45,920
減価償却累計額	△38,062	△39,666
工具、器具及び備品（純額）	7,148	6,254
土地	17,393	17,363
リース資産	2,235	10,431
減価償却累計額	△1,699	△2,299
リース資産（純額）	535	8,132
建設仮勘定	132	824
有形固定資産合計	59,554	63,923
無形固定資産		
ソフトウエア	4,293	4,619
のれん	4,615	4,356
その他	5,357	5,474
無形固定資産合計	14,266	14,450
投資その他の資産		
投資有価証券	※1 15,534	※1 17,979
退職給付に係る資産	5,470	10,296
繰延税金資産	3,863	4,524
その他	4,515	4,560
貸倒引当金	△509	△616
投資その他の資産合計	28,874	36,745
固定資産合計	102,694	115,119
資産合計	320,018	359,600

（出所：コーセー2022年12月期「有価証券報告書」49-50頁。※の内容は省略）

（単位：百万円）

	前連結会計年度 (2021年12月31日)	当連結会計年度 (2022年12月31日)
負債の部		
流動負債		
支払手形及び買掛金	※3　7, 450	7, 913
電子記録債務	※3　16, 327	※3　18, 383
短期借入金	600	1, 361
リース債務	177	828
未払金	13, 455	15, 872
未払費用	10, 323	10, 919
未払法人税等	1, 968	3, 287
未払消費税等	1, 022	1, 476
返金負債	5, 077	5, 533
その他	※5　2, 734	※5　2, 004
流動負債合計	59, 136	67, 580
固定負債		
リース債務	639	7, 793
繰延税金負債	1, 374	4, 416
その他	4, 600	4, 462
固定負債合計	6, 614	16, 671
負債合計	65, 751	84, 251
純資産の部		
株主資本		
資本金	4, 848	4, 848
資本剰余金	26	62
利益剰余金	228, 791	240, 147
自己株式	△9, 090	△9, 082
株主資本合計	224, 576	235, 975
その他の包括利益累計額		
その他有価証券評価差額金	5, 830	6, 766
為替換算調整勘定	4, 389	10, 770
退職給付に係る調整累計額	3, 561	5, 480
その他の包括利益累計額合計	13, 781	23, 017
非支配株主持分	15, 909	16, 356
純資産合計	254, 267	275, 349
負債純資産合計	320, 018	359, 600

4　資　産

[Ⅰ] 流動資産

流動資産とは，企業外部との継続的な取引によって，資金（資本）が流動的に変動（運動）していく過程の中にある資産項目のことです。流動資産とは，

(イ)　現金預金（期限が決算日翌日から1年を超える預金を除く），
(ロ)　売買目的または1年以内に満期の到来する有価証券，
(ハ)　本業の営業活動（仕入・生産・販売・回収）において生じる資産項目，
(ニ)　1年以内に履行期の到来する債権，
(ホ)　1年以内に費用に転化もしくは消滅・解消する資産，のことです。
（ただし，「企業会計原則」では，未収収益は，1年を超えて消滅・解消する場合であっても，流動資産としています。）

流動資産は，おおむね，現金預金と，短期間のうちに現金預金に換金できる資産といえます。

流動資産は，連結貸借対照表上の表示区分ではありませんが，①当座資産，②棚卸資産，③その他の流動資産の3つの小区分に分類されます。

①　**当座資産**とは，即座に，または短期間のうちに，現金預金払いに充てることができる資産のことです。

現金及び預金	通貨，当座預金，普通預金，満期まで1年内の定期預金など
受取手形及び売掛金	売上代金の未回収の債権金額（別名，**売上債権**といいます）
契約資産	計上した売上の代金のうち未回収金額であり債権ではないもの
電子記録債権	売上代金等の未回収の債権金額で，電子記録されたもの
有価証券	売買目的で保有する株式と公社債，満期まで1年内の公社債など
貸倒引当金	売上債権などの債権の貸倒れによる回収不能見積り金額（減算）

②　**棚卸資産**とは，事業において販売または消費することを目的として保有し，棚卸し作業によって実際有高が物量的に把握される資産のことです。

商品，製品	販売目的の商品（商業）と製品（工業・製造業）の保有在庫
仕掛品，半製品	製造途中の未完成の製品（販売可：半製品，販売不可：仕掛品）
原材料及び貯蔵品	製品製造のための原材料，その他，貯蔵する物品の保有在庫

③　その他の流動資産とは，当座資産および棚卸資産以外の流動資産項目のことです。

短期貸付金（かしつけきん）	金銭の貸付け額であって１年内に期限の到来する金額
前渡金（まえわたしきん）**（前払金**（まえばらいきん）**）**	物品の購入に関して代金を前払いした金額
未収入金（未収金）	棚卸資産以外の物品に関する売却代金の未回収の債権金額
前払費用（まえばらい）	継続役務（えきむ）提供を受けている場合の費用の対価の短期的前払い金額
未収収益	継続役務提供を行っている場合の営業外収益の対価の未収金額

［Ⅱ］固定資産

固定資産とは，企業が長期的に利用・保有することによって，資金（資本）が固定的に企業内に留まる形をとる資産項目のことです。固定資産とは，

(イ)　本業の事業のために１年を超えて長期的に利用・保有する目的で取得した資産，
(ロ)　売買目的もしくは事業目的以外で保有し満期がないか決算日翌日から１年を超えて満期の到来する有価証券，
(ハ)　投資目的の不動産，
(ニ)　１年を超えて履行期の到来する債権，
(ホ)　１年を超えて費用に転化もしくは消滅・解消する資産，のことです。

固定資産は，おおむね，長期的に利用・保有する資産といえます。

①　**有形固定資産**とは，事業の営業活動において長期間直接利用することを目的として保有し，物的な形体のある資産のことです。

建物及び構築物	ビル，店舗，工場，倉庫などの建物と，煙突，鉄塔などの構築物
機械装置及び運搬具	工場内にある製造用の機械装置と，普通自動車，トラックなど
工具，器具及び備品	工場で使う工具・器具，事務用の机，椅子，パソコンなどの備品
土地	建物，構築物などの立つ敷地，駐車場や資材置き場などの用地
船舶	コンテナ船，タンカー，フェリー，旅客船，作業用船，漁船など
航空機	飛行機（ジェット機，プロペラ機），ヘリコプターなど
リース資産	リースによって使用している物品(機械装置，備品，車両運搬具など)
建設仮勘定（けんせつかりかんじょう）	建設中の有形固定資産への支出金額（完成後に他科目に振替）
減価償却累計額（げんかしょうきゃくるいけいがく）	有形固定資産の減価償却額の当期末までの累計額（減算）

② **無形固定資産**とは，事業の営業活動において長期間直接利用することを目的として保有し，物的な形体のない資産のことです。

特許権	特許法に基づく，発明の独占的使用権
実用新案権	実用新案法に基づく，物品の形状・構造等の考案の独占的使用権
意匠権	意匠法に基づく，物品のデザイン（意匠）の独占的使用権
商標権	商標法に基づく，商品・サービスに表示するマークの独占的使用権
著作権	著作権法に基づく，著作物についての独占的排他的支配権
借地権	借家借地法に基づく，土地を使用または賃借する権利
鉱業権	鉱業法に基づく，鉱物等を採掘し，取得する権利
ソフトウェア	サービス提供や社内利用のためのコンピュータプログラムなど
のれん	他企業を合併・買収したときの超過収益力などの有償評価額

無形固定資産は，長期間利用できる法律上の権利（法的資産），ソフトウェアと，のれんという経済的資産からなります。のれんはM&A（合併・買収）に関連して計上されます。のれんについては第８章143頁を参照してください。

③ **投資その他の資産**とは，他の企業を支配統制する目的で保有する資産および長期利殖目的で保有する資産からなる長期外部投資資産と，有形固定資産，無形固定資産，長期外部投資資産以外の固定資産のことです。

関係会社有価証券	非連結子会社・持分法適用関連会社の株式，関係会社社債など
投資有価証券	長期的利殖目的の株式や公社債，持ち合い株式など
投資不動産	長期利殖目的で保有する不動産（土地，建物など）
長期性預金	１年を超えて期限の到来する定期預金など
長期貸付金	金銭の貸付け額であって１年を超えて期限の到来する金額
長期差入保証金	差し入れた保証金で返還まで１年を超えるものの金額
長期破産更生債権	経営破綻した企業への債権で回収まで１年を超えるもの
長期前払費用	継続して役務提供を受けている場合の費用の長期的前払い金額
繰延税金資産	将来の法人税等支払額を減額する効果を持つ法人税等の前払相当額
退職給付に係る資産	将来の従業員の退職給付に関する当期末までの正味拠出超過額
貸倒引当金	長期の債権などの貸倒れによる回収不能見積り金額（減算）

なお，投資その他の資産のうちの繰延税金資産は，名称は似ていますが，次に説明する繰延資産ではないことに注意してください。

［Ⅲ］繰延資産

繰延資産（くりのべしさん）とは，支出の効果が複数の会計期間にまたがって発生すると期待される以下の費用支出項目について，各期間にその費用を配分する手続き上，未配分額を経過的に連結貸借対照表に計上した項目です。当期に費用配分される金額は，連結損益計算書に繰延資産の償却費用として，費用計上されます。

創立費	会社設立に関する諸費用への支出額
開業費	会社設立後，会社開業までにかかった諸費用への支出額
株式交付費	新株発行や自己株式の処分に関する諸費用への支出額
社債発行費等	社債発行に関する費用，新株予約権発行に関する費用への支出額
開発費	新技術・新経営組織の採用，資源開発，市場開拓等の諸費用への支出額

繰延資産は，価値消費済みの支出額であり，本来は，勘定科目名のとおり，費用ですので，売却価値・換金価値などはありません。

上場企業では，繰延資産を連結貸借対照表に資産計上する企業や事例は稀（まれ）であり，多くの場合，これらの費用項目は，支出年度において一括費用処理（全額を連結損益計算書に計上）されています。

◆減価償却累計額と貸倒引当金の表示

連結貸借対照表における有形固定資産の金額の表示には，次の方法があります。①連結貸借対照表に有形固定資産の取得原価を記載して，そこから減価償却累計額（第９章152頁参照）を控除（こうじょ）する形式で表示する方法（控除形式表示），②連結貸借対照表に有形固定資産の帳簿価額（かがく）（＝取得原価－減価償却累計額）を記載し，減価償却累計額については注記する方法（帳簿価額表示）。

［控除形式表示］

建物	1,000	
減価償却累計額	△400	600

［帳簿価額表示］

建物（純額）　600

（注記：建物の減価償却累計額　400）

売上債権（うりあげさいけん）やその他の債権（短期貸付金，長期貸付金など）の金額の表示には，次の方法があります。①連結貸借対照表に債権の金額を記載して，そこから貸倒引当金を控除する形式で表示する方法（控除形式表示），②連結貸借対照表に債権の金額から貸倒引当金を控除した残額のみを記載し，貸倒引当金については注記する方法（帳簿価額表示）。

控除形式表示では，減価償却累計額と貸倒引当金の金額は，△記号を付（ふ）されて，マイナス金額（減算金額）として記載されます。

5 負 債

[Ⅰ] 流動負債

流動負債とは，資金の流動的な変動過程の中にある負債項目のことであり，

(イ) 本業の営業活動（仕入・生産・販売・回収）において生じる負債項目，

(ロ) 決算日翌日から1年以内に履行期（りこうき）の到来する債務（さいむ），

(ハ) 1年以内に収益に転化もしくは消滅・解消する負債のことです。
（ただし，「企業会計原則」では，未払費用および前受収益は，1年を超えて消滅・解消する場合であっても，流動負債としています。）

流動負債は，おおむね，1年以内に履行期が到来する短期的な負債です。

支払手形（しはらいてがた）及び買掛金（かいかけきん）	仕入代金の未払いの債務金額（別名，**仕入債務（しいれさいむ）**といいます）
電子記録債務	仕入代金等の未払いの債務金額で，電子記録されたもの
短期借入金（かりいれきん）	金銭の借入れ額であって1年内に返済期限の到来する金額
コマーシャル・ペーパー	資金調達のための無担保約束手形発行による金銭の借入れ額
1年内返済長期借入金	借入期間が1年を超える借入金で，1年以内に返済するもの
1年内償還社債（しょうかんしゃさい）	償還期間が1年を超える社債で，1年以内に償還するもの
未払金（みはらいきん）	棚卸資産以外の物品の購入時に発生した代金の未払い分の債務
未払（みはらい）費用	継続役務（えきむ）提供を受けている場合の費用の対価の未払い金額
未払法人税等	税法上確定した法人税等の額のうちの未払い金額
預り金（あずかりきん）	金銭を預かった金額で1年以内に返却する金額
返金負債	商品販売代金のうち，将来的に返金する可能性のある金額
契約負債	営業収益の前受金，商品券発行金額，ポイント付与金額などの販売義務額
前受金（まえうけきん）	物品の売却等においてその引き渡し前に代金を受け取った金額
前受（まえうけ）収益	継続役務提供を行っている場合の営業外収益の対価の前受け金額
商品（製品）保証引当金	商品（製品）の将来の保証コストの当期末までの負担に属する金額
〔役員〕賞与引当金	〔役員〕従業員の賞与の次回支給額のうち当期末までの負担に属する金額

負債のうち，利子の付く負債を**有利子負債**といいます。有利子負債には，短期借入金，長期借入金，コマーシャル・ペーパー，社債，新株予約権付社債，リース債務などがあります。有利子負債残高が0円もしくは僅少（きんしょう）の場合，無借金経営とよばれます。有利子負債が多いと，利息負担が大きくなります。

[Ⅱ] 固定負債

固定負債とは，資金が固定的に企業内に留まる形の負債項目のことであり，

(イ)　決算日翌日から１年を超えて履行期の到来する債務および

(ロ)　１年を超えて収益に転化もしくは消滅・解消する負債のことです。

（固定負債は流動負債以外の負債のことです。）

固定負債は，おおむね，１年を超えて履行期が到来する長期的な負債です。

社債	発行した社債で償還まで１年を超えるもの
新株予約権付社債	発行した新株予約権付社債で償還まで１年を超えるもの
長期借入金	金銭の借入れ額であって１年を超えて返済期限が到来する金額
リース債務	資産計上したリース資産に関する将来の支払リース料の評価額
繰延税金負債	将来の法人税等支払額を増額する効果を持つ法人税等の未払相当額
役員退職慰労引当金	取締役・監査役等の退職慰労金の当期末までの負担に属する金額
退職給付に係る負債	将来の従業員の退職給付に関する当期末までの正味負担評価額
長期預り金	金銭を預かった金額で１年を超えて返却期限の到来する金額
資産除去債務	将来の工場設備等の除去費用のうち当期末までの負担に属する金額

負債は，基本的には，履行義務のある債務といえます。たとえば，借入金や社債の場合は，利息と元本を契約通りに，期日までに支払う必要があります。負債を期日までに返済できない場合は，企業は倒産します。仮に本業の業績が悪くても，負債を返すためのお金を期日までに準備することができるならば，つまり，資金繰りが行えるならば，企業は倒産しません。企業は，負債を返済できない時に倒産します。普通は，１年以内に返済期限の来る流動負債が返済できない場合に倒産します。したがって，流動負債の情報は重要となります。

◆引当金

引当金とは，次期以降の将来において生じる可能性が高い特定の支出（または資産の減少あるいは負債の増加）額のうち，当期末までの負担に属する金額を，負債または資産の控除科目として貸借対照表に計上する科目です。

たとえば，製品保証引当金の場合，次期以降の製品の無償修理による支出や資産減少を見越してその費用を一部，前もって費用として損益計算書に計上し，同時に，その金額を当期末までに負っている負債（引当金）として貸借対照表に計上しています。引当金の金額は，将来ほぼ確実に生じる，支出や資産減少の金額を示しています。

6 純資産

純資産は，［Ⅰ］株主資本，［Ⅱ］その他の包括利益累計額，［Ⅲ］新株予約権，［Ⅳ］非支配株主持分の４つに分類されます。

［Ⅰ］株主資本

株主資本（かぶぬししほん）とは，会社の所有者である株主に帰属する資本のことです。株主資本は，①資本金，②資本剰余金（じょうよきん），③利益剰余金の３つに分類され，それらの全体の金額から，④自己株式の金額を控除する形式で計算・表示されます。

① **資本金**は，株式発行時に，株主が会社に払い込んだ（出資した・拠出（きょしゅつ）した）金額のうち，資本金とした金額のことです。資本金は，会社法の規制により，会社が株主に財産を分配する際に，分配可能額の計算の基礎となる金額です。

② **資本剰余金**は，株式発行時における株主の払込額（出資額）のうち資本金としなかった金額のことです。資本金と資本剰余金をあわせて**払込資本**（はらいこみしほん）といいます。払込資本は株式会社が過去に株式を発行して資金調達した金額を表し，株式発行による株主の出資金額を表します。

払込資本＝資本金＋資本剰余金

③ **利益剰余金**は，企業が過去から当期末までに計上した当期純利益のうち会社内に利益を留保（りゅうほ）（内部留保）してある残高金額です。企業は，この利益剰余金を処分するという形式で，株主に対して配当金を支払うことになります（他の方法やさまざまな制限があります）。利益剰余金は**留保利益**ともよばれます。

利益剰余金の構成項目には次のものがあります。

利益準備金	会社の純利益のうちの一部について会社法が積立てを強制する金額
任意積立金（つみたてきん）	株主総会の承認の下，会社の判断で利益の一部を積み立てた金額
繰越（くりこし）**利益剰余金**	会社が得た純利益のうち未処分のまま留保している金額

④ **自己株式**は，会社が過去に発行した株式を買い戻して保有している自己株式（金庫株）の取得金額を示す項目です。自己株式の取得（自社株買い）は株式を発行する場合と逆の状態ですので，株主資本から控除（こうじょ）する形式で記載されます。自己株式・自社株買い・株式の消却については，第10章で説明します。

[Ⅱ] その他の包括利益累計額（個別財務諸表では，評価・換算差額等）

その他の包括利益累計額とは，連結包括利益計算書（第3章）に計上される，「その他の包括利益」（目的適合性のため連結損益計算書に計上されなかった利益）の金額の過去から当期末までの計上額の累計残高です。個別財務諸表では，**評価・換算差額等**という名称となっています。連結包括利益計算書に「その他の包括利益」として計上された金額は，株主資本とは区別されて，連結貸借対照表のその他の包括利益累計額に算入されます。

その他の包括利益（およびその累計額）の科目には次のものがあります。

その他有価証券評価差額金	投資有価証券のうちの「その他有価証券」の時価評価差額
繰延ヘッジ損益	リスクヘッジのために生じた損益の適時までの繰延額
為替換算調整勘定	外国の子会社の貸借対照表を円換算するときの貸借差額
退職給付に係る調整累計額	退職給付債務の増加額のうちの費用処理されない金額
土地再評価差額金	土地再評価法に基づく土地の時価評価差額

[Ⅲ] 株式引受権・新株予約権

株式引受権は，発生した取締役等に対する報酬費用を，後日，自社の株式を交付することで支払う場合に計上される項目です。

新株予約権は，会社が発行し，株式交付義務が残存している新株予約権の発行金額を示す項目です。

株式引受権と新株予約権の金額は，将来，株式が発行された場合には，資本金・資本剰余金に算入されます。したがって，それらの金額は，現在時点では株主資本ではないですが，いずれ株主資本となる可能性がある金額といえます。

[Ⅳ] 非支配株主持分

非支配株主持分とは，連結子会社の純資産の時価評価額のうち，親会社（株主）に帰属せず，子会社の非支配株主に帰属する金額を表す項目です。帰属金額の計算は，株式の議決権の持株割合による比例按分によります。この項目は，連結グループ全体の純資産額のうち，親会社の株主に帰属する金額（株主資本の金額）と，子会社の非支配株主に帰属する金額（非支配株主持分の金額）を区別するための項目です。すべての子会社が完全子会社の場合，0となります。

非支配株主持分は，2015年3月以前は，**少数株主持分**という名称でした。

7　IFRS

IFRS（**国際財務報告基準**：International Financial Reporting Standards）は，世界の140ヵ国以上で使用されている会計基準であり，**国際会計基準**とよばれることもあります。IFRSは，イギリス・ロンドンに本部を置くIFRS財団が設置する**IASB**（**国際会計基準審議会**）が作成しています。「IFRS財団は，高品質，理解可能で，強制力があり，**グローバルに認められた会計基準**の単一のセット（IFRS基準）を開発し，その基準の推進および採用の促進を目的とする団体であり，世界中の金融市場に透明性，説明責任，効率性をもたらす会計基準を開発することで，グローバル経済における信頼，成長，長期的な金融の安定を助長して公共の利益に資することを使命としています。（https://www.ifrs.org/）」

IFRSは，世界中の企業を経営比較するために役立つ，国際的な**比較可能性**を持った財務情報を提供することを目的とした会計基準です。世界各国の企業が，同じ会計基準で連結財務諸表を作成すれば，企業業績などの経営状況が同じものさしで測られ，会計数値を直接的に比較でき，投資者等に適正比較評価されます。日本の国内上場企業も，**指定国際会計基準特定会社**の要件を満たす会社は，有価証券報告書に記載する連結財務諸表をIFRSによって作成することが認められています。**指定国際会計基準**とは，IFRSの基準書のうち，日本の制度上適用可能な基準書として金融庁が指定したもののことです。

連結貸借対照表の日本基準との様式等の主な差異は次の点です。

- 固定資産は「非流動資産」という名称となり，固定負債は「非流動負債」という名称となります。
- 純資産は「資本」または「持分」という名称となります。その他の包括利益累計額は「その他の資本の構成要素」という名称で表示されることもあります。非支配株主持分は「非支配持分」という名称で表示されます。「非支配持分」以外の資本を「親会社（当社）の所有者に帰属する持分」という名称で表示し，その金額は，日本基準に基づく「自己資本」（自己資本＝株主資本＋その他の包括利益累計額）に相当します。
- 資本の部（または注記）には，発行している株式の種類ごとに，前期末と当期末の発行可能株式総数（授権株式総数），前期末と当期末の発行済株式総数，無額面株式である旨，前期と当期の発行済株式総数の期中増減の内訳，前期末と当期末の親会社が保有する自己株式の数および子会社・関連会社が保有する自己株式の数などについて記載します。

図表2-3　IFRSの連結財政状態計算書の表示区分の構造

連結財政状態計算書

×２年３月31日（時点）　　　　（単位：億円）

<table>
<tr><td rowspan="2">資産</td><td rowspan="2">980</td><td>負債</td><td>200</td></tr>
<tr><td>資本（持分）</td><td>780</td></tr>
</table>

連結財政状態計算書：左側

<table>
<tr><td rowspan="2">資産</td><td>流動資産</td><td>230</td><td rowspan="2">980</td></tr>
<tr><td>非流動資産</td><td>750</td></tr>
</table>

連結財政状態計算書：右側

<table>
<tr><td rowspan="2">負債</td><td colspan="3">流動負債</td><td>50</td><td rowspan="2">200</td></tr>
<tr><td colspan="3">非流動負債</td><td>150</td></tr>
<tr><td rowspan="6">資本
（持分）</td><td rowspan="5">親会社（当社）
の所有者に
帰属する持分</td><td>資本金</td><td>200</td><td rowspan="5">720</td><td rowspan="6">780</td></tr>
<tr><td>資本剰余金</td><td>200</td></tr>
<tr><td>利益剰余金</td><td>230</td></tr>
<tr><td>自己株式</td><td>△50</td></tr>
<tr><td>その他の資本の構成要素
（その他の包括利益累計額）</td><td>140</td></tr>
<tr><td colspan="3">非支配持分</td><td>60</td></tr>
</table>

IFRSでは，連結貸借対照表は，**連結財政状態計算書**という名称となり，その表示区分の構造は，**図表2-3**のとおりです。企業の債務返済能力，支払能力，倒産可能性の判断のため，流動資産，流動負債の表示は重視されています。

IFRSは，**資産負債アプローチ**という考え方で，会計のシステムを構成しています。この考え方では，資産を企業が支配している資源（将来の現金収入に貢献するもの）として定義し，負債を企業が負っている将来の資源流出をもたらす義務として定義し，貸借対照表に，企業のすべての資産と負債を公正な評価額で計上し，資産合計と負債合計の差額を資本の金額と定義します。そして，企業の利益（包括利益）は，当期末の資本金額と前期末（当期首）の資本金額の差額（資本取引による変動額を除く）として定義されます（財産法による利益計算）。収益と費用は（資本取引以外の取引において），資本の増減をもたらすような資産と負債の公正な評価額による増減額として定義されます。このように資産と負債が会計の概念の核となり，貸借対照表が財務諸表の中心となります。これは，企業価値に関するより有用な情報を報告することを目的としています。

8 米国会計基準

日本企業が，アメリカ合衆国の証券市場に証券を上場して，米国証券取引委員会に登録されている場合，金融商品取引法の規定による日本国内での有価証券報告書に記載する連結財務諸表をアメリカ合衆国の会計基準（法制度上は，「**米国会計基準**」とよばれます）によって作成することが認められています。

米国会計基準による連結貸借対照表の構造は，**図表2-4**のとおりです。

日本基準との様式の差異は次の点です。

- 流動資産と流動負債の表示は，日本基準と同じですが，固定資産が，「投資」，「貸付金」，「有形固定資産」，「その他の資産」といった項目で表示され，固定負債が，「長期借入債務」，「未払退職・年金費用」，「繰延税金負債」，「その他」といった項目で表示されます。
- 純資産は，「資本」または「純資産」と表示されます。非支配株主持分は，「非支配持分」という名称で表示されます。「非支配持分」以外の資本を，「当社株主に帰属する資本」または「株主資本」という名称で表示し，その金額は，日本基準に基づく「自己資本」（自己資本＝株主資本＋その他の包括利益累計額）に相当します。
- 資本金の記載箇所に，前期末と当期末の発行可能株式総数（授権株式総数），前期末と当期末の発行済株式総数を付記します。また，自己株式の記載箇所に，前期末と当期末の自己株式保有数を付記します。

◈収益費用アプローチ

資産負債アプローチの対になる考え方は，**収益費用アプローチ**です。この考え方は，企業の業績を正しく表すための適正な期間損益計算を行うことを企業会計の目的とするもので，企業の利益（当期純利益）は，当期の収益合計と費用合計の差額として定義されます（損益法による利益計算）。損益計算書には，企業活動の成果として実現した収益と，その実現収益に対応する収益を得るための犠牲となった費用が計上され，その差額として，企業の業績（成果）（収益力）を表す当期純利益が計上されます。資産・負債は，期間損益計算による収益費用の計上額と資金の収入支出金額にタイミングのズレが生じている項目（未解消項目）として特徴づけられ，貸借対照表は，未解消項目を収容し，当期末と前期末の損益計算書を結びつける役割を果たす，適正な期間損益計算を行うための手段として特徴づけられます。このように収益と費用が会計の概念の核となり，損益計算書が財務諸表の中心となります。

図表2-4　米国会計基準の連結貸借対照表の表示区分の構造

<u>連結貸借対照表</u>

×２年３月31日（時点）　（単位：億円）

<table>
<tr><td rowspan="2">資産</td><td rowspan="2">980</td><td>負債</td><td>200</td></tr>
<tr><td>資本（純資産）</td><td>780</td></tr>
</table>

連結貸借対照表：左側

<table>
<tr><td rowspan="4">資産</td><td>流動資産</td><td>210</td><td rowspan="4">980</td></tr>
<tr><td>投資及び貸付金</td><td>210</td></tr>
<tr><td>有形固定資産</td><td>355</td></tr>
<tr><td>その他の資産</td><td>205</td></tr>
</table>

連結貸借対照表：右側

<table>
<tr><td rowspan="5">負債</td><td colspan="3">流動負債</td><td>50</td><td rowspan="5">200</td></tr>
<tr><td rowspan="4">固定負債</td><td>長期借入債務</td><td>95</td><td rowspan="4">150</td></tr>
<tr><td>未払退職・年金費用</td><td>32</td></tr>
<tr><td>繰延税金負債</td><td>23</td></tr>
<tr><td>その他</td><td>0</td></tr>
<tr><td rowspan="6">資本
（純資産）</td><td rowspan="5">当社株主に
帰属する資本
（株主資本）</td><td>資本金</td><td>200</td><td rowspan="5">720</td><td rowspan="6">780</td></tr>
<tr><td>資本剰余金</td><td>200</td></tr>
<tr><td>利益剰余金</td><td>240</td></tr>
<tr><td>その他の包括利益（損失）累計額</td><td>130</td></tr>
<tr><td>自己株式</td><td>△50</td></tr>
<tr><td colspan="3">非支配持分</td><td>60</td></tr>
</table>

なお，アメリカ合衆国の会計基準（米国会計基準）は，**US-GAAP**（Generally Accepted Accounting Principles of United States），**米国において一般に公正妥当と認められる会計原則**とよばれます。その知識は，たとえば，Apple Inc., Alphabet Inc.のようなアメリカ企業の連結財務諸表を分析する際に役立ちます。

連結財務諸表の作成に米国会計基準を採用している日本企業には，2021年度の時点で，キヤノン㈱，㈱東芝，オムロン㈱，㈱村田製作所，㈱小松製作所，オリックス㈱，富士フイルムホールディングス㈱，㈱ワコールホールディングスなどがありました。

9 貸借対照表に関する会計原則

貸借対照表には，貸借対照表日におけるすべての資産，負債および資本を記載しなければなりません。これを**貸借対照表完全性の原則**といいます。貸借対照表において，資産，負債および資本は，複数の異なる項目の金額を相殺することなく，総額によって記載しなければなりません。これを**貸借対照表総額表示の原則**といいます。貸借対照表において，資産，負債および資本は，適当な区分，配列をし，明瞭に分類しなければなりません。これを**貸借対照表明瞭性の原則**といいます。22頁で説明した区分表示はこの原則に基づくものです。

棚卸資産や償却による費用配分を行う有形固定資産，無形固定資産，繰延資産などの**費用性資産**の，貸借対照表に記載する金額（貸借対照表価額）は，当該資産の取得原価を基礎として計上しなければなりません。これを**取得原価基準**といいます。また，その取得原価は，資産の種類に応じて，各事業年度に費用として配分しなければなりません。これを**費用配分の原則**といいます。

現金及び預金の金額は，貨幣額面額で計上します。売上債権（売掛金，受取手形），未収金，（長期・短期）貸付金の貸借対照表価額は，債権金額または取得価額から貸倒見積額を控除した**回収可能価額**で計上しなければなりません。これを**回収可能価額基準**といいます。有価証券（売買目的），その他有価証券の貸借対照表価額は，**時価**（正味実現可能価額）としなければなりません。これを**時価基準**といいます。これらの資産は，**貨幣性資産**といいます。

会計と倫理

連結貸借対照表は，その作成基準日に企業集団が負っているあらゆる負債・債務を記載（オンバランス）しています。企業業績をよく見せかけるために粉飾決算が行われると，連結貸借対照表の資産の金額が水増しされるか，または，負債の金額が過少に表示されます。隠された負債は，簿外負債（債務）・隠れ借金とよばれます。

キーワード

連結貸借対照表　資産　負債　純資産　資本　財政状態　調達源泉　運用形態
流動資産　固定資産　有形固定資産　無形固定資産　投資その他の資産　繰延資産
流動負債　固定負債　株主資本　資本金　資本剰余金　利益剰余金　自己株式
その他の包括利益累計額　評価・換算差額等　新株予約権　非支配株主持分

練習問題

問題2－1　カッコ内に適切な用語を記入しなさい。

企業会計では，企業が支配している経済的資源を（①　　　　）といい，企業が負っている経済的資源を引き渡す義務を（②　　　　）といい，①の総額と②の総額の差額を（③　　　　）という。

連結貸借対照表は，企業集団の（④　　　　）を示すといわれる。

問題2－2　空欄に適切な用語および数値を記入しなさい。

【連結［　　　　　　　　］】　×2年3月31日（時点）　（単位：億円）

<table>
<tr><td rowspan="5">資産</td><td colspan="3">（　　）資産</td><td>230</td><td rowspan="5">（　）</td></tr>
<tr><td rowspan="3">（　　）資産</td><td>（　　）資産</td><td>（　）</td><td rowspan="3">（　）</td></tr>
<tr><td>（　　）資産</td><td>190</td></tr>
<tr><td>投資その他の資産</td><td>205</td></tr>
<tr><td colspan="3">繰延資産</td><td>20</td></tr>
<tr><td rowspan="2">負債</td><td colspan="3">（　　）負債</td><td>50</td><td rowspan="2">200</td></tr>
<tr><td colspan="3">（　　）負債</td><td>（　）</td></tr>
<tr><td rowspan="7">（　）</td><td rowspan="4">（　　　　）</td><td>（　　　）</td><td>（　）</td><td rowspan="4">（　）</td><td rowspan="7">800</td></tr>
<tr><td>（　　）剰余金</td><td>200</td></tr>
<tr><td>（　　）剰余金</td><td>250</td></tr>
<tr><td>自己株式</td><td>△50</td></tr>
<tr><td colspan="3">（　　　　　　　　）</td><td>130</td></tr>
<tr><td colspan="3">新株予約権</td><td>10</td></tr>
<tr><td colspan="3">非支配株主持分</td><td>60</td></tr>
</table>

問題2－3　上場企業を3社選んで，1社ごとに，本章22頁と同じ様式の要約貸借対照表を作成しなさい。金額の単位は適宜調整すること。

問題2－4　倫理問題

従業員25万人のZ社は，ここ数年，利益の赤字が続いており，今年度はこのままだと1兆円もの巨額の純損失を計上し，債務超過に陥(おちい)ってしまう見込みです。その場合，経営破綻してしまいます。社長のX氏は，来年度には，大幅な業績の回復を実現できると考えていたので，従業員25万人の雇用と生活を維持するために，やむを得ず，今年度だけ，経理上の操作で帳簿上，赤字を縮小し，決算を乗り切ろうと考えました。あなたは，X氏の行動をどのように考えますか？

連結損益計算書と連結包括利益計算書

1 連結損益計算書と連結包括利益計算書の意義

連結損益計算書（consolidated profit and loss statement；P/L, consolidated income statement）とは，企業集団の，一会計期間における，**収益**と**費用**の金額を記載して，収益合計と費用合計の差額である**当期純利益**（損失）を計算する報告書です。収益と費用の具体的な項目は，50-55頁で説明します。

連結損益計算書は，次の**利益の方程式**を基礎に作成されます。

収益合計－費用合計＝当期純利益

連結損益計算書　（単位：億円）

借方	金額	貸方	金額
費用	920	収益	1,040
当期純利益	120		

上記の図表の様式（勘定式の損益計算書）で示されるように，収益合計が1,040億円，費用合計が920億円ならば，当期純利益は120億円です。

連結損益計算書は，企業集団の収益・費用の発生構造や利益の稼得構造や，企業集団の**経営成績・業績**（operating results, performance）を示す報告書です。当期純利益は，企業集団の経営成績（業績）を示す最も重要な指標です。

連結包括利益計算書（consolidated comprehensive income statement; C/I）とは，企業集団の，一会計期間における，**当期純利益**と**その他の包括利益**の金額を記載して，その合計である**包括利益**（損失）を計算・表示する報告書です。

包括利益は，一会計期間中に計上された，あらゆる利益増減要因の項目のすべてを加減して１つの数値にまとめた利益であり，一会計期間において，利益として純資産を増加させた金額のことです。連結包括利益計算書は，一会計期間において，純資産を増加させたすべての利益項目を示すことで，企業集団の活動全体の**包括的な企業業績**を示す報告書です。包括利益が大きいということは，利益として純資産を増加させた（企業成長させた）金額が大きいということです。包括利益は，一会計期間における純資産の純増減金額のうちの，資本取引による純増減金額以外の金額と定義され，その金額は，当期純利益とその他の包括利益の合計に等しくなります。これを示すのが**図表3-1**です。

当期純利益は，連結損益計算書に記載されている当期純利益のことであり，一会計期間における，株主にとっての，企業集団の経営成績（業績）を示す利益です。その他の包括利益は，一会計期間における，純資産を増加させる利益金額のうち，当期純利益が持つ性質に十分に合致しないため当期純利益に算入されない利益のことです（本章４節（３）で説明します）。

連結包括利益計算書は，連結貸借対照表上の純資産の変動金額の整合的な計算（純資産と包括利益との**クリーン・サープラス関係**といいます）を明示することを通じて，財務諸表の理解可能性と比較可能性を高める役割も果たします。

図表3-1　連結包括利益計算書の構造

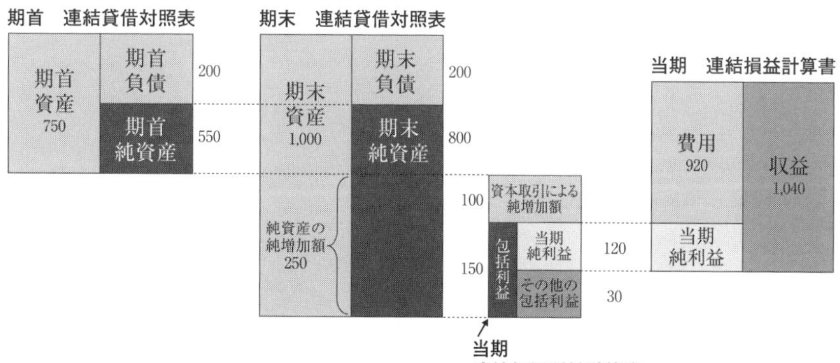

2 連結損益計算書と連結包括利益計算書の構成要素

連結損益計算書と連結包括利益計算書に計上（認識）される項目の定義は，以下のとおりです。

① 収益

収益（revenues）とは，資産・負債の増減を生じさせ，結果として純資産の増加をもたらす要因のうちの，出資者による出資に関連するもの以外のものであって，純利益を増加させる項目のことです。

直感的にいうと，収益は，企業活動の成果としての稼いだ金額です。

② 費用

費用（expenses）とは，資産・負債の増減を生じさせ，結果として純資産の減少をもたらす要因のうちの，出資者への分配に関連するもの（減資と配当など）以外のものであって，純利益を減少させる項目のことです。

直感的にいうと，費用は，収益を得る犠牲としての費やした金額です。

③ 当期純利益

当期純利益（**損失**）（**純損益**）（net income/loss）とは，一会計期間における収益合計と費用合計の差額です。純利益・純損失・純損益ともいいます。

直感的にいうと，純利益は，経営者の業績に対応する儲けた金額です。

収益合計－費用合計＝当期純利益

④ その他の包括利益

その他の包括利益（**損失**）（other comprehensive income/loss）とは，資産・負債の増減を生じさせ，結果として純資産の増減をもたらす要因のうちの，出資者による出資に関連するもの以外のものであって，純利益の増減をもたらす項目以外の項目のことです。偶然，純資産が増え儲かった金額といえます。

⑤ 包括利益

包括利益（**損失**）（comprehensive income/loss）とは，一会計期間における当期純利益とその他の包括利益の合計であり，企業の純資産の一会計期間における純増減金額から，出資者との取引（資本取引）による純増減金額を控除した残りの金額のことです。包括利益は，企業のすべての儲けの総額といえます。

包括利益＝［期末純資産合計－期首純資産合計］－資本取引による純増減額

3　連結損益計算書

（1）連結損益計算書の様式

有価証券報告書に記載される連結損益計算書の様式（主（しゅ）として，商業・製造業・工業・建設業等の場合）は**図表3-2**のようになります（日本基準［「企業会計原則」・金融商品取引法「連結財務諸表規則」］の表示形式）。

図表3-2　連結損益計算書の様式（商業・製造業・工業・建設業等の場合）

【連結損益計算書】　（単位：億円）

説明番号				当連結会計年度 （自　×1年4月1日 至　×2年3月31日）	計算方法	
①		売上高	（＋）	1,000		営業損益計算
②		売上原価	（－）	600		
	A	売上総利益		400	＝①－②	
③		販売費及び一般管理費	（－）	150		
	B	営業利益		250	＝A－③	
④		営業外収益	（＋）	10		経常損益計算
⑤		営業外費用	（－）	25		
	C	経常利益		235	＝B＋④－⑤	
⑥		特別利益	（＋）	30		純損益計算
⑦		特別損失	（－）	95		
	D	税金等調整前当期純利益		170	＝C＋⑥－⑦	
⑧		法人税，住民税及び事業税		60		
⑨		法人税等調整額	（＋）	△10		
⑩		法人税等合計	（－）	50	＝⑧＋⑨	
	E	当期純利益		120	＝D－⑩	
⑪		非支配株主に帰属する当期純利益	（－）	20		
	F	親会社株主に帰属する当期純利益		100	＝E－⑪	

株式会社コーセーの2022年度の【連結損益計算書】は**図表3-3**のとおりです。当連結会計年度分と前連結会計年度分の２年分の数値が記載されます。これは，有価証券報告書の第５【経理の状況】に記載されています。

図表3-3　コーセー【連結損益計算書】2022年度

（単位：百万円）

	前連結会計年度 （自　2021年４月１日 至　2021年12月31日）	当連結会計年度 （自　2022年１月１日 至　2022年12月31日）
売上高	※1　224,983	※1　289,136
売上原価	68,078	83,620
売上総利益	156,905	205,515
販売費及び一般管理費		
広告宣伝費	18,531	25,767
販売促進費	33,697	44,167
運賃及び荷造費	13,190	17,414
給料及び手当	38,558	49,163
退職給付費用	396	352
法定福利費	5,929	7,741
減価償却費	3,793	4,916
その他	23,955	33,871
販売費及び一般管理費合計	※2　138,052	※2　183,395
営業利益	18,852	22,120
営業外収益		
受取利息	155	580
受取配当金	250	212
還付消費税等	254	501
投資事業組合運用益	657	－
為替差益	1,341	4,306
助成金収入	715	363
雑収入	392	709
営業外収益合計	3,767	6,673
営業外費用		
支払利息	12	60
貸倒引当金繰入額	180	105
投資事業組合運用損	－	114
雑損失	55	119
営業外費用合計	249	399
経常利益	22,371	28,394
特別利益		
固定資産売却益	※3　3	※3　126
投資有価証券売却益	90	－
特別利益合計	94	126
特別損失		
固定資産処分損	※4　355	※4　266
投資有価証券評価損	74	25
関係会社株式評価損	41	25
減損損失	75	171
事業整理損	48	－
割増退職金	※5　534	※5　164
特別損失合計	1,130	652
税金等調整前当期純利益	21,335	27,867
法人税、住民税及び事業税	6,021	7,074
法人税等調整額	1,611	1,320
法人税等合計	7,633	8,395
当期純利益	13,702	19,472
非支配株主に帰属する当期純利益	360	700
親会社株主に帰属する当期純利益	13,341	18,771

（出所：コーセー2022年12月期「有価証券報告書」51頁。※の内容は省略）

連結損益計算書は，一番上（トップ）の行に，企業の中心となる収益項目である「売上高・営業収益」を記載し，途中，いくつかの段階的な利益数値を算定しながら，最後に，一番下（ボトム）の行で，企業業績の最終成果を示す「親会社株主に帰属する当期純利益」が算定される，という構造になっています。

企業会計では，企業の当期純損益を，［収益合計－費用合計＝当期純損益］という計算式で計算します。この収益合計および費用合計を，次の式のように分類します。収益は，売上高・営業収益，営業外収益，特別利益というグループに分類し，費用は，売上原価，販売費及び一般管理費，営業外費用，特別損失，法人税等合計というグループに分類します。

収益合計＝（売上高・営業収益　　　　　　　　＋営業外収益＋特別利益）
費用合計＝（売上原価＋販売費及び一般管理費＋営業外費用＋特別損失＋法人税等合計）
法人税等合計 ＝ 法人税，住民税及び事業税 ＋ 法人税等調整額

そして，この収益・費用の分類項目を使って，当期純損益の計算式を，以下のように分解することによって，（A）**売上総利益**，（B）**営業利益**，（C）**経常利益**，（D）**税金等調整前当期純利益**，（E）**当期純利益**という5つの利益が計算されます。さらに，連結損益計算書における当期純利益は，非支配株主に帰属する当期純利益と親会社株主に帰属する当期純利益に分割されます。

当期純利益＝非支配株主に帰属する当期純利益＋親会社株主に帰属する当期純利益

したがって，（E）当期純利益から，非支配株主に帰属する当期純利益という項目を控除すると，（F）**親会社株主に帰属する当期純利益**という6つ目の利益が算定されます。これらの6つの利益は，それぞれ意味を持っています。

収益				費用等		6種類の利益
		売上高・営業収益	−	売上原価	＝	売上総利益
売上総利益			−	販売費及び一般管理費	＝	営業利益
営業利益	＋	営業外収益	−	営業外費用	＝	経常利益
経常利益	＋	特別利益	−	特別損失	＝	税金等調整前当期純利益
税金等調整前当期純利益			−	法人税等合計	＝	当期純利益
当期純利益			−	非支配株主に帰属する当期純利益	＝	親会社株主に帰属する当期純利益

（注）図表3-2の様式では記載を省略していますが，実際に企業が作成する連結損益計算書においては，販売費及び一般管理費，営業外収益，営業外費用，特別利益，特別損失の区分に，その区分に属する主要な勘定科目とその金額が記載されます（図表3-3参照）。

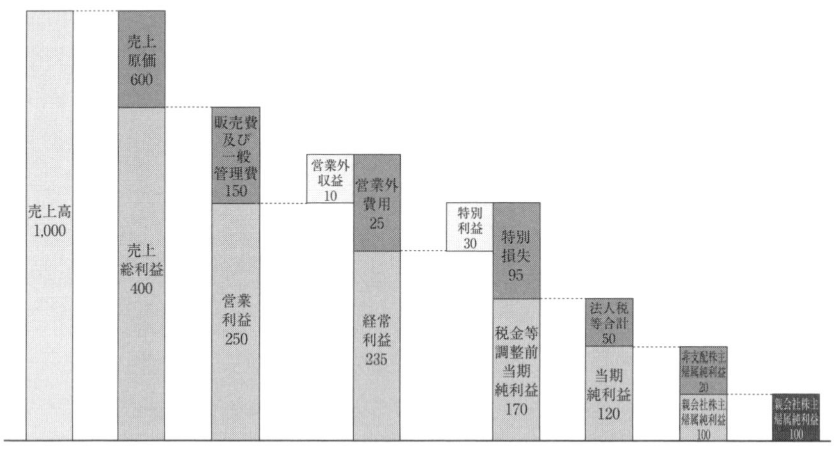

上記の図表の数値を用いて，図表3-2の利益の段階的計算を説明します（金額単位は省略します)。売上高1,000から売上原価600を減算すると**売上総利益**400が算定されます。売上総利益400から販売費及び一般管理費150を減算すると**営業利益**250が算定されます。営業利益250に営業外収益10を加算し，営業外費用25を減算すると**経常利益**235が算定されます。経常利益235に特別利益30を加算し，特別損失95を減算すると**税金等調整前当期純利益**170が算定されます。次に，上記の図表では省略していますが，法人税，住民税及び事業税60に法人税等調整額△10を加算すると法人税等合計50が算定されます。税金等調整前当期純利益170から法人税等合計50を減算すると**当期純利益**120が算定されます。当期純利益120から非支配株主に帰属する当期純利益20を減算すると**親会社株主に帰属する当期純利益**100が算定されます。

株式会社の所有者は株主であるため，直観的にいえば，売上高などの収益合計から，売上原価（商品の仕入原価・製品の製造原価など）を差し引き，人件費や経費や営業費などの費用を差し引き，借入金の利息を差し引き，法人税等の税金を差し引いた後に最後に残る，残余分としての当期の利益は，すべて株主のものになります。親会社株主に帰属する当期純利益は，連結財務諸表が対象とする企業集団を支配する親会社の株主の取り分としての当期純利益です。

(注) 各利益の項目について，加減した結果の数字がマイナスになる場合は，「利益」の部分が「損失」となり，「売上総損失」，「営業損失」，「経常損失」，「税金等調整前当期純損失」，「当期純損失」，「親会社株主に帰属する当期純損失」と表記されます。

2015年３月以前に開始した年度の連結損益計算書では，現行の「当期純利益」が「少数株主損益調整前当期純利益」という名称に，現行の「親会社株主に帰属する当期純利益」が「当期純利益」という名称に，現行の「非支配株主に帰属する当期純利益」が「少数株主利益」という名称になっています。

<table>
<tr><th colspan="3">分類名</th><th>収益の分類項目</th><th>費用の分類項目</th></tr>
<tr><td rowspan="3">損益</td><td rowspan="2">経常損益</td><td>営業損益</td><td>営業収益
（売上高）</td><td>営業費用
（売上原価）
（販売費及び一般管理費）</td></tr>
<tr><td>営業外損益</td><td>営業外収益</td><td>営業外費用</td></tr>
<tr><td colspan="2">特別損益</td><td>特別利益</td><td>特別損失</td></tr>
</table>

連結損益計算書に記載する収益合計と費用合計の差額は，当期純利益（損失）です。連結損益計算書に記載する収益・費用すなわち**損益**項目は，経常損益と特別損益に分類されます。**経常損益**は，企業活動において，毎期，同じ科目名で経常的に発生する収益・費用項目のことであり，それぞれ，**経常収益・経常費用**といいます。経常収益と経常費用の差額が，経常利益（損失）です。**特別損益**は，企業活動において毎期経常的に発生する項目ではない臨時に発生した収益・費用項目のことであり，それぞれ，**特別利益・特別損失**といいます。特別損益の場合，収益・費用の代わりに利益・損失という用語が使われています。

経常損益は，営業損益と営業外損益に分類されます。**営業損益**は，事業（企業が継続的に行う本業のこと）の営業活動（仕入・生産・販売といった基本業務のこと）によって生じた収益・費用のことであり，それぞれ**営業収益**（広義），**営業費用**（広義）といいます。その営業収益と営業費用の差額が，営業利益（損失）です。売上高は，営業収益（広義）に含まれます。売上原価と販売費及び一般管理費は，営業費用（広義）に含まれます。**営業外損益**は，事業の営業活動以外の活動（余剰資金の運用活動や資金調達活動など）によって生じた収益・費用のことであり，それぞれ**営業外収益**，**営業外費用**といいます。図表3-2の連結損益計算書の，売上高から営業利益までの区分を，**営業損益計算**の区分といい，営業利益から経常利益までの区分を，**経常損益計算**の区分といい，経常利益から当期純利益までの区分を，**純損益計算**の区分といいます。

収益・費用・利益の分類・区分表示により，企業の経営成績をより詳細に分析することが可能となります。

(2) 6種類の利益の意味

連結損益計算書において段階的に計算・表示される6種類の利益は，一会計期間の企業業績を複数の観点から表すシグナル（信号）あるいはインディケーター（指標）です。それらの利益の示す意味を，43頁の連結損益計算書の様式（図表3-2）の説明番号A～Fの順に，説明します。

（A）の**売上総利益**（うりあげそうりえき）は，販売した一つひとつの商品・製品の売価と原価の差額である商品・製品販売益の一会計期間分の総合計であり，粗利益（あらりえき）（グロス・マージン）ともよばれます。売上総利益は，売上高から売上原価を差し引いた金額です。本質的には，売上総利益（それによって得た現金預金）から，人件費や経費，営業費などを支払うこととなるため，売上総利益は企業の根源的（こんげんてき）な利益といえます。もし，売上総利益がマイナス（赤字）（売上総損失）となる場合は，事業そのものが立ちゆかない深刻な状況にあるといえます。

（B）の**営業利益**は，企業の本業とする事業によって稼得（かとく）した利益の金額であり，企業の本業の業績を示す指標です。営業利益は，営業収益である売上高から，営業費用である売上原価と販売費及び一般管理費（営業活動に関する人件費や経費などのこと）を差し引いて計算されます。

営業利益は，本業とする事業で儲（もう）かっているか儲かっていないかの業績を表す利益ですので，営業利益を見ることで，企業の本業の状況を知ることができます。もし，営業利益の赤字（マイナス）（営業損失）が数年間続いている場合は，その企業は倒産（廃業）の危機に瀕（ひん）しているといえます。

（C）の**経常利益**（けいじょうりえき）は，企業活動において，毎期，常に変わらず，継続的・反復的に発生する収益・費用の項目（法人税等の税金費用を除く）の各合計の差額の利益であり，当期の企業経営活動によって生み出された利益の金額であって，当期の企業経営活動に対応した経営成績（**正常な収益力**ともいう）を示す指標です。反対に言うと，臨時に発生した収益・費用（特別利益・特別損失）の項目を算入していない利益です。経常利益は，営業利益に，本業以外の活動などから毎期，継続的・反復的に生（しょう）じる収益，費用項目である営業外収益・営業外費用（余剰資金運用による収益や，利払いなどの資金調達コスト，本業の事業以外で生じた雑多な収益・費用）の金額を加減して計算されます。経常利益は，当期の企業経営活動とは無関係であるような臨時・異常な収益・費用項目である特別利益・特別損失を算入していない利益であるため，その一会計期間の企業経営活動の成果を示す，当期の経営成績・業績の尺度といえます。経常利益は，**業績表示利益**（企業の一会計期間の経営努力と経営成果からなる経営成績を示すフロー（一定期間内の変動量）としての利益概念のこと）の性質を最も強く持つ利益です。営業利益，売上総利益も業績表示利益の性質を強く持ちます。

（D）の**税金等**（とう）**調整前**（まえ）**当期純利益**は，法人税・住民税・事業税に関する費用額以外のすべての一会計期間の収益・費用項目を加減して計算された利益の金額です。税金等調整前当期純利益は，経常利益に，特別利益と特別損失の項目の金額を加減して計算されます。税金等調整前当期純利益（およびそれ以下の利益）は，特別利益・特別損失の金額の影響を受けるため，それらの金額が大きい場合は，企業経営活動の成果を適切に示さないこともありえます。

（E）の**当期純利益**は，一会計期間の企業経営活動の総合的な成果を示す，一会計期間のすべての収益合計と費用合計の差額としての利益の金額です。当期純利益は，企業集団の株主全体にとっての企業集団の経営成績（業績）を示す指標です。当期純利益は，連結損益計算書の計算において，企業集団の構成会社のすべての株主に帰属する利益金額を意味しており，その金額は，企業集団の純資産（株主資本と非支配株主持分）を当期純利益として純増加させた金額です。当期純利益は，税金等調整前当期純利益から，法人税等合計（当期の利益の金額に対応する法人税・住民税・事業税の金額）を減算して計算されます。

（F）の**親会社株主に帰属する当期純利益**は，一会計期間のすべての収益合計と費用合計の差額である当期純利益のうち企業集団の親会社の株主のみに帰属する金額です。それは企業集団の親会社の株主にとっての企業集団の経営成績（業績）を示す最も重要な指標です。その金額は，純資産のうちの株主資本を当期純利益として増加させた金額です。その金額は，当期純利益から，非支配株主に帰属する当期純利益を控除して計算されます。親会社株主に帰属する当期純利益は，連結損益計算書の一番下の行（最終行）に表示されることから，「**最終利益**（最終損失・最終損益）」（ボトムライン）ともよばれます。

税金等調整前当期純利益，当期純利益，親会社株主に帰属する当期純利益は，**分配可能利益**（企業が一会計期間の間に稼得した，株主や税務当局などに分配することが可能なフローとしての利益概念のこと）の性質を持ちます。同時に，経常利益よりは劣るものの，業績表示利益の性質も持ちます。親会社株主に帰属する当期純利益は，**配当可能利益**（企業が一会計期間の間に稼得した，株主に配当することが可能なフローとしての利益概念のこと）の性質を持ちます。

(3) 収益・費用の分類項目(3種類の収益と6種類の費用)

① 売上高・営業収益

売上高・営業収益(Net sales)とは,顧客に販売した財(商品や製品)・サービスの金額であり,対価として企業が受け取ると期待される金額を表すものです。受け取る金額は,普通は,現金収入および現金以外の資産の獲得であり,現金,普通預金,当座預金のような貨幣(キャッシュ)の増加または,売掛金等の売上債権の増加という形で現れます。売掛金等については,その後の売上債権回収活動によって,現金,普通預金,当座預金のような貨幣で回収されることになります。したがって,売上高の金額は,回収活動が完了するまでの時間幅で見れば,同じ額の貨幣の収入となるといえます。

売上高は,企業の主たる営業活動(本業)による収益であり,企業の収益項目のうち最も重要で基本的な項目です。金額の大きさも,収益項目の中で売上高が一番大きくなることが普通です。そのため,損益計算書の最上位(トップライン)に記載されます。売上高は企業の規模を測る数字としても使いやすく,財務分析(時系列分析や比率分析や将来予測など)においても,売上高は中心的な財務数値の1つとなります。

連結損益計算書における売上高は企業集団全体の売上高ですので,全世界の市場に参入しているグローバル企業の場合は,全世界での売上合計の金額を表します。たとえば,トヨタ自動車株式会社の2022年度の連結売上高(営業収益)は約37兆円です。アメリカのApple Inc.の2021年度の連結売上高は約57兆円(3,943億ドル)で,純利益は約14兆円(998億ドル)です(1ドル144.5円換算)。

② 売上原価

売上原価(Cost of sales, Cost of goods sold;COGS)は,顧客に販売された商品や製品の原価(コスト)の金額のことです。つまり,販売した**商品の仕入原価**や,販売した**製品の製造原価**が売上原価となります。

売上原価を売上高で除した売上原価率(第15章227頁参照)を,企業ごとに比較すると,その企業やその企業が属する業種の原価構造を把握することができます。たとえば,一般に,化粧品会社や製薬会社は売上原価率が低く,商社などの卸売業,スーパーなどの小売業は売上原価率が高い傾向があります。

③　販売費及び一般管理費

広告宣伝費	テレビCM，看板，雑誌，新聞などでの広告宣伝の費用
販売促進費	販売奨励金や販売手数料，店頭広告・店頭販売などの費用
接待交際費	取引先等との交際や接待に関する費用
貸倒引当金繰入	債権の次期以降に発生する貸倒れの見積り額に関する費用
貸倒損失	債権の貸倒れによって生じた損失
商品(製品)保証引当金繰入	商品（製品）の不具合・故障の交換・修理保証に関する費用
棚卸資産評価損	商品，製品等の在庫品の価格（価値）低下による損失
棚卸減耗損	商品，製品等の在庫品の紛失などによる数量減少の損失
給料手当	従業員に支払った給料や諸手当などの人件費
賞与引当金繰入	従業員の賞与の次回支給見積り額のうち当期の負担に属する額
法定福利費	法律に基づく従業員の社会保険料のうちの雇用者負担分の費用
福利厚生費	従業員の心身の健康を維持増進するための費用
退職給付費用	将来の従業員の退職金・退職年金支出の当期の負担に属する額
株式報酬費用	ストックオプションなど自社の株式で支払った労務報酬
不動産賃借料・地代家賃	借りた建物，店舗，土地などの家賃・地代の費用
支払リース料	物品などのリース（長期的賃貸借）の料金
減価償却費	保有する有形固定資産の減価（価値減少）に関する当期の費用額
修繕費	建物，備品，機械装置などの有形固定資産の修繕費用
水道光熱費	水道，電気，ガスの使用料金
通信費	電話，インターネット，郵便などの料金
消耗品費	事務用品（筆記用具，文房具，用紙，インク）などの購入費用
旅費交通費	電車，新幹線，タクシー，飛行機，ホテルなどの料金
保険料	損害保険，生命保険，その他の保険の保険料
支払手数料	サービスなどの提供を受けたことによる手数料
租税公課	固定資産税，印紙税，事業税（付加価値割・資本割）等の税金
開発費償却	繰延資産計上した「開発費」の当期の費用への配分計上額
研究開発費	新しい知識の発見や新製品の設計等の研究開発に関する費用
のれん償却額	無形固定資産計上した「のれん」の当期の費用への配分計上額

販売費及び一般管理費（Selling, general and administrative expenses；SG&A, SGA）は，販売活動や経営管理活動において生じた，売上原価を除く，営業費用のことです。販売費は，販売活動に関連して発生した費用であり，一般管理費は企業全体の一般的な費用（一般費）と経営管理活動に関連して発生した費用（管理費）のことです。販売費及び一般管理費は，おおむね，日常用語でいう「人件費」，「経費」，「営業費」などの費用の項目をまとめた分類区分であり，営業費とよぶ場合や，販管費（はんかんひ）と略すこともあります。

企業経営上，無駄な販売費及び一般管理費を削減すれば，利益を増加させることができます。これを，人件費削減，経費削減，コスト削減などといいます。

人件費と減価償却費は，企業経営上，重要な固定的費用項目であり，その金額が収益に見合わず過大な場合は，経営が圧迫（あっぱく）されているといえます。

④ 営業外収益

営業外収益（えいぎょうがいしゅうえき）は，企業の本業とする事業の営業活動（仕入（調達）・生産・販売・回収および経営管理に関する基本業務活動）以外の活動から生じ，かつ，臨時に発生したものではない収益の項目をまとめた分類区分です。

受取（うけとり）利息・有価証券利息	銀行預金や貸付金，保有する公社債の利息
受取配当金	保有する株式の配当金
有価証券売却益	保有していた売買目的の株式，公社債の売却による利益
有価証券評価益	保有する有価証券の市場価格の値上がりにより生じた利益
投資不動産賃貸料収入	本業以外で保有する不動産（土地・建物等）の賃貸料収入
受取家賃・受取地代	貸した建物，店舗，土地などの家賃・地代の収益
受取手数料	本業以外において，サービスなどを提供したことによる手数料
仕入割引（しいれわりびき）	買掛金の早期支払等による割り引き金額
社債償還益（しゃさいしょうかんえき）	償還期限前に社債の買入償還を行ったことによって生じた利益
補助金収入	国・地方自治体からの補助金の収入
為替差益（かわせさえき）	為替相場変動による資産，負債の換算替（が）えによって生じた利益
持分法（もちぶんほう）による投資利益	非連結子会社と関連会社の当期純利益のうちの親会社帰属分

本業以外の収益である営業外収益の金額は，売上高（営業収益）の金額と比べて，小さいことが普通であり，あくまで副次的な収益です。

⑤　営業外費用

営業外費用（えいぎょうがいひよう）は，企業の本業とする事業の営業活動以外の活動から生じ，かつ，臨時に発生したものではない費用の項目をまとめた分類区分です。

支払利息（しはらい）	借入金の利息
社債利息（しゃさい）	発行した社債の利息
コマーシャル・ペーパー利息	発行したコマーシャル・ペーパーの利息
社債発行費等償却（とうしょうきゃく）	繰延資産計上した「社債発行費等」の当期の費用への配分計上額
社債償還損（しゃさいしょうかんそん）	償還期限前に社債の買入償還を行ったことによって生じた損失
手形売却損・債権売却損（てがた）	受け取った手形や債権の売却によって生じた損失
株式交付費償却	繰延資産計上した「株式交付費」の当期の費用への配分計上額
有価証券売却損	保有していた売買目的の株式，公社債の売却による損失
有価証券評価損	保有する有価証券の市場価格の値下がりにより生じた損失
創立費償却	繰延資産計上した「創立費」の当期の費用への配分計上額
開業費償却	繰延資産計上した「開業費」の当期の費用への配分計上額
為替差損（かわせさそん）	為替相場変動による資産，負債の換算替えによって生じた損失
債務保証損失（引当金繰入）	債務保証に関して生じた損失（債務保証損失引当金の繰入額）
持分法による投資損失	非連結子会社と関連会社の当期純損失のうちの親会社帰属分

有利子負債（ゆうりしふさい）（短期借入金，コマーシャル・ペーパー，長期借入金，社債，リース債務）の利子は，支払利息，社債利息，コマーシャル・ペーパー利息といった費用項目で計上され，営業活動以外の財務活動における資金調達コストとして，営業外費用に分類されます。有利子負債の利子は，**利息費用**（りそくひよう）といいます。

利息費用合計＝支払利息＋社債利息＋コマーシャル・ペーパー利息＋その他の利息費用
有利子負債合計＝短期借入金＋コマーシャル・ペーパー
　　　　＋長期借入金＋各社債＋リース債務

$$\text{有利子負債平均金利} = \frac{\text{利息費用合計}}{\text{有利子負債合計}}$$

有利子負債の金額が多いと，利息費用の金額が大きくなり，純利益を減らす要因となります。多すぎる有利子負債や利息費用は，経営を圧迫（あっぱく）します。固定負債に含まれる長期の有利子負債の利息費用は，固定的費用項目となり，その金額が大きい場合は，経営への，長期的な負担要因，圧迫要因となります。

⑥　特別利益

特別利益は，毎期経常的に発生するものではない，臨時に発生した収益の項目をまとめた分類区分です。

固定資産売却益	土地，建物，備品などの固定資産の売却によって生じた利益
事業譲渡（じょうと）益	事業譲渡によって生じた利益
投資有価証券売却益	関係会社の株式や長期保有目的の公社債などの売却による利益
負（ふ）ののれん発生益	のれんの計上時に，のれん金額が負となる場合の利益計上金額
保険差益（さえき）	保険金の受け取りによって生じた利益

⑦　特別損失

特別損失は，毎期経常的に発生するものではない，臨時に発生した費用の項目をまとめた分類区分です。特損（とくそん）と略されてよばれることがあります。

固定資産売却損	土地，建物，備品などの固定資産の売却によって生じた損失
固定資産除却(廃棄)損	固定資産の除却・廃棄・処分によって生じた損失
減損（げんそん）損失	固定資産の収益性の低下による回収不能額を減損処理した金額
構造改革費用	構造改革にかかった諸費用の金額
関係会社整理損	関係会社の整理（解散・清算等）によって生じた損失
事業譲渡損	事業譲渡によって生じた損失
投資有価証券売却損	関係会社の株式や長期保有目的の公社債などの売却による損失
投資有価証券評価損	保有する投資有価証券の市場価格の値下がりにより生じた損失
災害損失	自然災害等によって生じた損失

特別利益と特別損失は，利益と損失という用語が使われていますが，収益・費用の概念レベルに属する分類区分名ですので注意してください。

特別利益と特別損失は，毎期経常的に発生するものではないことを理由に他の収益・費用とは区別されていますが，固定資産売却損益や固定資産除却損のように，その多くの項目は，企業活動において，中長期的には必ず生じる項目であるといえます。１年間（単年）のみの経営者の努力の成果（業績）を見る場合には，それらの項目を除外して見ることが適していますが（経常利益による評価），中長期的な経営成果を見る場合には，これらの項目も含めて業績を評価する必要があります。IFRSの場合，特別損益の区分を設けることは禁止されており（営業損益に含める），そのため経常利益という利益も存在しません。

⑧　法人税，住民税及び事業税

法人税，住民税及び事業税は，法人税（国税），地方法人税（国税），法人住民税（所得割額（わりがく））（地方税），法人事業税（所得割額）（地方税），特別法人事業税（国税）として，当期に課税された税額が記載されています。株式会社には，これらの税が，おおむね所得の金額に比例して課せられます。これらの５つの税金の項目をまとめて**法人税等（とう）**といいます。所得の金額は，個別損益計算書上の当期純利益の金額に税法上の調整計算を行って求められます。

⑨　法人税等調整額

法人税等（とう）調整額には，**税効果会計（ぜいこうかかいけい）**によって，法人税等の金額を，当期に課税された金額から，当期に費用として計上する金額に調整するための調整金額が記載されます。企業の業績を適正に表示することを目的とする企業会計の損益計算と，税法上の課税所得計算には差異があるため，法人税，住民税及び事業税の課税金額を，そのまま損益計算上の費用金額として計上すると，当期純利益の金額が，企業の業績と対応しなくなって，企業の業績を適正に表示しなくなります。それを回避するために法人税等の費用計上額を調整するための会計処理を税効果会計といいます。税効果会計の処理の結果として，連結貸借対照表には，繰延税金資産（法人税等の前払いに当たる金額），繰延税金負債（法人税等の未払いに当たる金額）が計上されます（28頁，31頁参照）。

税効果会計

連結損益計算書		連結貸借対照表
法人税等調整額（当期の法人税等を減額）	→	繰延税金資産（法人税等の前払額）
（当期の法人税等を増額）	→	繰延税金負債（法人税等の未払額）

⑩　法人税等合計

法人税等（とう）合計は，⑧の法人税，住民税及び事業税の金額に，⑨の法人税等調整額を加減した金額であり，税効果会計を適用した後の，当期の法人税等の費用計上額です（損益計算書は収益と費用を記載する財務諸表です）。その金額は，おおむね，税金等調整前当期純利益の金額に，**法定実効（じっこう）税率**（法人税，住民税，事業税の５税目をまとめた税率）を乗じた金額となります。法定実効税率は，現在，おおむね30％程度であり，大まかに言えば，税金等調整前当期純利益の金額の約３割が法人税等合計となり，約７割が当期純利益となるといえます。

⑪ 非支配株主に帰属する当期純利益

非支配株主に帰属する当期純利益は，連結会社（親会社と連結子会社を合わせた存在）の当期純利益のうち，連結グループ全体の各会社の連結会社外部株主のうちの親会社の株主以外の株主（非支配株主）に帰属する当期純利益の金額です。非支配株主に帰属する当期純利益の金額は，連結貸借対照表の純資産の部の項目である非支配株主持分（33頁参照）の残高に算入されます。

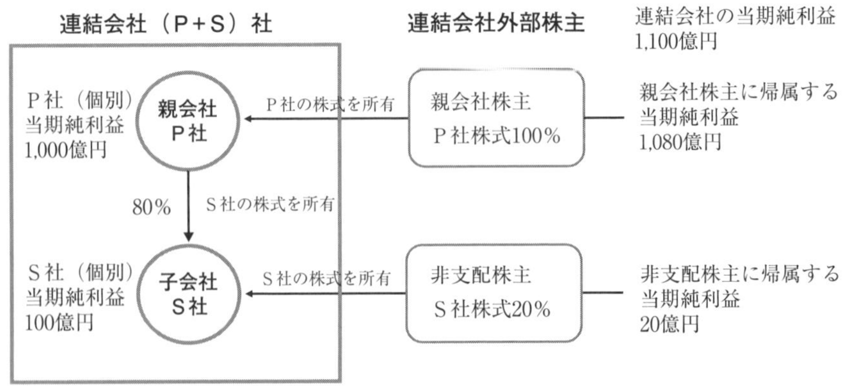

（4）連結損益計算書に関する会計原則

収益，費用の計上（認識・測定）に関する原則は，以下のようなものです。

損益計算書には，一会計期間に属するすべての収益とこれに対応するすべての費用とを記載して当期純利益を表示しなければなりません。これを**損益計算書完全性の原則**といいます。

損益計算書において，収益および費用の各項目は，総額によって記載することを原則とし，収益の項目と費用の項目とを直接に相殺することによってその全部または一部を損益計算書から除去してはなりません。これを**損益計算書総額表示の原則**といいます。

損益計算書において，収益および費用の各項目は，明瞭に分類し，各収益項目とそれに関連する費用項目とを対応させ，区分表示しなければなりません。これを**損益計算書明瞭性の原則**といいます。43頁で説明した区分表示はこの原則に基づくものです。

A）発生主義会計

企業会計では利益数値が企業業績を正しく表示するように測定するため，費用と収益は，現金支出・現金収入が生じた時点ではなく，**発生**した時点で認識します。通常，費用は，財・サービスを消費した時点で認識し，収益は，財・サービスを提供した時点で認識します。これを**発生主義会計**といいます。

たとえば，当会計期間中に財・サービスを消費した金額は，もし代金（お金）の支払いが次期以降であったとしても，当期の費用として計上され，当会計期間中に財・サービスを提供した金額は，もし代金の受領（じゅりょう）が次期以降であったとしても，当期の収益として計上されます。これを**発生主義の原則**といいます。企業会計では，会計上の利益計算と，現金預金の収支計算にズレが生じます。

B）収益計上原則：履行義務遂行（充足）基準と実現主義の原則

売上高・営業収益は，**履行義務遂行**（りこうぎむすいこう）（**充足**（じゅうそく））**基準**で認識します。すなわち，顧客と結んだ契約について，それに内容の異なる複数の履行義務が含まれる場合は，顧客から支払われる取引価格の代価を履行義務ごとに配分し，それぞれの履行義務を遂行（が充足）して，その配分額としての現金預金の収入またはその他の資産の増加・負債の減少が生じた時に，その金額を収益として計上します。たとえば，販売後１年間のメンテナンスサービス込みで機械装置を販売する場合は，機械装置の引き渡し時にそれに配分される収益額を計上し，メンテナンス期間終了時にそれに配分される収益額を計上します。

当期の利益を正しく測定するために，当期の売上高・営業収益として計上するのは，履行義務遂行（充足）などによって，当期において発生し，かつ**実現**（資金増加を伴う価値獲得）したものだけに限定し，**未実現**の収益は，当期の損益計算に計上してはいけないという原則を，**実現主義の原則**といいます。

C）費用計上原則：費用収益対応の原則

企業会計では，各会計期間の企業業績・経営成績を示す利益をより厳密に測定するために，成果としての収益金額と，それに対応する努力としての費用金額を損益計算書に計上します。これを**費用収益対応の原則**といいます。売上高（営業収益）に対して，売上原価は，商品・製品を通して，直接対応するので，**製品原価対応**するといい，販売費及び一般管理費は，営業期間（会計期間）を通して，間接対応するので，**期間原価対応**する，といいます。

（5）電力業，情報通信業，運輸業，サービス業等

電力業，情報通信業，運輸業，サービス業を営む企業の場合の連結損益計算書の様式は，**図表3-4**のようになっている場合があります（営業利益より下の部分の様式は，図表3-2と同じです）。

これらの業種は，個別化された物的な品物を販売する業種ではないため，売上高に対応する売上原価および売上総利益を厳密に計算することが困難な場合があります。したがって，これらの業種では，売上高，売上原価，販売費及び一般管理費の部分について様式が異なっています。

図表3-4　連結損益計算書の様式（電力，情報通信，運輸，サービス業等）

【連結損益計算書】　　　　（単位：億円）

説明番号			当連結会計年度 （自　×1年4月1日 至　×2年3月31日）	計算方法
①		営業収益	1,000	
②		営業費用・営業費	750	
	B	営業利益	250	＝①－②

①営業収益は，主たる営業活動で得た収益です。②営業費用は，営業収益を得るためにかかった費用であり，おおむね，販売費及び一般管理費と同じです。営業費用は営業費と表示されることもあります。営業収益に対応する原価を計算できる場合は，「営業原価」または「事業費」と表示し，営業収益から営業原価・事業費を控除した金額を「営業総利益」と表示し，そこから，「販売費及び一般管理費」を控除して，「営業利益」を表示することもあります。

証券会社のような有価証券関連業（金融商品取引業）の場合は，「営業収益」から「金融費用」を控除して「純営業収益」を表示し，そこから「販売費・一般管理費」（他の事業会社の場合の販売費及び一般管理費と同じ）を控除して，「営業利益」を表示する形式となっています。営業収益には，委託手数料，募集手数料，その他の業務手数料，トレーディング損益，金融収益（信用取引収益，有価証券貸借取引収益など）などがあります。金融費用（信用取引費用，有価証券貸借取引費用，支払利息）は，営業収益から控除されます。

（6）銀行業，保険業

銀行業，保険業を営む企業の場合の連結損益計算書の様式は，**図表3-5**のようになっています（経常利益より下の部分の様式は，図表3-2と同じです）。

銀行業，保険業は，預金者や保険加入者から資金を集め，その資金を貸出しや証券投資などによって資金運用し収益を得て，そして，預金者や保険加入者に利子や保険金の支払いを行うという活動を通じて，利益を稼いでいく業種であるため，他の事業会社の場合と異なり，営業収益と営業外収益および営業費用と営業外費用という区分が取り払われています。

図表3-5　連結損益計算書の様式（銀行業，保険業）

【連結損益計算書】　（単位：億円）

説明番号			当連結会計年度 （自　×1年4月1日 至　×2年3月31日）	計算方法
①		経常収益	1,010	
②		経常費用	775	
	C	経常利益	235	＝①－②

①経常収益は，銀行業，保険業の本来の業務活動で得た収益と，その他の経常的な収益です。②経常費用は，経常収益に対応する経常的な費用です。

銀行業の場合，経常収益は，資金運用収益（貸出金利息，有価証券利息配当金，コールローン利息及び買入手形利息，買現先利息，債券貸借取引受入利息，預け金利息など），信託報酬，役務取引等収益などがあり，経常費用は，資金調達費用（預金利息，譲渡性預金利息，コールマネー利息及び売渡手形利息，売現先利息，債券貸借取引支払利息，コマーシャル・ペーパー利息，借用金利息，社債利息），役務取引等費用，営業経費（販売費及び一般管理費と同じ）などがあります。

保険業の場合，経常収益は，保険料等収入，資産運用収益（利息及び配当金等収入，売買目的有価証券運用益，有価証券売却益・償還益など）などがあり，経常費用は，保険金等支払金（保険金，年金，給付金，解約返戻金），責任準備金等繰入額，資産運用費用（支払利息，有価証券売却損・評価損，金融派生商品費用，投資損失引当金繰入額），事業費（販売費及び一般管理費と同じ）などがあります。

4 連結包括利益計算書

連結包括利益計算書の様式は，**図表3-6**のとおりです。

図表3-6 連結包括利益計算書の様式

【連結包括利益計算書】

（自×1年4月1日 至×2年3月31日）（単位：億円）

説明番号				計算方法
	E	当期純利益	120	
⑫		その他の包括利益	30	
	G	包括利益	150	＝E＋⑫
		（内訳）		
	H	親会社株主に係る包括利益	123	＝G－⑬
⑬		非支配株主に係る包括利益	27	

2015年3月以前に開始した年度の連結包括利益計算書では，現行の「当期純利益」が「少数株主損益調整前当期純利益」という名称に，現行の「非支配株主に係る包括利益」が「少数株主に係る包括利益」という名称になっています。

株式会社コーセーの2022年度の有価証券報告書の第5【経理の状況】における【連結包括利益計算書】は，**図表3-7**のとおりです。

図表3-7 コーセー【連結包括利益計算書】2022年度

（単位：百万円）

	前連結会計年度 （自 2021年4月1日 至 2021年12月31日）	当連結会計年度 （自 2022年1月1日 至 2022年12月31日）
当期純利益	13,702	19,472
その他の包括利益		
その他有価証券評価差額金	227	938
為替換算調整勘定	5,178	6,424
退職給付に係る調整額	1,125	2,029
その他の包括利益合計	※ 6,531	※ 9,393
包括利益	20,234	28,866
（内訳）		
親会社株主に係る包括利益	19,723	28,008
非支配株主に係る包括利益	510	857

（出所：コーセー2022年12月期「有価証券報告書」52頁。※の内容は省略）

（1）包括利益の基本的計算構造

包括利益（ほうかつりえき）とは，純資産を増加させた利益の総額であり，一会計期間における純資産の純増加金額のうちの，親会社株主，子会社の非支配株主，および，将来それらになりうる新株予約権者等との資本取引による純増減金額以外の金額のことです。

包括利益＝［期末純資産合計－期首純資産合計］－資本取引による純増減額

連結包括利益計算書は，以下の計算式を基礎にして作成され，２段階の計算構造となっています。

第１段階として，当期純利益とその他の包括利益を合算して，包括利益の金額が表示されます。当期純利益は，連結損益計算書の当期純利益と同一です。包括利益は，当期純利益とその他の包括利益の合計金額のことであり，企業集団の，一会計期間における，利益稼得額の総合計を意味します。

当期純利益＋その他の包括利益＝包括利益

第２段階として，包括利益は，**親会社株主に係る包括利益**と**非支配株主に係る包括利益**の２つに分類され，それぞれの金額が記載されます。

包括利益＝親会社株主に係る包括利益＋非支配株主に係る包括利益
包括利益－非支配株主に係る包括利益＝親会社株主に係る包括利益

43頁の図表３-２のように，連結損益計算書における，当期純利益が120億円，非支配株主に帰属する当期純利益が20億円，親会社株主に帰属する当期純利益が100億円であるとします。このとき，図表３-２の連結損益計算書の最終行（ボトムライン）に表示されている，親会社株主に帰属する当期純利益100億円から，図表３-６の連結包括利益計算書の親会社株主に係る包括利益123億円までの金額の計算の流れは，次の**図表３-８**の矢印のようになっています。

図表３-８　包括利益内訳表

	親会社株主	非支配株主	企業集団全体
当期純利益	100	20	120
その他の包括利益	23	7	30
包括利益	123	27	150

コーセー（2022年度）の場合，図表3-8の表を作成すると，次の**図表3-9**のようになります。網かけ部分は，一番最後に逆算される箇所を示しています。

図表3-9　包括利益内訳表（コーセー　2022年度）

	親会社株主	非支配株主	企業集団全体
当期純利益	18,771	700	19,472
その他の包括利益	9,237	157	9,393
包括利益	28,008	857	28,866

連結損益計算書・連結包括利益計算書上の数値と，連結株主資本等変動計算書（第4章参照）の数値を使って，「親会社株主に係る包括利益」と「非支配株主に係る包括利益」の金額計算を確認する場合は，次の**図表3-10**のように計算します（コーセー（2022年度）の場合）。

図表3-10　包括利益内訳計算表（コーセー　2022年度）

		①	②	③	④	⑤	⑥	⑦＝③＋④＋⑤＋⑥	⑧＝①＋⑦	⑨＝②＋⑦
				その他の包括利益						
		親会社株主に帰属する当期純利益	非支配株主に帰属する当期純利益	その他有価証券評価差額金	為替換算調整勘定	退職給付に係る調整額	持分法適用会社に対する持分相当額	合計	親会社株主に係る包括利益	非支配株主に係る包括利益
A	連結P/L・C/I	18,771	700	938	6,424	2,029	0	9,393	記入しない	記入しない
B	連結C/N	18,771	—	936	6,380	1,919	—	9,236	28,007	記入しない
C	A－B	記入しない	700	2	44	110	0	156	記入しない	856

P/Lは損益計算書，C/Iは包括利益計算書，C/Nは株主資本等変動計算書のことです。この図表の⑦合計の列のBの行の金額は，「親会社株主に係るその他の包括利益」であり，Cの行の金額は，「非支配株主に係るその他の包括利益」の金額であり，図表3-9における網かけ部分の金額と一致しています。

（2）1計算書方式と連結損益及び包括利益計算書

連結財務諸表のうち連結損益計算書と連結包括利益計算書は，企業の利益についての財務諸表ですので，この2つを一体化させて表示することもでき，その場合は，**連結損益及び包括利益計算書**という名称となります。その様式は，図表3-2と図表3-6を繋（つな）いだものであり，最初の行（トップライン）が売上高，最終行（ボトムライン）が，包括利益となります。連結損益及び包括利益計算書を作成する場合は，**1計算書方式**といい，連結損益計算書と連結包括利益計算書を別々に表示する場合は，**2計算書方式**といいます。

（3）その他の包括利益

その他の包括利益は，資本取引以外による純資産の純増加額としての利益であっても，当期純利益が持つ性質（経営成績を示す。分配可能利益である。）に十分に合致しないため当期純利益に算入されない特定の利益・損失項目のことです。その具体的な項目には，「その他有価証券評価差額金」，「繰延ヘッジ損益」，「為替換算調整勘定」，「退職給付に係る調整額」，「土地再評価差額金」（第２章６節参照），および，「持分法適用会社に対する持分相当額」があります。連結包括利益計算書には，上記の項目を個別に記載します。連結包括利益計算書に記載するこれらの項目の金額は，当期に生じた当期変動額の金額です。その累計残高金額は，連結貸借対照表の純資産の部に記載されます。当期純利益に算入されない理由は，次のように説明できます。その他の包括利益は，資産・負債を時価評価したときの評価差額の利益などですが，その利益の相当額は，事業上の目的・制約のため，ある一定程度の時間内に，当該資産・負債の市場取引による換金によってキャッシュを得ることができない（難しい），資金的裏付けのない利益であるため，分配可能利益（の１つ）としての当期純利益に算入されない，と理解することができます。また，その他の包括利益の項目は，市場価格や為替レートなど，企業側がコントロールできない要因によって，金額が変化し，その金額の変動性が大きいことが多く，当期純利益に算入すると，当期純利益が表そうとする一会計期間の経営成績が，適切に表示されなくなる可能性があるため，当期純利益に算入されない，と理解することができます。

（4）包括利益の内訳

親会社株主に係る包括利益は，連結貸借対照表における，非支配株主持分以外の純資産の一会計期間における純資産の純増加金額のうちの，資本取引による純増減金額以外の金額のことです。ここでの資本取引は，株主資本と新株予約権に関する資本取引です。親会社株主に係る包括利益は，親会社株主に帰属する当期純利益と親会社株主に係るその他の包括利益の合計に等しくなります。

非支配株主に係る包括利益は，連結貸借対照表における，非支配株主持分の一会計期間における純増加金額のうちの，資本取引による純増減金額以外の金額のことです。非支配株主に係る包括利益は，非支配株主に帰属する当期純利益と非支配株主に係るその他の包括利益の合計に等しくなります。

（5）その他の包括利益のリサイクリング

特定の資産・負債の時価評価などによって，ある期の連結包括利益計算書に「その他の包括利益」として計上された金額について，その期以降に，売却などがあった時点で，再度，その時点の期末の連結損益計算書の「当期純利益」に再計上する会計処理を，**その他の包括利益のリサイクリング**といいます。

このとき，通時的に見た，包括利益の二重計上を避けるために，「その他の包括利益」を減算する調整をする必要があり，その調整金額を**組替調整額**といいます。組替調整額は，連結包括利益計算書上の「その他の包括利益」の計上額を減額する要素となります。例として，以下に，その他の包括利益の項目の１つである「その他有価証券評価差額金」の数値例を示します。

第１期期首　時価1,000　「その他有価証券」を取得
第１期期末　時価1,100　保有中
第２期期末　時価1,200　売却
法定実効税率40％　税効果会計を適用する。

この取引に関してのみの連結財務諸表上の数値は以下の表のようになります。
その他の包括利益の計上額は，65頁の上の表のようにまとめられます。

連結財務諸表		科目	第１期末	第２期末	合計
B／S		その他有価証券	1,100	0	—
		繰延税金負債	40	0	—
		その他の包括利益累計額	60	0	—
C／I	P／L	当期純利益	0	200	200
		その他の包括利益	60	△60	0
		包括利益	60	140	200

B/S：連結貸借対照表　C/I：連結包括利益計算書　P/L：連結損益計算書

第１期　時価評価　「その他有価証券評価差額金」の当期発生額：(1,100－1,000)＝100
その他の包括利益：100×（１－0.4）＝60　繰延税金負債：100×0.4＝40

第２期末は，第２期末で時価評価し，その後，組替調整をした後に，売却したものとして計算します。

第２期　時価評価　「その他有価証券評価差額金」の当期発生額：(1,200－1,100)＝100
その他の包括利益：100×（１－0.4）＝60　繰延税金負債：100×0.4＝40

第２期　組替調整　組替調整額：△（1,200－1,000）＝△200
その他の包括利益：△（200）×0.6＝△120　C／I上の数値：60＋△120＝△60
繰延税金負債　：△（200）×0.4＝△80　B／S上の数値：80＋△80＝0

第２期　売却　当期純利益（売却益）：(1,200－1,000）＝200

第２期の当期純利益200を構成する項目のうち，当期または過去の期間にその他の包括利益に含まれていた部分の組替調整額は，税効果調整前で△200であり，税効果調整後で△120です。

連結包括利益計算書の【注記事項】に，その他の包括利益の個別の項目ごとの「当期発生額」，「組替調整額」，「税効果額」からなる明細表を付けることになっています。この明細表によって，連結包括利益計算書上のその他の包括利益の金額がどのように計算されているかが明示され，計算の整合性に係る財務諸表の理解可能性や比較可能性が高まることになります。

	当期発生額	組替調整額	税効果調整前	税効果額	連結包括利益計算書計上額
第１期末	100	0	100	40	60
第２期末	100	△200	△100	△40	△60

図表3-11　コーセー【注記事項】(連結包括利益計算書関係) 2022年度

(連結包括利益計算書関係)

※　その他の包括利益に係る組替調整額及び税効果額

	前連結会計年度 (自　2021年４月１日 至　2021年12月31日)	当連結会計年度 (自　2022年１月１日 至　2022年12月31日)
その他有価証券評価差額金：		
当期発生額	418百万円	1,353百万円
組替調整額	△90	－
税効果調整前	327	1,353
税効果額	△100	△414
その他有価証券評価差額金	227	938
為替換算調整勘定：		
当期発生額	5,178	6,424
組替調整額	－	－
為替換算調整勘定	5,178	6,424
退職給付に係る調整額：		
当期発生額	2,109	3,797
組替調整額	△486	△871
税効果調整前	1,622	2,925
税効果額	△496	△895
退職給付に係る調整額	1,125	2,029
その他の包括利益合計	6,531	9,393

(出所：コーセー2022年12月期「有価証券報告書」65頁)

5 IFRS

金融商品取引法上の連結財務諸表を，IFRS（国際財務報告基準）で作成する企業の連結損益及びその他の包括利益計算書の様式は**図表3-12**のとおりです。

図表3-12 IFRSの連結損益及びその他の包括利益計算書の様式（2計算書方式）

【連結損益計算書】

（単位：億円）

説明番号			当連結会計年度 （自 ×1年4月1日 至 ×2年3月31日）	計算方法
①		売上収益	1,000	
②		売上原価	△600	
	A	売上総利益	400	＝①＋②
③		販売費及び一般管理費	△150	
④		その他の収益及び費用	△76	
⑤		金融収益及び金融費用	△6	
⑥		持分法による投資利益	2	
	B	税引前利益	170	＝A＋③＋④＋⑤＋⑥
⑦		法人所得税費用	△50	
	C	当期純利益	120	＝B＋⑦
	D	当社株主に帰属する当期純利益	100	＝C－⑧
⑧		非支配持分に帰属する当期純利益	20	

【連結包括利益計算書】

（自×1年4月1日 至×2年3月31日）（単位：億円）

	C	当期純利益	120	
⑨		その他の包括利益（税効果控除後）	30	
	E	当期包括利益	150	＝C＋⑨
	F	当社株主に帰属する当期包括利益	123	＝E－⑩
⑩		非支配持分に帰属する当期包括利益	27	

IFRSでは，日本基準でいう連結損益計算書と連結包括利益計算書をひとまとめにし，**連結損益及びその他の包括利益計算書・財務業績計算書**とよび，企業の財務業績を示す財務表と位置付けています（IFRSでは，資産負債アプローチという考え方により，一会計期間における資本取引変動を除く純資産の変動金額である包括利益が，企業の業績（企業活動の成果）を表すと考えています）。

連結損益及びその他の包括利益計算書は，連結損益計算書と連結包括利益計算書（連結その他の包括利益計算書）の２つに分けて表示することができ，それを**２計算書方式**といい，分けない場合は，**１計算書方式**といいます。

「連結損益及びその他の包括利益計算書」は，日本では，「連結損益計算書及び連結包括利益計算書」と表記されます。「損益」の部分を「純損益」と表記する場合もあります。純損益とその他の包括利益を合わせると，包括利益です。

日本基準との様式等の主な差異は次の点です。

- 日本の連結損益計算書と違い，利益の段階別計算は求められておらず，最低限の場合は，利益の種類として，当期純利益の表示のみで足ります。各企業の独自の判断で，売上総利益，営業利益，税引前利益という利益を表示することができます。ただし，日本基準でいう特別利益・特別損失の区分を設けることは認められていないため，経常利益という利益は表示できません。
- 金融活動による収益と費用は，金融収益及び金融費用という区分に表示します。また，持分法による投資損益を１つの区分として表示します。
- 税効果会計適用後の法人税・住民税・事業税の金額を，法人所得税費用という区分に表示します。
- 企業に廃止する事業（非継続事業）がある場合，それ以外の事業（継続事業）に基づく当期純利益を，（当期純利益から変えて）「継続事業からの当期純利益」と表示し，次に，廃止する事業に関する税引後純損益の金額を，「非継続事業からの当期純損失（利益）」として表示し，それらの合算として，「当期純利益」を表示します。非継続事業の収益，費用，税引前純損益の金額は，連結損益計算書の本体または注記において表示しなければなりません。なお，非継続事業とは，廃止して処分予定の事業または年度末までに処分済みの事業のことです。
- 連結損益計算書の末尾に，「１株当たり情報」として，「基本的１株当たり当期純利益」と「希薄化後１株当たり当期純利益」という数値を記載します。１株当たり当期純利益はEPSとよばれます（234頁参照）。EPSは，投資家が株価の適正価格水準を見積もる際に用いられることが多い財務指標です。

6 米国会計基準

金融商品取引法上の連結財務諸表を，米国会計基準で作成する企業の連結損益計算書および連結包括利益計算書の様式は**図表3-13**のとおりです。

図表3-13 米国会計基準の連結損益計算書と連結包括利益計算書の様式

【連結損益計算書】

（単位：億円）

説明番号			当連結会計年度 （自 ×1年4月1日 至 ×2年3月31日）	計算方法
①		純売上高	1,000	
②		売上原価	600	
	A	売上総利益	400	＝①－②
③		販売費及び一般管理費	150	
	B	営業利益	250	＝A－③
④		その他の収益・費用	△82	
	C	税引前（税金等調整前）当期純利益	168	＝B＋④
⑤		法人税等	50	
⑥		持分法による投資利益	2	
	D	当期純利益	120	＝C－⑤＋⑥
⑦		非支配持分に帰属する当期純利益	20	
	E	当社株主に帰属する当期純利益	100	＝D－⑦

【連結包括利益計算書】

（自×1年4月1日 至×2年3月31日）（単位：億円）

	D	当期純利益	120	
⑧		その他の包括利益（損失）（税効果考慮後）	30	
	F	（当期）包括利益（合計）	150	＝D＋⑧
⑨		非支配持分に帰属する（当期）包括利益	27	
	G	当社株主に帰属する（当期）包括利益	123	＝F－⑨

日本基準との様式等の主な差異は次の点です。

- 段階別の利益として，税引前当期純利益，当期純利益を表示します。企業の判断により，売上総利益，営業利益は表示できますが，経常利益という利益は表示しません。
- その他の収益・費用という区分に，受取利息・配当金，支払利息などの金融収益，金融費用および為替差損益，有価証券売却損益等を記載します。
- 持分法による投資損益を1つの区分として表示します。
- 税効果会計適用後の法人税・住民税・事業税の金額を，法人税等という区分に表示します。
- 連結損益計算書の末尾に，「1株当たり情報」として，「基本的1株当たり当期純利益」と「希薄化後1株当たり当期純利益」という数値を記載します。

財務諸表が企業の実態を正確に表示するようにするために，膨大な量の会計基準（会計処理のルール）があります。その会計基準の全体が矛盾の無い整合性を持った体系性を保持するようにするために，会計基準を作成する会計基準設定団体は，**財務会計概念フレームワーク**という会計基準の理論的基礎をまとめた枠組みを構築しています。その中には，財務報告によって提供される会計情報が備えるべき特性つまり**会計情報の質的特性**がまとめられています。

米国会計基準（US-GAAP）の財務会計概念フレームワークの場合，会計情報の質的特性として，最上位に位置するのは，**意思決定有用性**（decision usefulness）であり，それは会計情報が情報利用者にとって有用であることが会計情報の備えるべき最も重要な特性であることを意味しています。意思決定有用性は，目的適合性と信頼性によって支えられます。**目的適合性**（relevance）とは，情報が，有効性を持つ間に（**適時性**；timeliness），その利用者に過去，現在，将来の事象もしくは成果の予測，事前の期待の確認または訂正を行わせることによって，その利用者の意思決定上の予測能力を改善し（予測価値；predictive value），または，事前の期待のフィードバックを可能にすること（フィードバック価値；feedback value）によって，利用者の意思決定に影響を及ぼしうることのことです。**信頼性**（reliability）とは，情報の表現が忠実かつ妥当であり（**表現の忠実性・妥当性**）（faithful representation），その情報が検証可能であり（**検証可能性**）（verifiability），また，その情報が特定の関係者だけに有利であるような偏向がない（**中立性**）（neutrality）ことです。目的適合性と信頼性のどちらか一方でも損なわれる場合，情報は意思決定有用性を失います。

会計と倫理

企業会計の目的の１つは，企業の利益を客観的な数値で測定することであり，企業の会計責任者は，企業の取引を，会計基準の趣旨と規定に従って，会計処理し，一定期間の企業活動の成果を表す利益数値を正しく計算して，損益計算書に表示する必要があります。

損益計算書の利益の数値を事実よりも大きく見せかける不正行為・違法行為である粉飾決算では，利益数値操作のために，収益を水増しして過大に計上するか，費用を過少に計上することが行われます。収益の水増しは，将来に得る可能性のある収益を当期の収益に先取りして早期計上する方法や，存在しない収益取引を捏造（ねつぞう）して，架空の収益を計上する方法などがあります。費用の過少計上は，当期にすでに生じている費用や損失を将来の費用として先送りして繰り延べる方法や，当期にすでに生じている費用や損失を隠蔽（いんぺい）する方法などがあります。利益の水増しを行うと法人税等の負担金額は増加してしまいます。

会計基準の規定には直接違反しない形で，会計基準の抜け穴を利用したり，ルールの盲点を突いたりして，明確な粉飾決算と断定されないような，グレーゾーンの会計処理を行って，利益数値操作を行うことを，クリエイティブ・アカウンティング（利益創作会計）といいます。創作という語はフィクション（作り物）というニュアンスです。粉飾決算の場合は，利益捏造会計といえるでしょう。会計基準には，複数の会計処理方法の中から選択可能な場合があったり，あるいは，会計処理方法が設定されていなかったりする場合もあります。それらを利用して，粉飾決算にならない範囲のグレーゾーンで，会計基準の趣旨を無視した会計処理を行うことで，経営者にとって有利となるように会計数値を操作するのが，クリエイティブ・アカウンティングです。詳しい会計知識の悪用ともいえます。

利益数値を増やす操作を行う経営者の目的は，①利益数値が悪いと融資や出資を受けられなくなるなど，より経営が苦しくなるので，これを防ぐため，②事実の利益数値（赤字）を公表すると，倒産してしまうので倒産を回避するため，③経営者個人の地位や名声，報酬を維持するため，④株価を吊り上げたり維持するため，などがあげられます。

粉飾決算のような不正行為の発生を防止・抑止するはたらきをするものは，個人の倫理観と，不正防止システムと，社会的な罰です。仮に不正行為が行えるような場合であっても，個人が高い倫理観を持つならば，あるいは，不正行為に対して重大な社会的罰が与えられるならば，不正行為は行われないかもしれません。まずは，個人が高い倫理観を持つ必要があります。

キーワード

連結損益計算書　連結包括利益計算書　収益　費用　当期純利益　その他の包括利益
包括利益　売上高　売上原価　売上総利益　販売費及び一般管理費　営業利益
営業外収益　営業外費用　経常利益　特別利益　特別損失　税金等調整前当期純利益
法人税，住民税及び事業税　法人税等調整額　法人税等合計　税効果会計
非支配株主に帰属する当期純利益　親会社株主に帰属する当期純利益
非支配株主に係る包括利益　親会社株主に係る包括利益

練習問題

問題３－１　空欄に適切な用語および数値を記入しなさい。

【連結損益計算書】　　　　　　　　　　　　　　　　　　　　（単位：億円）

	×１年度	×２年度	×３年度
（　　　　　）	1,000	（　　　）	1,210
売上原価	600	660	（　　　）
（　　　　　）	（　　　）	（　　　）	500
販売費及び一般管理費	150	320	（　　　）
（　　　　　）	（　　　）	（　　　）	150
営業外収益	10	10	15
営業外費用	25	55	（　　　）
（　　　　　）	（　　　）	（　　　）	100
特別利益	20	35	（　　　）
特別損失	55	100	10
（　　　　　　　　　　）	（　　　）	（　　　）	300
法人税，住民税及び事業税	90	1	（　　　）
法人税等調整額	△10	（　　　）	△5
法人税等合計	（　　　）	4	120
（　　　　　　　　　　）	（　　　）	（　　　）	（　　　）
非支配株主に帰属する当期純利益	20	1	30
（　　　　　　　　　　）	（　　　）	5	（　　　）

問題３－２　上場企業を３社選んで，１社ごとに５年度分，本章43頁と同じ様式で，要約連結損益計算書を作成しなさい。金額の単位は適宜調整すること。

問題３－３　倫理問題

従業員25万人を擁する連結グループの親会社であるＺ社は，ここ数年，純利益の赤字が続き，今年度は2,000億円の赤字になりそうです。決算が近づき，経理部長のＣ氏は，社長のＸ氏より，「どんなことをしてでも今年度は黒字決算にせよ」と，繰り返し強い指示を受けています。社長は，経理操作という言葉は使いませんでしたが，経理部長の自分に言っている以上，帳簿上の操作により利益を捻出（ねんしゅつ）することを指示していると考えるしかありません。Ｚ社の昇進決定の慣例上，ここで社長の命令に背けば，自分の出世の道は途絶えるといえます。社長の期待に応えれば，自分の地位や将来は確保されるといえます。さて，Ｃ氏は，どうするべきでしょうか。

連結株主資本等変動計算書と連結キャッシュ・フロー計算書

1 連結株主資本等変動計算書

連結株主資本等変動計算書（れんけつかぶぬししほんとうへんどうけいさんしょ），**連結持分変動計算書**（もちぶん）（IFRSの場合）（consolidated statement of changes in net assets；C/N）とは，企業集団の，一会計期間における，純資産の変動金額を，純資産項目別・変動事由別に記載した報告書です。

企業会計では，包括利益（収益，費用，その他の包括利益）を増減させる取引を**損益取引**（そんえきとりひき）といい，それ以外の純資産の変化をもたらす取引を**資本取引**といい，損益取引と資本取引は純資産を増減させます。たとえば，商品・製品の売上（収益）や，人件費・経費の支出（費用）は，損益取引であり，資本金や資本剰余金の増加をもたらす新株式の発行は，資本取引です。

連結株主資本等変動計算書は，損益取引と資本取引によってもたらされる連結貸借対照表の純資産の部のすべての項目の一会計期間における変動金額を，変動事由別に説明・表示し，企業集団の**純資産の変動状況**を示す報告書です。

純資産の変動事由の具体例は，**図表4-1**のとおりです。純資産の項目は一会計期間中にさまざまな事由によって変動します。連結貸借対照表の純資産の項目の前期末（当期首）残高と当期末残高が異なる場合，連結株主資本等変動計算書を見れば，どのような事由によって金額が変化し，前期末（当期首）残高の金額が当期末残高の金額になったのかを知ることができます。このため，連結株主資本等変動計算書が存在しています（金額変動事由の詳細がわかるのは，原則として，純資産のうちの株主資本に限定されます）。

図表４-１　純資産項目の変動事由の基本例

変動事由	変動する純資産項目　（増加：＋　減少：－）
親会社株主に帰属する当期純利益	利益剰余金（＋）（－）
新株の発行	資本金（＋）　資本剰余金（＋）
剰余金の配当	利益剰余金（－）
自己株式の取得	自己株式（＋）
自己株式の消却	自己株式（－）　資本剰余金（－）　利益剰余金（－）
自己株式の処分	自己株式（－）　資本剰余金（＋）（－）　利益剰余金（－）
株主資本の計数の変動	資本金（＋）（－）資本剰余金（＋）（－）利益剰余金（＋）（－）
企業結合による増加	資本金（＋）　資本剰余金（＋）
分割型会社分割	利益剰余金（－）
連結（持分法適用）範囲の変動	資本金（±）資本剰余金（±）利益剰余金（±）非支配株主持分（±）
新株予約権の発行	新株予約権（＋）
新株予約権の行使（新株発行）	新株予約権（－）　資本金（＋）　資本剰余金（＋）
非支配株主との取引に係る親会社の持分変動	非支配株主持分（±）資本剰余金（±）利益剰余金（±）
非支配株主に帰属する当期純利益	非支配株主持分（＋）（－）

連結株主資本等変動計算書では，連結貸借対照表の純資産の部の項目の１つずつについて，当期首残高（前期末残高と同じ金額），当期変動額，当期末残高を表示します。つまり，次の計算式の構造で，当期首残高と当期変動額から当期末残高を計算する様式となります。

当期首残高＋当期変動額＝当期末残高

当期首残高は，前期末の連結貸借対照表に記載されている純資産の項目の金額です。また，前期末の連結株主資本等変動計算書に記載されている当期末残高とも同じです。**当期末残高**は，当期末の連結貸借対照表に記載されている純資産の項目の金額と同じ金額になります。**当期変動額**については，変動事由の内容とそれによる変動金額を表示します。ただし，株主資本以外の各項目（その他の包括利益累計額，株式引受権，新株予約権，非支配株主持分）については，当期変動額を純額（１行）で表示すればよいことになっており，詳細な変動事由を個別に明示する必要はないことになっています。

連結株主資本等変動計算書の様式は，**図表4-2**のようになります。数字は，1つの数値例です。資本金を例にとると，資本金の当期首残高は120億円であり，当期中に増資（新株の発行）によって80億円増加し，当期末残高は200億円になったということが説明されています。

図表4-2 連結株主資本等変動計算書の様式

【連結株主資本等変動計算書】

自 ×1年4月1日 至 ×2年3月31日 （単位：億円）

	株主資本				
	資本金	資本剰余金	利益剰余金	自己株式	株主資本合計
当期首残高	120	120	200	△40	400
当期変動額					
新株の発行	80	80			160
剰余金の配当			△50		△50
親会社株主に帰属する当期純利益			100		100
その他当期変動額				△10	△10
当期変動額合計	80	80	50	△10	200
当期末残高	200	200	250	△50	600

	その他の包括利益累計額	株式引受権	新株予約権	非支配株主持分	純資産合計
当期首残高	107	0	10	33	550
当期変動額					
新株の発行					160
剰余金の配当					△50
親会社株主に帰属する当期純利益					100
その他当期変動額	23			27	40
当期変動額合計	23	0	0	27	250
当期末残高	130	0	10	60	800

（行列形式の場合，横幅が長くなるため，2段組みなどにして表示されます。）

有価証券報告書において連結株主資本等変動計算書は，前連結会計年度のものと，当連結会計年度のものの，２年分が，２つに分離されて記載されています。表記と日付をよく見て，前年度分のものと，当年度分のものを，間違わないように注意が必要です。

株式会社コーセーの2022年度の有価証券報告書の第５【経理の状況】における連結株主資本等変動計算書は，**図表４-３**のとおりです。連結株主資本等変動計算書を見ると，**剰余金の配当**（166頁参照）すなわち株主への配当金の金額を知ることができます。下記のコーセー（2022年度）の例では，一期間中に74億1,600万円の配当金の支払いが決まったことがわかります。

図表４-３　コーセー【連結株主資本等変動計算書】2022年度

当連結会計年度(自　2022年１月１日　至　2022年12月31日)

（単位：百万円）

	株主資本				
	資本金	資本剰余金	利益剰余金	自己株式	株主資本合計
当期首残高	4, 848	26	228, 791	△9, 090	224, 576
当期変動額					
剰余金の配当			△7, 416		△7, 416
親会社株主に帰属する当期純利益			18, 771		18, 771
自己株式の取得				△3	△3
自己株式の処分		35		10	46
株主資本以外の項目の当期変動額（純額）					
当期変動額合計	−	35	11, 355	7	11, 398
当期末残高	4, 848	62	240, 147	△9, 082	235, 975

	その他の包括利益累計額				非支配株主持分	純資産合計
	その他有価証券評価差額金	為替換算調整勘定	退職給付に係る調整累計額	その他の包括利益累計額合計		
当期首残高	5, 830	4, 389	3, 561	13, 781	15, 909	254, 267
当期変動額						
剰余金の配当						△7, 416
親会社株主に帰属する当期純利益						18, 771
自己株式の取得						△3
自己株式の処分						46
株主資本以外の項目の当期変動額（純額）	936	6, 380	1, 919	9, 236	447	9, 683
当期変動額合計	936	6, 380	1, 919	9, 236	447	21, 081
当期末残高	6, 766	10, 770	5, 480	23, 017	16, 356	275, 349

（出所：コーセー2022年12月期「有価証券報告書」54頁）

図表4-4 連結株主資本等変動計算書の機能

連結貸借対照表（B/S）（前期末・当期首）［右側：負債・純資産の部のみ記載］
×1年3月31日

［株式引受権は残高・残高変動が0のため省略する］

負債及び純資産	金 額
負債	200
純資産	
資本金	120
資本剰余金	120
利益剰余金	200
自己株式	△40
株主資本合計	400
その他の包括利益累計額	107
新株予約権	10
非支配株主持分	33
純資産合計	550
	750

連結株主資本等変動計算書（C/N）
自 ×1年4月1日 至 ×2年3月31日

	株主資本					その他の包括利益累計額	新株予約権	非支配株主持分	純資産合計
	資本金	資本剰余金	利益剰余金	自己株式	株主資本合計				
当期首残高	120	120	200	△40	400	107	10	33	550
当期変動額									
新株の発行	80	80			160				160
剰余金の配当			△50		△50				△50
親会社株主に帰属する当期純利益			100		100				100
その他当期変動額				△10	△10	23		27	40
当期変動額合計	80	80	50	△10	200	23	0	27	250
当期末残高	200	200	250	△50	600	130	10	60	800

連結貸借対照表（B/S）（当期末）［右側：負債・純資産の部のみ記載］
×2年3月31日

負債及び純資産	金 額
負債	200
純資産	
資本金	200
資本剰余金	200
利益剰余金	250
自己株式	△50
株主資本合計	600
その他の包括利益累計額	130
新株予約権	10
非支配株主持分	60
純資産合計	800
	1,000

連結損益計算書（P/L）
自 ×1年4月1日 至 ×2年3月31日

	金 額
売上高	1,000
⋮	
税金等調整前当期純利益	170
法人税等合計	50
当期純利益	120
非支配株主に帰属する当期純利益	20
親会社株主に帰属する当期純利益	100

連結株主資本等変動計算書は，連結貸借対照表の「純資産」の項目の当期首残高から当期末残高への変化金額の明細を説明する報告書です。連結株主資本等変動計算書の当期首残高の金額は，前期末（当期首）の連結貸借対照表に記載されている純資産の項目の金額と一致します。連結損益計算書上で算定された親会社株主に帰属する当期純利益は，連結株主資本等変動計算書上の利益剰余金の当期変動額として表示されます。そして，連結株主資本等変動計算書上において，「純資産」の項目の期中の変動内容が加減計算されて，当期末残高が計算され，その金額が，当期末の連結貸借対照表に記載される純資産の項目の金額として収容されます。この関係を図示すると，**図表4-4**のようになります。連結貸借対照表および連結損益計算書だけでは，純資産項目の前期末と当期末の数値の連続性を把握することができませんが，連結株主資本等変動計算書によって，その連続性の説明が確保されます。

企業とは資本（純資産）を運用して利益を稼得することで資本（純資産）を増加させていく主体であり，企業会計は，企業の資本（純資産）と利益と収益性を測定するシステムです。連結株主資本等変動計算書は，前期末（当期首）の純資産の全項目の残高と当期末の純資産の全項目の残高を記載し，損益取引と資本取引によるすべての純資産の変動金額を記載しているので，企業の資本（純資産）と利益と収益性および分配額（配当，自己株式取得，減資）に関する根本的な情報が集約されている財務諸表であるといえます。

そして，前期末（当期首）と当期末の純資産の残高，株式発行などの資本取引による増資額，損益取引の結果としての当期純利益や包括利益の金額，配当金，自己株式関係の金額などを知ることができ，また，その情報により，第15章で説明する自己資本利益率（ROE），配当性向，内部留保率，サステナブル成長率および，純資産・株主資本・自己資本の成長率を計算することができます。

純資産（または，株主資本，自己資本）の成長率は，企業の真の経済的価値の増加率に相関する関係があり，企業の真の経済的価値の増加率を推定するための指標になると，解釈されることがあります。

$$\text{純資産増加率} = \frac{\text{当期末の純資産} - \text{前期末の純資産}}{\text{前期末の純資産}}$$

資本取引（株式発行などのこと）が無ければ，純資産（株主資本，自己資本）増加率は，（ほぼ）ROEと等しくなります。このため，ROEは重要です。

純資産を増減させる要因である，損益取引と資本取引について，連結株主資本等変動計算書，連結損益計算書，連結包括利益計算書を使って，一会計期間におけるその金額をまとめると，以下のようになります。ここでは，コーセー（2022年度）の連結財務諸表の数値を用いています。（表の金額単位は百万円）

第3章61頁の一番上に示した包括利益の定義式に基づく計算をします。

		純資産合計
株主資本等変動計算書	「当期変動額合計」	21,081
包括利益計算書	「包括利益」	28,866
	資本取引による純増減額	△7,785

第3章62頁図表3-9の包括利益内訳表を再掲すると，次のとおりです。

	親会社株主	非支配株主	企業集団全体
当期純利益	18,771	700	19,472
その他の包括利益	9,237	157	9,393
包括利益	28,008	857	28,866

包括利益，当期純利益，その他の包括利益の内訳は，次のとおりです。

包括利益	28,866
親会社株主に係る包括利益	28,008
非支配株主に係る包括利益	857
当期純利益	19,472
親会社株主に帰属する当期純利益	18,771
非支配株主に帰属する当期純利益	700
その他の包括利益	9,393
親会社株主に係るその他の包括利益	9,237
非支配株主に係るその他の包括利益	157

連結株主資本等変動計算書に記載されている純資産の項目の一会計期間における「当期変動額合計」の金額から，上記の利益すなわち損益取引の数値を控除すると，「資本取引による純増減額」の純資産項目別の金額がわかります。

		株主資本合計	その他の包括利益累計額合計	新株予約権	非支配株主持分	純資産合計
株主資本等変動計算書	「当期変動額合計」	11,398	9,236	0	447	21,081
包括利益の構成金額						
連結損益計算書	「親会社株主に帰属する当期純利益」	18,771				18,771
連結損益計算書	「非支配株主に帰属する当期純利益」				700	700
包括利益内訳表	「親会社株主に係るその他の包括利益」		9,237			9,237
包括利益内訳表	「非支配株主に係るその他の包括利益」				157	157
	損益取引による純増減額	18,771	9,237	0	857	28,865
	資本取引による純増減額	△7,373	0	0	△410	△7,783

2　連結キャッシュ・フロー計算書

(1) 連結キャッシュ・フロー計算書の構造と様式

連結キャッシュ・フロー計算書（consolidated cash-flow statement；C/F）は，企業集団の，一会計期間における，キャッシュ・フロー（現金預金の流れ），すなわち，収入（キャッシュ・イン・フロー）と支出（キャッシュ・アウト・フロー）を記載した報告書です。連結キャッシュ・フロー計算書におけるキャッシュとは，「現金預金及び現金預金同等物（どうとうぶつ）」のことであり，現金預金は，手元（てもと）現金，要求払（ばらい）預金（当座預金，普通預金，通知預金）を意味し，現金預金同等物は，満期まで3ヵ月以内の，定期預金，譲渡性預金，コマーシャル・ペーパー，公社債投資信託などのことを意味しています。連結キャッシュ・フロー計算書では，これらを，「**現金及び現金同等物**」と表記しています。

連結キャッシュ・フロー計算書は，企業集団の**キャッシュ・フローの状況**を示す報告書です。そして，企業集団の純額のキャッシュ・フローを稼ぎ出す（生成する）能力，配当金の支払能力，自社株買いの実施余力，利息費用の負担能力，債務返済能力を評価するのに役立ち，企業集団の資金調達と投資と営業に関する資金繰りや資金の流れ，利益数値とキャッシュ・フロー数値の差異や「利益の質」（本節（7）項参照）を分析するために役立ちます。

連結キャッシュ・フロー計算書の様式は，**図表4-5**のとおりです。

図表4-5　連結キャッシュ・フロー計算書の様式

【連結キャッシュ・フロー計算書】		
自 ×1年4月1日　至 ×2年3月31日	（単位：億円）	
	金額	計算方法
Ⅰ　営業活動によるキャッシュ・フロー	211	
Ⅱ　投資活動によるキャッシュ・フロー	△200	
Ⅲ　財務活動によるキャッシュ・フロー	60	
Ⅳ　現金及び現金同等物に係る換算差額	△1	
Ⅴ　現金及び現金同等物の増加額	70	＝Ⅰ＋Ⅱ＋Ⅲ＋Ⅳ
Ⅵ　現金及び現金同等物の期首残高	10	
Ⅶ　現金及び現金同等物の期末残高	80	＝Ⅴ＋Ⅵ

連結キャッシュ・フロー計算書では，企業集団のキャッシュ・フローを**営業活動**，**投資活動**，**財務活動**という3つの活動別に表示します。この3つの活動は，企業活動全体の資金サイクルに対応しています。つまり，企業は，投資を行うために必要な資金を，株式発行や銀行借入れなどによって調達し（財務活動），投資によって工場や販売店舗などを取得し（投資活動），それを使用して売上や利益やキャッシュ・フローを得る（営業活動）という活動をしています。

営業活動	本業とする事業の仕入（調達）・生産・販売・回収に関する活動
投資活動	設備投資，証券投資，融資などの投資に関する活動
財務活動	借入れ，社債発行，株式発行などの資金調達に関する活動

図表4-6 コーセー【連結キャッシュ・フロー計算書】2022年度

（単位：百万円）

	前連結会計年度 （自 2021年4月1日 至 2021年12月31日）	当連結会計年度 （自 2022年1月1日 至 2022年12月31日）
営業活動によるキャッシュ・フロー		
税金等調整前当期純利益	21,335	27,867
減価償却費	7,827	9,743
減損損失	75	171
のれん償却額	600	959
事業整理損	48	－
割増退職金	534	164
貸倒引当金の増減額（△は減少）	147	609
退職給付に係る資産の増減額（△は増加）	△2,379	△3,757
固定資産処分損益（△は益）	352	136
受取利息及び受取配当金	△405	△792
支払利息	12	60
為替差損益（△は益）	△912	△3,465
投資有価証券売却損益（△は益）	△90	－
関係会社株式評価損	41	25
投資有価証券評価損益（△は益）	74	25
投資事業組合運用損益（△は益）	△657	114
助成金収入	△715	△363
売上債権の増減額（△は増加）	△4,013	△7,444
棚卸資産の増減額（△は増加）	△4,542	△3,008
仕入債務の増減額（△は減少）	2,866	2,082
返金負債の増減額（△は減少）	3,131	78
その他の資産の増減額（△は増加）	1,074	1,700
その他の負債の増減額（△は減少）	△310	805
小計	24,095	25,711
利息及び配当金の受取額	1,246	600
利息の支払額	△10	△67
助成金の受取額	715	363
保険金の受取額	116	－
割増退職金の支払額	－	△698
法人税等の支払額	△8,362	△5,646
営業活動によるキャッシュ・フロー	17,799	20,261

連結キャッシュ・フロー計算書は，現金及び現金同等物の一会計期間における増減額と期末残高を次の計算式の構造で計算する様式で示されます。

当期首残高＋当期増減額＝当期末残高
当期増減額＝営業活動によるCF＋投資活動によるCF
＋財務活動によるCF＋現金及び現金同等物に係る換算差額

（CF：キャッシュ・フローの略号）

コーセーの2022年度の有価証券報告書の第5【経理の状況】におけるキャッシュ・フロー計算書は，**図表4-6**のとおりです。

（単位：百万円）

	前連結会計年度 (自　2021年４月１日 至　2021年12月31日)	当連結会計年度 (自　2022年１月１日 至　2022年12月31日)
投資活動によるキャッシュ・フロー		
定期預金の預入による支出	△17,310	△26,219
定期預金の払戻による収入	17,517	27,881
有形固定資産の取得による支出	△2,944	△4,250
有形固定資産の売却による収入	137	310
無形固定資産の取得による支出	△1,642	△2,852
無形固定資産の売却による収入	－	1
投資有価証券の取得による支出	△563	△1,256
投資有価証券の売却及び償還による収入	338	－
貸付けによる支出	△33	△84
貸付金の回収による収入	0	1
投資その他の資産の増減額（△は増加）	△221	157
投資活動によるキャッシュ・フロー	△4,722	△6,311
財務活動によるキャッシュ・フロー		
短期借入金の純増減額（△は減少）	△7,000	781
自己株式の純増減額（△は増加）	△0	△3
長期借入れによる収入	245	－
長期借入金の返済による支出	△147	△98
配当金の支払額	△6,845	△7,416
非支配株主への配当金の支払額	△381	△410
その他	△173	△167
財務活動によるキャッシュ・フロー	△14,303	△7,313
現金及び現金同等物に係る換算差額	3,051	5,551
現金及び現金同等物の増減額（△は減少）	1,825	12,187
現金及び現金同等物の期首残高	80,051	81,876
現金及び現金同等物の期末残高	※　81,876	※　94,063

（出所：コーセー2022年12月期「有価証券報告書」55-56頁。※の内容は省略）

(2) 営業活動によるキャッシュ・フロー

営業活動によるキャッシュ・フローとは，企業集団の本業とする事業の基本業務活動において一会計期間中に生じた収入合計と支出合計の差額としての純収入（ネット・キャッシュ・フロー）金額であり，企業集団が一会計期間中に本業で稼ぎ出した（生成した）キャッシュの（増加）金額を意味します。

営業活動によるキャッシュ・フローの金額が多ければ多いほど，本業によってキャッシュを稼ぎ出しているといえ，望ましいといえます。

営業活動によるキャッシュ・フローの例（一部のみ）は，次のとおりです。

本来の営業活動	収入（＋）	顧客からの収入（売上収入）
	支出（－）	商品仕入原価や製品製造原価に関する支出
	支出（－）	人件費・経費・営業費に関する支出
その他	収入（＋）	利息，配当金の受け取りによる収入
	支出（－）	利息の支払いによる支出
	支出（－）	法人税等の支払いによる支出

営業活動によるキャッシュ・フローの部には，他の部に記載されないその他の項目（利息，配当，法人税の項目）が記載されます。

営業活動によるキャッシュ・フローの部は，直接法と間接法のいずれかの方法で表示されます。**直接法**の場合は，上記の収入，支出項目をすべて列挙して，金額を合計する様式となります。**間接法**の場合は，連結損益計算書の税金等調整前当期純利益に，収益，費用の項目や，資産，負債の増減額を加減することで，（本来の）営業活動によるキャッシュ・フローを逆算する様式となります。

営業活動によるキャッシュ・フローの様式（間接法）は次のとおりです。

Ⅰ　**営業活動によるキャッシュ・フロー**		
税金等調整前当期純利益	（＋）	170
減価償却費・償却費用	（＋）	30
引当金の増加額	（＋）	17
受取利息及び受取配当金	（－）	8
支払利息	（＋）	14
その他	（＋）	64
（小小計		287）
（右列に続く）		

売上債権の増加額	（－）	11
棚卸資産の増加額	（－）	10
仕入債務の増加額	（＋）	11
小計		277
利息及び配当金の受取額	（＋）	8
利息の支払額	（－）	14
法人税等の支払額	（－）	60
営業活動によるキャッシュ・フロー		211

(3) 投資活動によるキャッシュ・フロー

投資活動によるキャッシュ・フローとは，企業集団の投資活動において一会計期間中に生じた支出合計と収入合計の差額としての純支出金額です。投資活動には，主として，設備投資，無形資産投資，証券投資，融資があります。**設備投資・無形資産投資**は，工場や販売店舗，営業所，本社など関する，有形固定資産（土地，建物，機械装置，備品など）および無形固定資産（特許権，商標権，ソフトウェアなど）の取得のための投資（支出）のことです。**証券投資**は，M&Aによって，子会社化や関連会社化のために株式を取得する場合（事業証券投資）や，売買目的や長期利殖目的のために株式，社債，国債などを取得する場合（事業外証券投資）の，投資（支出）のことです。**融資**は，関連企業への資金の貸付けや，銀行に定期預金として預け入れるための支出のことです。

設備投資・無形資産投資	支出（－）	有形・無形の固定資産の取得のための支出
	収入（＋）	有形・無形の固定資産の売却による収入
証券投資	支出（－）	株式，社債，国債等の取得のための支出
	収入（＋）	株式，社債，国債等の売却による収入
融資	支出（－）	貸付けのための支出，定期預金預け入れのための支出
	収入（＋）	貸付金元本の回収収入，定期預金の引き出し収入

投資活動によるキャッシュ・フローの様式（直接法）は次のとおりです。

Ⅱ　投資活動によるキャッシュ・フロー			
有形固定資産の取得による支出	（－）	△190	
有形固定資産の売却による収入	（＋）	30	
投資有価証券の取得による支出	（－）	△85	
投資有価証券の売却による収入	（＋）	95	
有価証券の取得による支出	（－）	△10	
貸付けによる支出	（－）	△20	
貸付金の回収による収入	（＋）	10	
定期預金の預入による支出	（－）	△40	
定期預金の払戻による収入	（＋）	10	
投資活動によるキャッシュ・フロー		△200	（合計）

直接法では，収入が＋，支出が－（△）として，加減計算を行います。合計の金額が＋ならば純収入（収入超過），－ならば純支出（支出超過）となります。

（4）財務活動によるキャッシュ・フロー

財務活動によるキャッシュ・フローとは，企業集団の財務活動において一会計期間中に生じた収入合計と支出合計の差額としての純収支金額です。財務活動とは，資金調達に関する活動のことであり，資金調達手段には，主として，借入れ，社債発行，株式発行があります。**借入れ**に関しては，短期借入れによる収入と返済による支出，長期借入れによる収入と返済による支出などの収支があります。**社債発行**に関しては，社債発行による収入，社債償還による支出，コマーシャル・ペーパーの発行による収入と償還による支出などの収支があります。社債と借入れに関する，利息の支払いによる支出は，営業活動によるキャッシュ・フローの部に計上することが多いです。**株式発行**に関しては，新規株式発行による収入，自己株式取得による支出，株主（親会社株主）への配当金支払い，（子会社の）非支配株主への配当金支払いなどの収支があります。

借入れ	収入（+）	短期・長期の借入れによる収入
	支出（−）	借入金元本の返済による支出
社債発行	収入（+）	社債の発行による収入　コマーシャル・ペーパー発行による収入
	支出（−）	社債の償還による支出　コマーシャル・ペーパーの償還支出
株式発行	収入（+）	株式の発行による収入
	支出（−）	自己株式の取得による支出，配当金の支払いによる支出

財務活動によるキャッシュ・フローの様式（直接法）は次のとおりです。

Ⅲ　**財務活動によるキャッシュ・フロー**			
短期借入れによる収入	（+）	5	
短期借入金の返済による支出	（−）	△70	
長期借入れによる収入	（+）	20	
長期借入金の返済による支出	（−）	△10	
社債の発行による収入	（+）	45	
社債の償還による支出	（−）	△30	
新規株式発行による収入	（+）	160	
自己株式の取得による支出	（−）	△10	
配当金の支払額	（−）	△50	
非支配株主への配当金の支払額	（−）	0	
財務活動によるキャッシュ・フロー		60	（合計）

(5) 現金及び現金同等物に係る換算差額

キャッシュ（現金及び現金同等物）の期末決算日における保有残高のうち，外貨（ドルやユーロなど）については，決算日の為替レートで円換算の評価替えを行います。この金額が，連結キャッシュ・フロー計算書上で，「**現金及び現金同等物に係る換算差額**」として表示されます。

(6) 連結キャッシュ・フロー計算書と連結貸借対照表の関係

連結キャッシュ・フロー計算書は，連結貸借対照表の「現金及び預金」等のキャッシュの当期首残高から当期末残高への変化金額の明細を説明する報告書です。当期末と前期末（当期首）の連結B/Sの「現金及び預金」等の残高の差額が，連結C/Fの「現金及び現金同等物の増加額」の金額となります。

連結貸借対照表（B/S）（前期末・当期首）
×1年3月31日

資　　産	金　額	負債及び純資産	金　額
流動資産	120	流動負債	100
現金及び預金	10	固定負債	100
固定資産	600	純資産	550
繰延資産	30		
	750		750

連結キャッシュ・フロー計算書（C/F）
自×1年4月1日　至×2年3月31日

	金　額
営業活動によるキャッシュ・フロー	211
税金等調整前当期純利益	170
投資活動によるキャッシュ・フロー	△200
財務活動によるキャッシュ・フロー	60
現金及び現金同等物に係る換算差額	△1
現金及び現金同等物の増加額	70
現金及び現金同等物の期首残高	10
現金及び現金同等物の期末残高	80

連結損益計算書（P/L）
自×1年4月1日　至×2年3月31日

	金　額
売上高	1,000
税金等調整前当期純利益	170
法人税等合計	50
当期純利益	120
非支配株主に帰属する当期純利益	20
親会社株主に帰属する当期純利益	100

連結貸借対照表（B/S）（当期末）
×2年3月31日

資　　産	金　額	負債及び純資産	金　額
流動資産	230	流動負債	50
現金及び預金	80	固定負債	150
固定資産	750	純資産	800
繰延資産	20		
	1,000		1,000

(7) フリー・キャッシュ・フローと「利益の質」

フリー・キャッシュ・フローとは，営業活動で獲得したキャッシュ・フローから，事業の維持と将来の成長のために必要な設備投資などのキャッシュ・フローを差し引いた金額で，一会計期間の間に創出した，資金提供者である株主と債権者に自由に分配が可能なキャッシュ・フローのことです。

$$\text{フリー・キャッシュ・フロー} = \begin{matrix}\text{営業活動による}\\ \text{キャッシュ・フロー}\end{matrix} + \begin{matrix}\text{投資活動による}\\ \text{キャッシュ・フロー}\end{matrix}$$

（連結キャッシュ・フロー計算書上の符号の決め方に基づき，足し算をします）

フリー・キャッシュ・フローを安定的に創出することができる企業は，収益性が高い企業といえます（キャッシュ・フロー分析は第15章232ページ参照）。

連結損益計算書で数値上の利益（黒字）が出ていても，営業活動によるキャッシュ・フローや，フリー・キャッシュ・フローの状況が悪い企業は，「勘定あって銭たらず」の「黒字倒産」（利益は黒字なのに倒産してしまうこと）をする可能性があり，利益数値をよくみせかける粉飾決算をしている可能性もあります。連結損益計算書上の収益，費用，利益の数値は，主観的な要素である会計上の見積りに依存する部分があり（財務諸表は「事実と慣習と判断の総合的表現」といわれます），それを利用して，不正な利益操作を行う経営者がいます。一方，現金及び預金といったキャッシュの残高金額を偽ることは，利益数値を偽ることよりも難しいため，「キャッシュは事実，利益は（経営者の）意見」といわれることがあります。次の利益対キャッシュ・フロー比率を，過去５年分以上計算し，その比率がトレンドとして低下し続けているような場合は，粉飾決算の可能性や倒産の可能性が高いということがわかります。

$$\text{利益対キャッシュ・フロー比率} = \frac{\text{営業活動によるキャッシュ・フロー}}{\text{営業利益}}$$

利益数値が企業の真実の業績を反映し，企業の将来のキャッシュ・フローを予測することに役立つ程度のことを「**利益の質**」といいます。企業の事実にマッチしない会計上の見積りや会計処理方法などを用いて，利益を水増ししていたり，キャッシュ・フローと利益数値が継続的に大きく乖離（かいり）している場合などは，利益の質が低いといいます。連結キャッシュ・フロー計算書の間接法表示の営業活動によるキャッシュ・フローの部は，利益数値とキャッシュ・フロー数値の差異や利益の質を分析するためにも役立ちます。

(8) 連結キャッシュ・フロー計算書の解釈

健全な企業であれば，営業活動によるキャッシュ・フローは必ずプラスでなければなりません。営業活動によるキャッシュ・フローがマイナスの企業は，本業でキャッシュを失っているということであり，数年間継続してマイナスが続く企業は，倒産によって市場から撤退する可能性が高い企業といえます。

投資活動によるキャッシュ・フローは，通常，設備投資により，マイナスとなることが普通です。成長している企業ほど，設備投資が大きくなります。

活動ごとのキャッシュ・フローの符号に従って，大局的な解釈ができます。

	符号	平均的な解釈
営業活動による キャッシュ・フロー	＋	本業でキャッシュを稼ぎ出している。
	－	本業でキャッシュを稼ぎ出せておらず，非常に危険である。
投資活動による キャッシュ・フロー	＋	固定資産や有価証券の売却による投資の撤収を多く行っている。
	－	設備投資や証券投資などの将来のための投資を積極的に行っている。
財務活動による キャッシュ・フロー	＋	資金返済よりも資金調達を多く行っている。
	－	資金調達よりも資金の返済や，配当・自己株買いを多く行っている。

３つの活動について，＋－があるので，計８パターンの組み合わせがあり，その８パターンにも解釈を与えることができます。ただし，あくまでも大局的，典型的な場合の解釈です。ケース５，ケース７は，特に倒産の可能性が高いパターンです。

(CFは，キャッシュ・フローの略号です)

ケース	1	2	3	4	5	6	7	8
営業CF	＋	＋	＋	＋	－	－	－	－
投資CF	－	－	＋	＋	－	－	＋	＋
財務CF	＋	－	－	＋	－	＋	－	＋

ケース	解釈
1	本業でキャッシュを創出し，将来の成長のための投資も行い，必要な資金を調達している。
2	本業でキャッシュを創出し，将来の成長のための投資も行い，財務を健全化している。
3	本業でキャッシュを創出し，固定資産や有価証券の売却を行って，財務を健全化している。
4	本業でキャッシュを創出し，固定資産や有価証券の売却を行い，資金調達もしている。
5	本業でキャッシュを失い，追加的な投資を行いつつ，債務返済により資金が流出している。
6	本業でキャッシュを失い，追加的な投資を行いつつ，追加的な資金調達は行っている。
7	本業でキャッシュを失い，固定資産や有価証券の売却を行い，債務を返済している。
8	本業でキャッシュを失い，固定資産や有価証券の売却を行い，資金調達も行っている。

3 IFRSおよび米国会計基準

(1) 連結株主資本等変動計算書

連結株主資本等変動計算書は，IFRSの場合，**連結持分変動計算書**という名称となり，米国会計基準の場合，**連結株主持分計算書**，**連結資本変動表**，**連結資本（純資産）変動計算書**，**連結資本勘定計算書**などの名称となります。

様式については，IFRSであっても，米国会計基準であっても，日本基準の様式と本質的・構造的差異はありません。

(2) 連結キャッシュ・フロー計算書

IFRSと米国会計基準の連結キャッシュ・フロー計算書の様式は，日本基準の様式と本質的・構造的差異はありません。営業活動，投資活動，財務活動の３区分のキャッシュ・フローが表示されます。IFRSでも直接法，間接法が選択可能ですが，直接法が推奨されています。これは，営業（売上）収入，仕入支出，人件費支出，営業費支出などの営業活動による収入・支出金額の情報は，将来キャッシュ・フローの予測に役立つ，追加的な情報になるからです。

企業に廃止する事業（非継続事業・廃止事業）がある場合，その事業に係る営業・投資・財務の各活動によるキャッシュ・フロー（純額）を，連結キャッシュ・フロー計算書の本体または注記において表示しなければなりません。

◈非継続事業

企業の事業は，継続事業と非継続事業に分類できます。非継続事業とは，当会計期末までに廃止になった事業のことです。非継続事業は来期以降は事業によるキャッシュ・フローを生み出しません。非継続事業は，将来のキャッシュ・フローの獲得に寄与しないため，IFRSでは，連結損益計算書と連結キャッシュ・フロー計算書において，非継続事業から生じた当期純利益および営業・投資・財務活動によるキャッシュ・フローを，継続事業から生じたものと区分して表示し，そうすることで，継続事業の業績に関する情報の有用性と比較可能性の確保を図ります。また，当期純利益もキャッシュ・フローも，非継続事業となった事業に関して，過年度分の情報の修正再表示を行います。

会計と倫理

連結キャッシュ・フロー計算書からも粉飾決算の兆候を読み取ることができます。企業の①税金等調整前当期純利益と営業キャッシュ・フローの数値が著しく乖離している（増収増益なのに，営業キャッシュ・フローは減少している），②営業キャッシュ・フローが何年も続けてマイナスである，③現金及び現金同等物が恒常的に減少している，こういった場合，その企業は経営に苦しんでいるため，粉飾決算が行われている可能性を疑う必要があります。

一般に，会計上の利益数値（当期純利益など）は帳簿上のみでの操作が容易ですが，キャッシュ残高は操作が難しいと言われます。キャッシュ残高は実際に存在する金額だからです。

キーワード

連結株主資本等変動計算書　連結キャッシュ・フロー計算書　損益取引　資本取引
営業活動　投資活動　財務活動　営業活動によるキャッシュ・フロー　直接法　間接法
投資活動によるキャッシュ・フロー　設備投資・無形資産投資　証券投資　融資
財務活動によるキャッシュ・フロー　借入れ　社債発行　株式発行

練習問題

問題４－１　空欄に適切な用語および数値を記入しなさい。（単位：億円）

【連結［　　　　　　　　　　　　］】	
自 ×1年4月1日　至 ×2年3月31日	
	金額
営業活動による（　　　　　　　　　）	211
投資活動によるキャッシュ・フロー	△200
（　　　）活動によるキャッシュ・フロー	60
現金及び現金同等物に係る換算差額	△1
（　　　　　　　　　）の増加額	（　　　）
現金及び現金同等物の期首残高	10
現金及び現金同等物の（　　　）残高	（　　　）

問題４－２　倫理問題

経理部長のＣ氏は，本来，投資活動によるキャッシュ・フローの区分に計上するべき投資資産（不動産投資）の売却収入100億円を，営業活動によるキャッシュ・フローの区分に計上するように，社長から指示されました。これは，今年度の本業が不振だからです。あなたがＣ氏であったとするならば，どう反論しますか？

連結財務諸表の体系と計算構造

1 企業と財務報告

企業会計では，企業の活動によって生じた事実を，**財務諸表**という形で描写します（財務諸表は**複式簿記**という技術によって記録された情報から作成されており，財務諸表においては，貨幣数値を用いた表現が用いられます）。

企業会計の知識を持つ財務諸表の利用者は，財務諸表上の会計数値を見ることで，企業活動によって生じた事実の内容や金額的規模を客観的・数値的に把握することができ，企業活動を的確にイメージすることが可能となります。

財務諸表の作成ルールである**会計基準**は，企業（活動）を，財務諸表という形に写し出すルールの集合体としての写像（対応規則）と捉えられます。財務諸表は会計基準に準拠して作成されることで社会的信頼性を得ます。

企業会計では，企業活動を，営業活動，投資活動，財務活動に分類します。

財務活動は，ビジネスを行うために必要な資金の調達に関する活動であり，株式発行，社債発行，借入れなどが主要な資金調達手段です。

投資活動は，ビジネスに必要な投資としての，設備投資，無形資産への投資，証券投資，融資などに関する活動のことです。たとえば，製品を製造する工場を建設したり，営業所，販売店舗や本社ビルを建設することなどです。

営業活動は，投資によって得た資産を利用しながら，ビジネスによって，新たなお金を稼ぎ出していく活動のことであり，仕入・生産活動，販売活動，代金回収活動，経営管理活動などから構成されます。たとえば，工場で製品を製造し，それを販売し，代金を現金で回収する活動などのことです。

図表5-1　企業活動と連結財務諸表

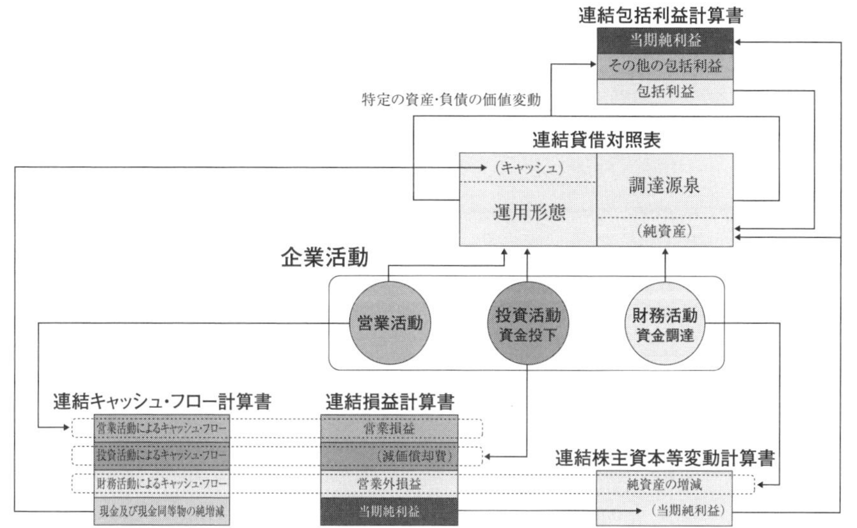

5つの連結財務諸表は，企業活動を，次のような観点から表しています。

連結貸借対照表の右側の負債・純資産の部は，企業が財務活動によって調達した資金（資本）の調達源泉を示しています。たとえば，借入金や社債，資本金や利益剰余金などの残高金額のことです。

連結株主資本等変動計算書は，財務活動による純資産の変動内容を示します。

連結貸借対照表の左側の資産の部は，企業が投資活動によって得た資産（土地，建物，備品など）と，営業活動によって得た資産（商品，売上債権など）から構成される，資金（資本）の運用形態を示しています。

連結損益計算書は，営業損益の部（売上高から営業利益までの部分）で，企業が営業活動によって得た利益の金額を示し，販売費及び一般管理費のうちの減価償却費は，投資活動によって得た固定資産の取得金額の配分費用を示し，営業外損益の部（営業外収益と営業外費用の部分）で，財務活動によって生じた損益を示しています。

連結キャッシュ・フロー計算書は，営業活動，投資活動，財務活動のそれぞれの活動ごとに，営業活動によるキャッシュ・フロー，投資活動によるキャッシュ・フロー，財務活動によるキャッシュ・フローを示しています。

連結包括利益計算書は，営業活動，投資活動，財務活動という基本的活動を超えた，企業の特定の資産・負債の価値変動の結果を連結貸借対照表に計上することによる純資産の変動金額を，その他の包括利益として示し，資本取引以外の純資産の変動金額を包括利益として示しています。

以上のように，連結財務諸表は，企業集団の企業活動に関して，どのように資金を調達し，何に投資して，どのように利益を稼ぎ，どのようにキャッシュ・フローを得て，いくら株主に利益を配当し，結果としてどうやって純資産を増やしたかを体系的に説明するシステムです。

有価証券報告書などの財務報告書によって提供される，連結財務諸表（会計情報）を中心とする企業の財務情報によって，分析する対象企業の経営状況を事実のデータに基づき客観的に評価することが可能となります。

2　連結財務諸表の連繋（アーティキュレーション）

連結財務諸表は，企業集団の親会社株主に係る成果とそれを生み出す資本に関する情報を提供するものですが，企業集団の親会社株主に係る成果（利益とキャッシュフロー）についての情報は，連結損益計算書，連結包括利益計算書，連結キャッシュ・フロー計算書で提供され，企業集団の親会社株主に係る資本についての情報は，連結貸借対照表，連結株主資本等変動計算書で提供されます。これらの５つの連結財務諸表は，一会計期間における企業集団の財務的事象をそれぞれの角度から説明しており，それらの情報を総合することにより，企業集団の財務的側面の真実を，貨幣数値によって客観的かつ正確に認識することが可能となります。

５つの連結財務諸表は，独立無関係なものの集合体ではなく，**図表5-2**のように，全体として繋（つな）がっています。このことを連結財務諸表の**連繋**（れんけい）（**アーティキュレーション**）（articulation）といいます。その内容は以下のとおりです。

連結財務諸表においては，連結貸借対照表が中心に位置付けられ，連結貸借対照表上の「現金及び現金同等物」，「純資産」，「利益剰余金」などの期首残高から期末残高への変化金額の内容を詳細に説明するものが，残りの４つの連結キャッシュ・フロー計算書，連結株主資本等変動計算書，連結損益計算書，連結包括利益計算書となっているのです。すなわち，その４つの連結財務諸表は，前期末（当期首）の連結貸借対照表と当期末の連結貸借対照表を繋いで結びつ

図表5-2　連結財務諸表の連繫（アーティキュレーション）

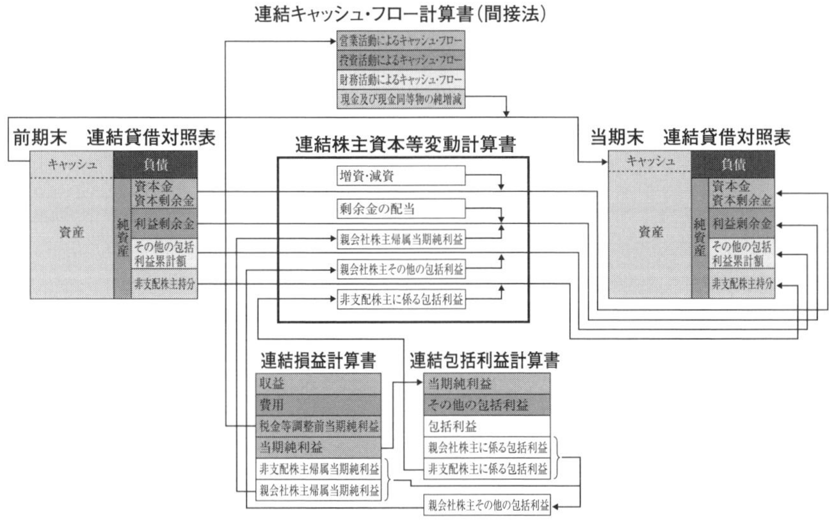

（純資産のうち，株式引受権，新株予約権は省略している。）

ける役割を果たしているといえます。

連結貸借対照表の左側の資産のうちの「現金及び現金同等物」（キャッシュ）の期首残高から期末残高への変化金額を構成するすべての増減要因を説明するものが，連結キャッシュ・フロー計算書です。

連結貸借対照表の右側の「純資産」の期首残高から期末残高への変化金額を構成するすべての増減要因を説明するものが，連結株主資本等変動計算書です。

連結損益計算書で算定された親会社株主に帰属する当期純利益は，連結株主資本等変動計算書の利益剰余金の当期変動額として表示されます。また，連結損益計算書で算定された当期純利益は，連結包括利益計算書の当期純利益として表示されます。さらに，連結損益計算書で算定された税金等調整前当期純利益は，連結キャッシュ・フロー計算書の営業活動によるキャッシュ・フローの部（間接法で作成したもの）に表示されます。

任意の複数の会計期間（たとえば1年間や5年間など）の最期首から最期末までの連続期間における財務諸表上の会計数値の変動をすべて追跡できる会計情報が示されている財務諸表の組を，**完全な1組の財務諸表**といいます。有価証券報告書に記載されている連結財務諸表は，完全な1組の財務諸表です。

第２章の連結貸借対照表の数値例（22頁），第３章の連結損益計算書の数値例（43頁）と連結包括利益計算書の数値例（60頁），第４章の連結株主資本等変動計算書の数値例（74頁）と連結キャッシュ・フロー計算書の数値例（79頁）による連結財務諸表の連繫（アーティキュレーション）を図示すると，以下のようになります（単位：億円）。「連結財務諸表の連繫」は，会計上の数値の全体が厳密な会計的基礎に基づき整合的に計算されていることを保証します。

連結貸借対照表（前期末・当期首）

×１年３月31日

資産	金額	負債及び純資産	金額
流動資産	120	流動負債	100
現金及び預金	10		
固定資産	600	固定負債	100
		純資産	
		株主資本	
		資本金	120
		資本剰余金	120
		利益剰余金	200
		自己株式	△40
		株主資本合計	400
		その他の包括利益累計額	107
		株式引受権	0
		新株予約権	10
繰延資産	30	非支配株主持分	33
		純資産合計	550
	750		750

連結株主資本等変動計算書

自 ×１年４月１日　至 ×２年３月31日　［株式引受権は省略］

	株主資本					その他の包括利益累計額	新株予約権	非支配株主持分	純資産合計
	資本金	資本剰余金	利益剰余金	自己株式	株主資本合計				
当期首残高	120	120	200	△40	400	107	10	33	550
当期変動額									
新株の発行	80	80			160				160
剰余金の配当			△50		△50				△50
親会社株主帰属当期純利益			100		100				100
その他当期変動額				△10	△10	23		27	40
当期変動額合計	80	80	50	△10	200	23	0	27	250
当期末残高	200	200	250	△50	600	130	10	60	800

連結キャッシュ・フロー計算書

自 ×1年4月1日　至 ×2年3月31日

	金　額
営業活動によるキャッシュ・フロー	211
税金等調整前当期純利益	170
投資活動によるキャッシュ・フロー	△200
財務活動によるキャッシュ・フロー	60
現金及び現金同等物に係る換算差額	△1
現金及び現金同等物の増加額	70
現金及び現金同等物の期首残高	10
現金及び現金同等物の期末残高	80

連結貸借対照表（当期末）

×2年3月31日

資　産	金　額	負債及び純資産	金　額
流動資産	230	流動負債	50
現金及び預金	80		
固定資産	750	固定負債	150
		純資産	
		株主資本	
		資本金	200
		資本剰余金	200
		利益剰余金	250
		自己株式	△50
		株主資本合計	600
		その他の包括利益累計額	130
		株式引受権	0
		新株予約権	10
繰延資産	20	非支配株主持分	60
		純資産合計	800
	1,000		1,000

連結損益計算書

自 ×1年4月1日　至 ×2年3月31日

	金　額
売上高	1,000
税金等調整前当期純利益	170
法人税等合計	50
当期純利益	120
非支配株主に帰属する当期純利益	20
親会社株主に帰属する当期純利益	100

連結包括利益計算書

自 ×1年4月1日　至 ×2年3月31日

	金　額
当期純利益	120
その他の包括利益	30
包括利益	150
親会社株主に係る包括利益	123
非支配株主に係る包括利益	27

親会社株主に係るその他の包括利益　23（=123－100）

非支配株主に係るその他の包括利益　7（= 27－ 20）

その他の包括利益合計　30

3　会計の基本等式

（1）連結貸借対照表，連結損益計算書，連結包括利益計算書

連結財務諸表の連繫（アーティキュレーション）が成り立つ理由は，企業会計の基本的メカニズムを構成する**会計の基本等式**に基づいて，整合的に企業会計の記録・計算が行われ，連結財務諸表が作成されているからです。

連結貸借対照表，連結損益計算書，連結包括利益計算書に関係する会計の基本等式は，以下のとおりです。

基本等式における貸借対照表項目の変数について，冒頭に期末または期首という語が付されていない場合は，任意の一時点（当期末，前期末・当期首など）で成り立つ等式です。また，当期首残高は前期末残高と同じ金額です。

[貸借対照表等式]（会計等式）

資産合計＝負債合計＋純資産合計

[純資産合計定義方程式]

資産合計－負債合計＝純資産合計

[純資産構成定義式]

純資産合計＝株主資本＋その他の包括利益累計額
＋株式引受権＋新株予約権＋非支配株主持分

[株主資本構成定義式]

株主資本＝資本金＋資本剰余金＋利益剰余金－自己株式

[損益法純利益定義方程式]

収益合計－費用合計＝当期純利益

[当期純利益構成定義式]

当期純利益＝親会社株主に帰属する当期純利益＋非支配株主に帰属する当期純利益

[包括利益構成定義式]

包括利益＝当期純利益＋その他の包括利益

[その他の包括利益構成定義式]

その他の包括利益＝親会社株主に係るその他の包括利益＋非支配株主に係るその他の包括利益

[包括利益定義方程式][クリーン・サープラス方程式]（財産法包括利益定義方程式）

包括利益＝［期末純資産合計－期首純資産合計］－資本取引による純増減額

(2) 連結株主資本等変動計算書

連結株主資本等変動計算書に関係する会計の基本等式は，以下の純資産残高変動方程式と純資産項目残高変動方程式です。

資本取引（純資産を構成する項目の変動要因）にはさまざまな内容があり，純資産の項目間での振替処理も多いため，内容別に数式で厳密に書き下すと非常に長くなってしまいます。そこで，純資産の項目の期中増加額と期中減少額の内容を以下の表のようにまとめます（この表は，代表的な変動要因のみを例示しています）。この表と，純資産項目残高変動方程式を組み合わせて，資本取引による純資産変動の計算構造を表します。連結株主資本等変動計算書は，その計算構造に基づく，計算結果を表示しています。

[純資産残高変動方程式]

期末純資産合計＝期首純資産合計＋資本取引による純増減額＋包括利益
期末純資産合計＝期首純資産合計＋期中増加額総計－期中減少額総計

[純資産項目残高変動方程式]

純資産の構成項目の期末残高＝純資産の構成項目の期首残高＋期中増加額－期中減少額

純資産の構成項目		期中増加額	期中減少額
株主資本	資本金	期中増資	期中減資
	資本剰余金	期中増資	期中減資
	利益剰余金	[親会社株主に帰属する当期純利益]	[親会社株主に帰属する当期純損失] 剰余金の配当
	自己株式	期中取得	期中消却 期中売却
その他の包括利益累計額		[親会社株主に係るその他の包括利益]	[親会社株主に係るその他の包括損失]
株式引受権		株式事後交付で株式報酬費用の計上	株式割当付与（交付）
新株予約権		期中発行	期中消滅（権利行使・権利失効）
非支配株主持分		[非支配株主に帰属する当期純利益] [非支配株主に係るその他の包括利益]	[非支配株主に帰属する当期純損失] [非支配株主に係るその他の包括損失]

・利益剰余金，資本剰余金，資本金の相互間の金額の振替も柔軟に行われます。
・[　] で囲んでいる部分は，資本取引以外の純資産の増減要因です。

(3) 連結キャッシュ・フロー計算書

連結キャッシュ・フロー計算書に関係する会計の基本等式は，以下のとおりです。ここでは，現金及び現金同等物（キャッシュ）を，資金と記すことにし，資産を，資金と非資金資産に2分割することにします。

資産＝資金＋非資金資産

連結貸借対照表と連結損益計算書の数字から，キャッシュ・フローの金額を計算する公式（**間接法キャッシュ・フロー計算原理**）は，次の式です。

純収支額＝収益合計－費用合計－（期末非資金資産－期首非資金資産）
＋（期末負債－期首負債）＋（期末利益算入前純資産－期首純資産）

この計算公式に，キャッシュ・フローを求めたい対象となる，①1種類の取引，②特定の活動に含まれるすべての取引，③一会計期間の企業のすべての取引について，それに関係する連結貸借対照表と連結損益計算書上の非資金資産，負債，純資産，収益，費用の個別項目の金額を代入すれば，それぞれの対象によって生じた純収支額（収入額から支出額を控除した純額）（ネット・キャッシュ・フロー）が求められます。その対象が，収入のみによって構成されるならば，収入額（キャッシュ・イン・フロー）が求められ，支出のみによって構成されるならば，支出額（キャッシュ・アウト・フロー）が求められます。

連結貸借対照表上のすべての非資金資産，負債，純資産を代入する形で，上記の計算公式を使うと，一会計期間の期中資金純増減額が計算でき，資金の期末残高が，次のように決まります。

期末資金＝期首資金＋期中資金純増減額

企業活動全体における総額としての期中資金純増減額は，企業活動を分類することで，営業活動，投資活動，財務活動，換算差額の4つのキャッシュ・フローに分解することができます。

期中資金純増減額＝営業活動によるキャッシュ・フロー＋投資活動によるキャッシュ・フロー
＋財務活動によるキャッシュ・フロー＋現金及び現金同等物に係る換算差額

これらの活動別のキャッシュ・フローの金額も，上記の計算公式で計算することができます。つまり，連結貸借対照表上の資産，負債，純資産および，連結損益計算書上の収益，費用の項目を，営業活動，投資活動，財務活動，換算差額の4つのグループに分類して上記の計算公式に代入すれば，計算できます。

例として，連結キャッシュ・フロー計算書における間接法に基づく，「純粋な営業活動によるキャッシュ・フロー」の金額（営業活動によるキャッシュ・フローの部の「小計」の金額）は，次のように計算できます。

純粋な営業活動によるキャッシュ・フロー＝営業活動収益合計－営業活動費用合計
－（営業活動期末非資金資産－営業活動期首非資金資産）＋（営業活動期末負債
　－営業活動期首負債）
＝営業活動による利益－（営業活動期末非資金資産－営業活動期首非資金資産）
＋（営業活動期末負債－営業活動期首負債）
＝〔税金等調整前当期純利益＋特別損失項目－特別利益項目＋営業外費用項目
　－営業外収益項目〕
＋〔減価償却費＋販管費に含まれる無形固定資産償却額〕
＋〔営業活動上の引当金純増加額＋その他の営業活動で収支のない販管費項目〕
－〔売上債権純増加額＋棚卸資産純増加額－仕入債務純増加額〕
－〔その他の営業活動非資金資産の純増加額－その他の営業活動負債の純増加額〕

減価償却費と販管費に含まれる無形固定資産償却額を加算しているのは，次の関係式によります。なお，販管費とは販売費及び一般管理費のことです。

営業活動による利益＝営業利益＋〔減価償却費＋販管費に含まれる無形固定資産償却額〕

この２つの金額は，損益計算書上の営業利益の計算では減算されていますが，上記の計算原理の公式によるキャッシュ・フローの計算上では，減価償却費と無形固定資産償却額は投資活動によるキャッシュ・フローを計算するための要素となり，営業活動費用に含まれない費用であるため，純粋な営業活動によるキャッシュ・フローを計算するためには，減算を取り消す必要があるからです。

連結キャッシュ・フロー計算書の全体を直接法により作成する場合は，次の式のように，個別の取引の種類ごとに，収入額と支出額を記載します。

営業活動によるキャッシュ・フロー＝〔営業活動上の収入－営業活動上の支出〕の総計
投資活動によるキャッシュ・フロー＝〔投資活動上の収入－投資活動上の支出〕の総計
財務活動によるキャッシュ・フロー＝〔財務活動上の収入－財務活動上の支出〕の総計

この場合，個別の取引の種類ごとに，収入額と支出額を分けて計算するためには，連結貸借対照表と連結損益計算書だけの数字では，計算できない場合があります。したがって，連結キャッシュ・フロー計算書の作成者の立場の場合，それら以外の取引に関する詳細記録（会計帳簿上の仕訳の記録やキャッシュに属する現金などの勘定口座の記録）を参照する必要があります。

4　最終損益と利益剰余金の変動

連結貸借対照表の利益剰余金は，資本剰余金を利益剰余金に振り替えるといった，純資産項目間の振替え（株主資本の計数の変動）がない場合は，連結損益計算書の「親会社株主に帰属する当期純利益」（最終利益）によって，その金額だけ増加し，連結株主資本等変動計算書に記載されている，「剰余金の配当（配当）」（166頁参照）の金額だけ減少します。このとき，利益剰余金の期末残高は，次の計算式で定まります。なお，利益剰余金の残高の変動の完全な明細は，連結株主資本等変動計算書の利益剰余金の列に示されています。

期末利益剰余金＝期首利益剰余金－利益剰余金の配当＋最終利益

「親会社株主に帰属する当期純利益」（最終利益，最終黒字）の金額は，利益剰余金をその金額だけ増加させる一方，利益がマイナスつまり，「親会社株主に帰属する当期純損失」（最終損失，最終赤字）の金額は，利益剰余金をその金額だけ減少させます。

最終利益の計上（最終黒字）	⇒	利益剰余金 ↑（増加）
最終損失の計上（最終赤字）	⇒	利益剰余金 ↓（減少）

企業が，長期継続的に，最終利益を計上していくと，利益剰余金が蓄積されていき，大きな金額となっていきます。反対に，企業が，巨額の最終損失を計上したり，最終損失を複数年にわたって連続して計上すると，利益剰余金が急減していき，利益剰余金がマイナス残高となることもあります。利益剰余金がマイナスとなっている場合は，普通，剰余金の配当ができない状態です。配当金の支払いを行わないことを無配といいます（168頁参照）。最終損失を計上する経営不振のため無配に陥った企業の株価は，無配を嫌う投資家がいるため，株価が下がり，無配が続くかぎり下がった株価が上がりにくい場合があります。

利益剰余金のマイナス残高が巨額になり，資本金と資本剰余金の合計を超える場合（株主資本以外の純資産がない場合）は，倒産の理由となる債務超過（6節参照）になりますので，最終損失を出し続けることは倒産につながるといえます。利益剰余金の残高がマイナスとなる場合は，経営破綻・倒産の危機に瀕（ひん）している状況といえます。なお，資本剰余金がある場合，その残高を利益剰余金に振り替える，「資本剰余金の取崩（とりくず）し」を株主総会で決議することによって，利益剰余金残高を増やすことができます。

利益剰余金は，企業活動によって稼ぎ出した利益を企業内に貯めた（内部留保した）ものですが，利益剰余金は，現金預金（キャッシュ）とは異なるものですので，混同しないように注意してください。企業は，継続的な事業活動において，資金の投資と回収を繰り返しており（3-4頁参照），利益を稼いで得た現金預金も，再投資して運用し，あるいは事業の拡張（企業成長）のために投資することが普通であるため，利益を稼いで得た現金預金は，棚卸資産や固定資産あるいは売上債権などに資産の形態（運用形態）を変えていきます。

第2章19頁で説明したように，連結貸借対照表の左側の資産の部は，企業が使っている資金全体の運用形態を示し，右側の負債・純資産の部は，企業が使っている資金全体の調達源泉を示しています。純資産である利益剰余金は，資金の調達源泉の一源泉としての，利益剰余金（利益を内部留保した金額）という形で，その金額の資金を調達している，ということを意味しており，資産である現金預金は，資金の運用形態の一形態としての，保有する現金預金の金額を示しています。したがって，利益剰余金と現金預金とは，異なるものであり，会計計算の原理上，連結貸借対照表の利益剰余金の金額と同じ金額の現金預金（キャッシュ）を保有することは保証されていません。利益剰余金の金額より，現金預金の保有金額が少ない場合もあれば，多い場合もあります。純資産である資本金や資本剰余金についても同じことが言えます。連結貸借対照表に記載されている資本金の金額と同額の現金預金を常に金庫に保管してあるわけではありません。利益剰余金は，株主への配当金の支払いの源泉となりますが，仮に，利益剰余金のほぼ全額を，即座に現金で配当するとなった場合，事業用の固定資産などを売却しないと支払いができない場合もあり得ますが，それは事業の継続性を損なうことになります。利益剰余金の残高はあっても，手持ちの現金預金が不足するため，株主への配当金を支払うために銀行から資金を借り入れるということもありえます。

利益剰余金が長期持続的に増加していくことは，企業成長していることを意味します。同時に，次のことが言えます。企業は，将来がどうなるかを確実に知ることができない，不確実性の下で，事業（ビジネス）を行っています。将来，経済全体の不況や，市場競争の激化，原材料価格や人件費の高騰などに直面して，業績が悪化する可能性が常にあります。そのような不確実性下で，一時的な業績悪化時に，簡単に倒産してしまわないようにするため，企業は備えやクッションとしての利益剰余金を蓄積しておく必要があります。

5 クリーン・サープラスとクリーン・サープラス会計

貸借対照表（連結/個別）の純資産の部に記載される剰余金（資本剰余金，利益剰余金）のことを，英語で，サープラス（surplus）といいます。貸借対照表（連結/個別）の純資産の部に計上される剰余金の残高の変動要因の内訳・詳細のすべてが，株主資本等変動計算書（連結/個別），損益計算書（連結/個別），包括利益計算書（連結/個別）という財務表のどれかに記載され，もれなく説明されている場合，その剰余金は，**クリーン・サープラス**であるといわれ，その会計システムは，**クリーン・サープラス会計**といわれます（クリーンとは，不純物の混ざっていない，包み隠すことのない，といった意味合いです）。それらの財務表で記載・説明されることなしに，貸借対照表（連結/個別）の純資産の部に，直接計上される項目がある場合は，ダーティー・サープラス会計といわれます。

サープラスの意味を拡張して，剰余金，株主資本，その他の包括利益累計額，純資産を捉える概念とした場合，**クリーン・サープラス方程式**は次の式からなります（自己株式，株式引受権，新株予約権，非支配株主持分がない場合，および，純資産項目間の振替えと資本剰余金の配当がない場合）。クリーン・サープラス方程式の右辺にある純資産項目の変動要因のすべてが，株主資本等変動計算書（連結/個別），損益計算書（連結/個別），包括利益計算書（連結/個別）のどれかに記載されているとき，クリーン・サープラス会計が成立します。

① 期末純資産合計－期首純資産合計＝包括利益＋（増資額－減資額－利益剰余金の配当）
② 期末払込資本－期首払込資本＝増資額－減資額（払込資本＝資本金＋資本剰余金）
③ 期末利益剰余金－期首利益剰余金＝最終利益－利益剰余金の配当
④ 期末株主資本－期首株主資本＝増資額－減資額－利益剰余金の配当＋最終利益
（株主資本＝払込資本＋利益剰余金）（純資産＝株主資本＋その他の包括利益累計額）
⑤ 期末その他の包括利益累計額－期首その他の包括利益累計額＝その他の包括利益

4節で説明した利益剰余金は，その変動要因である，剰余金の配当の金額は連結株主資本等変動計算書に記載され，親会社株主に帰属する当期純利益（最終利益）の金額は連結損益計算書に記載されており，連結財務諸表によって説明されていない変動要因がないため，クリーン・サープラスといえます。

現行の日本の会計基準に基づく連結財務諸表の会計システムは，クリーン・サープラス会計が成立しています。

6　資本の欠損と債務超過，倒産

利益剰余金がマイナスとなっている場合は，**資本の欠損**(けっそん)が生じている状態といい，株主が払い込んだ資本（払込資本）が一部／全部失われている状態です。

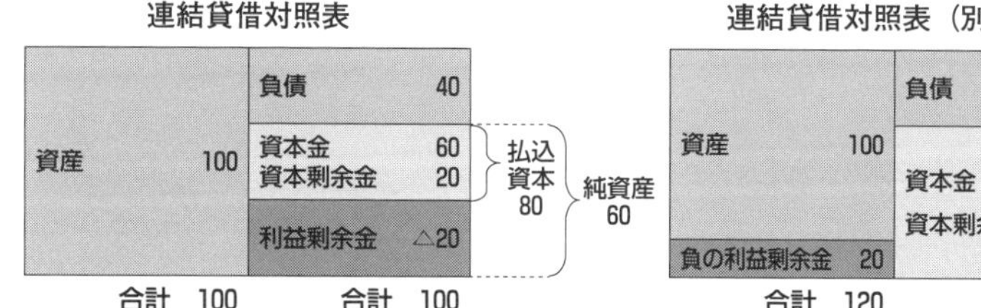

利益剰余金のマイナス残高の絶対値が資本金，資本剰余金の合計額を超える場合は，**債務超過**(さいむちょうか)の状態といい，負債の金額は資産の金額を超過し，純資産の金額はマイナスとなり，株主が払い込んだ資本（払込資本）は全額失われています。債務超過の場合は，倒産・経営破綻する危機的状況にあるといえます。

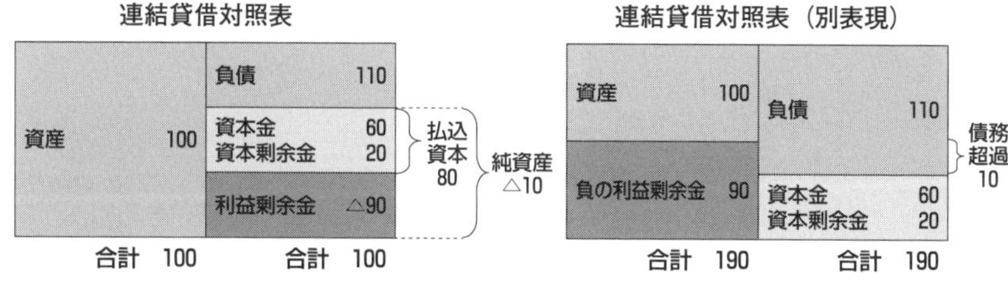

倒産（**経営破綻**）とは，事業がうまくいっていない場合，または，今後の事業による儲けでカバーできないような損失を事業や事業外において発生させた場合などにおいて，借入金の利子の支払いや元本の返済を支払期日に行うことができない，振り出した手形や小切手の支払いを支払期日に行うことができない（不渡り）（手形交換所（銀行）取引停止処分を受けた），従業員への給料手当の支払いを支払期日に行うことができない，あるいは，債務超過に陥っているなど，企業組織と事業をそのまま同じ状態・条件では継続できなくなっている状況になったという状態のことを意味しています。その場合，債務などの法的処理，人員整理，事業の整理をした上で，組織を解散して消滅するか，経営再建をするかの，どちらかになります。倒産を処理するための法律として，破産法，会社更生法，民事再生法，民法・商法・会社法などがあります。

7 セグメント情報

大企業は，事業内容の多角化やグローバル化をしていることが多いため，製品別，サービス別，地域別，顧客別などによって分類された複数の事業部門を持つことが普通です。その事業部門や営業グループといった区分単位を**セグメント**といい，セグメントごとの売上高，利益，資産，負債などの情報を，**セグメント情報**といいます。セグメント情報は，有価証券報告書の第５【経理の状況】の連結財務諸表の「注記事項」の中の「セグメント情報」に記載されます。

セグメント情報における報告区分単位（セグメント）は，マネジメント・アプローチという考え方により，連結グループの最高経営意思決定者（親会社の経営者）が経営資源配分や業績評価のために使用しており，財務情報が入手可能な企業の構成単位に基づいて，設定されます。これにより，セグメント情報の利用者は，企業集団の最高経営意思決定者と同じ視点から，企業のセグメントごとの業績等を評価することが可能となります。

コーセーの場合，**図表５-３**のようになっています。

図表５-３ コーセー【セグメント情報】2022年度

当連結会計年度（自 2022年１月１日 至 2022年12月31日）

（単位：百万円）

	報告セグメント			その他（注１）	合計	調整額（注２）	連結財務諸表計上額（注４）
	化粧品事業	コスメタリー事業	計				
売上高							
(1) 外部顧客に対する売上高	234,969	52,234	287,203	1,933	289,136	−	289,136
(2) セグメント間の内部売上高又は振替高	−	−	−	675	675	△675	−
計	234,969	52,234	287,203	2,609	289,812	△675	289,136
セグメント利益	25,407	1,101	26,509	1,067	27,576	△5,456	22,120
セグメント資産	243,672	43,911	287,584	3,747	291,332	68,267	359,600
その他の項目							
減価償却費（注３）	7,322	1,551	8,873	140	9,013	729	9,743
減損損失	171	−	171	−	171	−	171
のれん償却額	959	−	959	−	959	−	959
有形固定資産及び無形固定資産の増加額	4,907	1,227	6,134	126	6,260	587	6,847

（出所：コーセー2022年12月期「有価証券報告書」81頁）

セグメント利益とは，セグメント別の業績を示す利益のことで，普通，セグメント別の営業利益です。

セグメント情報からはEBITDAを計算することができます。EBITDAは，利益と減価償却費，無形固定資産償却（ここでは，のれん償却額）の合計（241頁参照）で，キャッシュ・フローの概算値と解釈することができます。

セグメントのEBITDA＝セグメント利益＋減価償却費＋無形固定資産償却

セグメント情報により，売上高利益率，売上高EBITDA比率，資本（資産）利益率（第15章で説明します）などをセグメントごとに計算することができ，それによってセグメントごとの業績を評価することができます。

売上高利益率＝セグメント利益／売上高　（売上高に対する利益の割合）

売上高EBITDA比率＝EBITDA／売上高　（売上高に対するEBITDAの割合）

資本（資産）利益率＝セグメント利益／セグメント資産

これらの３つの指標は，その数値が高い方が業績が良いことを意味します。

図表５-３のコーセーのセグメント情報を使って，売上高構成比，セグメント利益構成比，EBITDA，EBITDA構成比，売上高利益率，売上高EBITDA比率，資産構成比，資本（資産）利益率を計算すると，次のようになります。

	化粧品事業	コスメタリー事業	その他	合計
売上高	189,082	34,351	1,549	224,982
売上高構成比	84.0%	15.3%	0.7%	100%
セグメント利益	22,724	−752	808	22,780
セグメント利益構成比	99.8%	−3.3%	3.5%	100%
EBITDA	29,414	355	918	30,687
EBITDA構成比	95.9%	1.2%	3.0%	100%
売上高利益率	12.0%	−2.2%	52.2%	
売上高EBITDA比率	15.6%	1.0%	59.3%	
セグメント資産	243,672	43,911	3,747	291,330
資産構成比	83.6%	15.1%	1.3%	100%
資本（資産）利益率	9.3%	−1.7%	21.6%	

売上高の構成比率は，化粧品事業が84.0%，コスメタリー事業が15.3%です。

セグメント利益に関して，コスメタリー事業はマイナス（赤字）となっており，今後，利益を黒字化し，利益率を高めていく必要があることがわかります。

化粧品事業の売上高利益率は12.0%，売上高EBITDA比率は15.6%であり，化粧品事業は，十分に利益とキャッシュを稼いでいる事業といえます。

このように，セグメント情報によって，連結グループ親会社の経営幹部と同じ視点で事業部門の業績を理解し評価することができます。企業の経営幹部は，このような基本情報をベースにして，資金や人材などの資源配分，追加投資や事業の撤退・廃止などの経営戦略に関する意思決定を行います。

8 個別財務諸表

有価証券報告書の第５【経理の状況】においては，「連結財務諸表」の次に，「**財務諸表**」が開示されています。財務諸表は，**個別財務諸表**ともよばれます。

（個別）財務諸表は，連結財務諸表を作成し，有価証券報告書を提出している，親会社１社単体の財務諸表です。（個別）財務諸表を見ることにより，親会社に当たる会社１社の財政状態と経営成績を知ることができます。

有価証券報告書を提出する会社であって，連結子会社を１社も持たない会社は，連結財務諸表を作成しないため，有価証券報告書の第５【経理の状況】には，「財務諸表」のみが開示されます。この場合は，その企業の会計情報はすべて「財務諸表」で示されます。

有価証券報告書の（個別）財務諸表は，次の財務表によって構成されます。

企業集団の親会社である会社	連結子会社の無い会社
貸借対照表	貸借対照表
損益計算書	損益計算書
製造原価明細書（損益計算書に添付）	製造原価明細書（損益計算書に添付）
株主資本等変動計算書	株主資本等変動計算書
―――	キャッシュ・フロー計算書
注記事項	注記事項
附属明細表	附属明細表

キャッシュ・フロー計算書（個別）は，連結財務諸表を作成していない会社が作成することとなっています。連結財務諸表において，セグメント情報を注記している場合は，個別財務諸表の製造原価明細書の添付を省略することもできます。**製造原価明細書**とは，損益計算書における売上原価の計算要素である当期製品製造原価の計算過程を示す明細書であり，材料費，労務費，経費の金額などが示されます。**附属明細表**は，有価証券明細表，有形固定資産等明細表，社債明細表，借入金等明細表，引当金明細表等によって構成されます。

企業集団の親会社は，企業集団全体の統括的経営管理を行う職能をメインとしている場合も多く，たとえば，事業活動を行わない純粋持株会社（144頁参照）の形態を選択している場合は，親会社単体で，生産・販売といった事業活動をしていません。そのような場合は，（個別）財務諸表によって，財政状態，経営成績などを分析しても，有意義な財務諸表分析ができない場合があります。企業集団の経営状況を分析するためには，親会社の（個別）財務諸表を分析するだけでは不十分であり，連結財務諸表を分析する必要があります。そのため，現代における会計情報は，連結財務諸表が主，（個別）財務諸表が副という位置付けとなっています。

会計と倫理

利益を水増しする粉飾決算という不正行為を行う場合，連結損益計算書上の利益数値だけを単純に大きく変えておくということはできません。そうすると，連結財務諸表全体での数値の計算が合わなくなるからです。連結損益計算書上の利益の数値を変えると，結果として，連結貸借対照表上の資産や負債の金額も変えないとつじつまが合わなくなります。そして，残りの３つの連結財務諸表上の数字も変化することになります。会計上の数字について，一部を操作した後に，無理につじつまを合わせることを，帳尻合わせといったりします。

キーワード

連結財務諸表の連繋（アーティキュレーション）　会計の基本等式　貸借対照表等式
利益方程式　残高変動方程式　クリーン・サープラス　債務超過　倒産　セグメント情報

練習問題

問題５－１　カッコ内に適切な用語を記入しなさい。連結財務諸表を前提とする。

(1)　資産合計＝負債合計＋（①　　　　　　）
(2)　資産合計－負債合計＝（②　　　　　　）
(3)　包括利益＝当期純利益＋（③　　　　　　）
(4)　包括利益＝［(④　　　　　　）－期首純資産合計］－資本取引による純増減額
(5)　期末利益剰余金＝期首利益剰余金－利益剰余金の配当＋（⑤　　　　　　）

問題５－２　倫理問題

Ｚ社の経理部長Ｃ氏は，社長から連結損益計算書の最終利益の数値を帳簿上の操作で水増しすることを指示されました。利益を水増しすれば，連結財務諸表のしくみにより，連結損益計算書以外の連結財務諸表の数字も変動し，虚偽情報が含まれることになります。Ｃ氏は，部下のＡさんに，同じ金額の利益の水増しをするにしても，虚偽の情報の増加を最小限に抑えるべきか，その点は気にする必要はないか，ということを相談しました。あなたがＡさんであれば，何と答えますか？

第2部　企業情報

有名企業や大企業のほとんどは，株式を証券取引所に上場している上場会社です。
上場会社は，有価証券報告書，アニュアルレポート，統合報告書といった
財務報告書を毎年公表しています。
財務報告書を読み，分析することによって，
その企業の経営状況を理解することができます。
財務報告書の内容は，第１部で説明した「連結財務諸表」と，
それ以外の財務情報等によって構成されており，それらの情報全体によって，
その企業を正確かつ精密に理解することが可能となるように構成されています。
第２部では，財務報告と財務報告書全体を理解するために必要な知識として，
ディスクロージャー制度，有価証券報告書，四半期報告書，EDINET，
決算短信，決算公告，IR情報，アニュアルレポート，統合報告書，
株式会社，証券市場（株式市場，社債市場など），証券取引所，上場，IPO，
株式，株価，株式時価総額，剰余金の配当，配当政策，株式投資収益率，
ストックオプション，自社株買い，新株予約権，設備投資，減価償却，減損，
経営者（代表取締役，取締役，社外取締役，会長，社長，CEOなど），
株式会社の機関（株主総会，取締役会，監査役会など），M＆Ａ，持株会社，
コーポレート・ガバナンス，コンプライアンス，企業倫理，
企業の社会的責任（CSR），環境，サステナビリティ，
監査（公認会計士，監査法人），内部統制
といった内容を説明します。
これらの企業と企業経営に関する基礎知識を備えることによって，
財務報告書の内容をより深くより厳密に理解することが可能となります。

ディスクロージャー制度とIR情報

1 企業の情報開示のための書類

企業に関係する人々・企業の利害関係者は，企業を理解するために，または，企業に関係する自らの経済的意思決定を行うために，企業の情報を必要としています。社会は，企業に対して適切な情報公開や説明責任の履行(りこう)を求めています。金融商品取引法と会社法にもとづき，企業に対して，事業に関する情報や財務諸表などの情報を強制的に公表させるしくみのことを，**企業内容開示制度**（**ディスクロージャー制度**）といいます。また，投資者向け広報によるIR情報などのように，企業が，自発的に，情報を公開する場合もあります。企業が企業情報を公開するための書類には，次のようなものがあります。本書説明章を付記したもの以外は本章で説明します。

根拠	報告書類名
金融商品取引法	有価証券報告書　四半期報告書　内部統制報告書 有価証券届出書　目論見書
会社法	株主総会決算報告 決算公告
証券取引所の規定	決算短信　四半期決算短信 コーポレート・ガバナンスに関する報告書（第11章）
任意・自発的情報公開	アニュアルレポート　統合報告書・統合レポート CSR報告書（第12章）　環境報告書（第12章） サステナビリティ報告書（第12章）

2　金融商品取引法に基づく情報開示

金融商品取引法は，**投資者保護**，および有価証券の発行・流通と金融商品取引を円滑かつ公正にし，資本市場を十全に機能させることを目的として，株式や債券，先物などの有価証券・金融商品の取引を規制している法律です。

投資者は，有価証券を，**証券取引所**（金融商品取引所）（130頁参照）で取引します。投資利益によって自己の資金を増やすことを目的に証券投資を行う主体を**投資者**（インベスター）といい，**投資家**ともいいます。投資者には，**個人投資家**や，資金運用を目的とした組織である**機関投資家**がいます。

自社の株式や社債といった有価証券を証券取引所で売買できるようにしている会社のことを，**上場会社**または**上場企業**とよびます（130頁参照）。

金融商品取引法は，投資者を保護するために，上場会社に対して，投資者が必要とする企業内容情報を開示（一般公開）することを義務付け，その開示内容を詳細に規定しています。企業内容情報は，株式や社債という金融商品の品質を知るための情報と位置付けられます。特に，上場会社の会計情報（決算情報）は，投資者の投資判断の基礎となる最も重要な会社情報です。この情報開示は，発行開示規制（発行市場規制）と継続開示規制（流通市場規制）に分けられます。

発行開示規制（発行市場規制）は，１億円以上の有価証券を発行して，不特定多数の投資者からの資金調達を行おうとする企業に対し，**有価証券届出書**（とどけでしょ）と**目論見書**（もくろみしょ）による情報開示を求めるものです。この２つの書類は有価証券発行時における一度のみについて開示する義務があります。

継続開示規制（流通市場規制）は，すでに上場している企業や，過去に不特定多数の投資者から資金調達を行った企業に対して，**有価証券報告書**，**四半期**（しはんき）**報告書**による情報開示を求めるものです。これらの書類は，各事業年度ごと，各四半期ごとに，定期的，継続的に開示する義務があります。また，臨時的に発生した重要な事柄（合併や被災など）に関して情報開示を行う**臨時報告書**や，過去に提出した報告書の訂正箇所を開示する**訂正報告書**という書類もあります。

これらの金融商品取引法に基づく財務報告書は，主として投資者に対する情報提供であり，投資者によって利用されることが想定されています。

有価証券報告書，有価証券届出書，目論見書の情報内容は，同じ企業の企業内容を説明する書類であるため，おおむね同一といえます。

3 有価証券報告書

上場会社は，各事業年度ごとに，事業年度終了後3ヵ月以内に有価証券報告書を作成し，内閣総理大臣（事務上の提出先は，各地の財務局）に提出する必要があります（金融商品取引法第24条）。**有価証券報告書**とは，企業が発行する有価証券（株式や社債）の価値（品質）を評価するために必要な企業情報を網羅(もうら)した，金融商品取引法を根拠法とする開示書類であり，投資者を保護し，有価証券の発行・流通を円滑かつ公正にし，資本市場が機能するために不可欠な企業情報を集約した書類です。有価証券報告書の構成のひな型は右のとおりです。

有価証券報告書には，企業を財務比率数値で分析する財務諸表分析（第15章で説明）を行う場合や，企業を単一の金銭価値の形で評価する企業価値評価（第16章で説明）を行う場合，また，その企業の歴史や経緯などすべての個性を含めた詳細な企業分析を行う場合に，必要となる情報のほとんどが集約されています。これらの目的以外にも，特定の企業のビジネス内容や経営戦略・経営計画を把握したり，特定の企業が，ビジネスで成功している理由や失敗している理由を分析したりするために必要な情報が収録されています。したがって，株式や社債を売買する投資者だけではなく，企業経営者，すべてのビジネスパーソン，研究者，学生，政治家，規制や税に関わる公務員などが有価証券報告書を利用することで，客観的かつ詳細な情報に基づき，意思決定の質が改善されます。このことは10節で説明するアニュアルレポートも同様です。

本書の2章から5章で説明した連結財務諸表は，有価証券報告書第5**【経理の状況】**に記載されています。第1から第4の節は，第5【経理の状況】を読むためにあるともいえ，【経理の状況】は，有価証券報告書の中心となる情報内容（メインコンテンツ）であり，有価証券報告書の分量の大半を占めています。

有価証券報告書の節について，本書で説明している章は，以下のとおりです。

有価証券報告書の区分	本書の説明章・関連章
第1【企業の概況】	8章　15章
第2【事業の状況】	8章　12章　15章
第3【設備の状況】	9章
第4【提出会社の状況】	7章　10章　11章　13章
第5【経理の状況】	1章　2章　3章　4章　5章　13章　15章　16章

第一部【企業情報】
　第１【企業の概況】
　　1【主要な経営指標等の推移】
　　2【沿革】
　　3【事業の内容】
　　4【関係会社の状況】
　　5【従業員の状況】

　第２【事業の状況】
　　1【経営方針，経営環境及び対処すべき課題等】
　　2【サステナビリティに関する考え方及び取組】
　　3【事業等のリスク】
　　4【経営者による財政状態，経営成績及びキャッシュ・フローの状況の分析】
　　5【経営上の重要な契約等】
　　6【研究開発活動】

　第３【設備の状況】
　　1【設備投資等の概要】
　　2【主要な設備の状況】
　　3【設備の新設，除却等の計画】

　第４【提出会社の状況】
　　1【株式等の状況】
　　　(1)【株式の総数等】
　　　　①【株式の総数】
　　　　②【発行済株式】
　　　(2)【新株予約権等の状況】
　　　　①【ストックオプション制度の内容】
　　　　②【ライツプランの内容】
　　　　③【その他の新株予約権等の状況】
　　　(3)【行使価額修正条項付新株予約権付社債券等の行使状況等】
　　　(4)【発行済株式総数，資本金等の推移】
　　　(5)【所有者別状況】
　　　(6)【大株主の状況】
　　　(7)【議決権の状況】
　　　　①【発行済株式】
　　　　②【自己株式等】
　　　(8)【役員・従業員株式所有制度の内容】
　　2【自己株式の取得等の状況】
　　　【株式の種類等】
　　　(1)【株主総会決議による取得の状況】
　　　(2)【取締役会決議による取得の状況】
　　　(3)【株主総会決議又は取締役会決議に基づかないものの内容】
　　　(4)【取得自己株式の処理状況及び保有状況】
　　3【配当政策】
　　4【コーポレート・ガバナンスの状況等】
　　　(1)【コーポレート・ガバナンスの概要】
　　　(2)【役員の状況】
　　　(3)【監査の状況】
　　　(4)【役員の報酬等】
　　　(5)【株式の保有状況】

　第５【経理の状況】
　　1【連結財務諸表等】
　　　(1)【連結財務諸表】
　　　　①【連結貸借対照表】
　　　　②【連結損益計算書及び連結包括利益計算書】又は【連結損益及び包括利益計算書】
　　　　③【連結株主資本等変動計算書】
　　　　④【連結キャッシュ・フロー計算書】
　　　　⑤【連結附属明細表】
　　　(2)【その他】
　　2【財務諸表等】
　　　(1)【財務諸表】
　　　　①【貸借対照表】
　　　　②【損益計算書】
　　　　③【株主資本等変動計算書】
　　　　④【キャッシュ・フロー計算書】
　　　　⑤【附属明細表】
　　　(2)【主な資産及び負債の内容】
　　　(3)【その他】

　第６【提出会社の株式事務の概要】

　第７【提出会社の参考情報】
　　1【提出会社の親会社等の情報】
　　2【その他の参考情報】

（「企業内容等の開示に関する内閣府令」「第三号様式」より）

上記の第６【提出会社の株式事務の概要】，第７【提出会社の参考情報】，および，この表では記載を省略している第二部【提出会社の保証会社等の情報】は，関連する重要な事情が企業に無い限り，相対的に情報の重要性が低く，分量も少なくなっています。

4 四半期報告書

上場企業は，金融商品取引法の規定により，事業年度内の四半期ごとに，四半期報告書を作成し開示しています（金融商品取引法第24条の4の7）。**四半期**とは，事業年度が1年間の場合に，1年を3ヵ月ごとの四つの期間に分割した小期間のことです。1年間の最初の3ヵ月を**第1四半期**，次の3ヵ月を**第2四半期**，その次の3ヵ月を**第3四半期**，最後の3ヵ月を**第4四半期**といいます。

四半期報告書とは，事業年度ごとに1回提出する有価証券報告書より，迅速（タイムリー）な情報開示を行うために，上場企業が四半期会計期間毎に作成する義務を負う金融商品取引法を根拠法とする開示書類であり，有価証券報告書の3ヵ月版といえます。ただし，第4四半期については，四半期報告書を作成する必要はありません。つまり，四半期報告書は1年に3回作成されます。四半期報告書は，各四半期末から45日以内に作成し開示する必要があります。

四半期報告書に記載される財務諸表は，**四半期連結財務諸表**です。四半期連結財務諸表は四半期連結貸借対照表，四半期連結損益計算書，四半期連結キャッシュ・フロー計算書の3種類となっています（連結財務諸表を作成している場合は，親会社単体の個別財務諸表の開示は不要です）。株主資本の変動は注記の中で提供されています。四半期連結損益計算書，四半期連結キャッシュ・フロー計算書の数値は，3ヵ月ごとの集計分を示す場合と，事業年度の期首からの累計期間の累計金額を示す場合があります。

下の図は，3月31日を決算日とする上場企業の開示のスケジュールです。

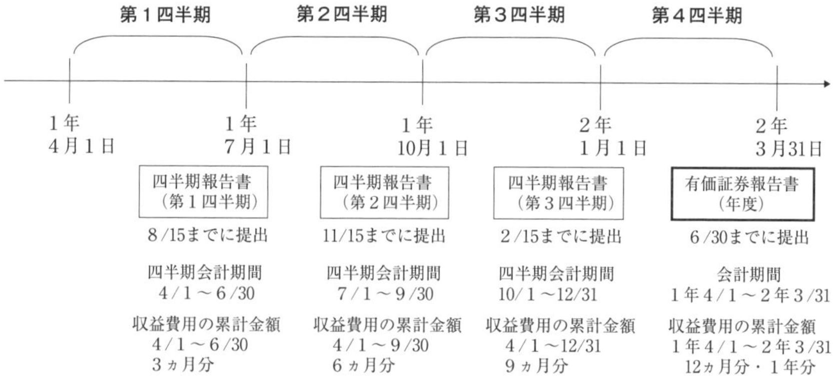

5　EDINET：有価証券報告書の入手方法

EDINETというウェブサイトにおいて，国内すべての上場企業の有価証券報告書と四半期報告書（および有価証券届出書，臨時報告書，それらの訂正書類など）の電子的な開示が行われています。EDINETでは，過去11年分の提出書類を，無料で入手することができます。EDINETは，金融庁が運営しており，正式名称は，金融商品取引法に基づく有価証券報告書等の開示書類に関する電子開示システム（Electronic Disclosure for Investors' NETwork）です。

図表6-1　EDINETでの検索方法（「書類簡易検索」の画面）

（出所：https://disclosure2.edinet-fsa.go.jp/，2023年３月31日閲覧）

①　検索サイトで，EDINETと検索し，EDINETのトップページに移動します。
②　トップページの「提出者／発行者／ファンド／証券コード」欄に，検索したい企業の名称を入力します。
③　「書類種別」欄で，有価証券報告書の箇所にチェックを入れます（初期状態のまま）。
④　「提出期間」の欄で，入手したい報告書の提出期間を選択します。初期状態では，「過去１年」になっていますが，「全期間」を選択すると，過去５年間となります。
有価証券報告書は，「法定縦覧期間（５年）満了書類」も含めて過去11年分を入手可能です。
⑤　「検索」ボタンを押します。検索結果として，該当する報告書のリンクが表示されます（複数の企業名が表示されている場合は，目的の企業名をクリックします）。
⑥　「提出書類」欄のリンクをクリックすると，web画面上で，報告書ファイルが表示されます。この表示画面では，文章のコピー＆ペーストが可能であり，また，連結財務諸表もコピー＆ペーストで，表計算ソフトに行・列の書式を保持して，コピーすることができます（PDFファイルは，保存が可能ですが，文章のコピーなどができない場合があります）。

6　決算短信

上場企業は，証券取引所が定める上場規程に基づき，有価証券報告書を提出・開示する前に，決算（連結財務諸表）の速報として，決算短信を公表しています（日本取引所グループの場合は有価証券上場規程第404条）。

決算短信とは，1事業年度の決算の内容すなわち連結財務諸表の内容を投資者に対して迅速に開示することを目的とした，証券取引所の上場規程に基づく開示書類のことです。有価証券報告書は決算日から3ヵ月以内に開示されますが，決算短信は遅くとも決算日の後45日以内に公表することが義務となっています。したがって，決算短信によって，有価証券報告書が開示される前に，終了した直近の会計年度の連結財務諸表を入手することができます。

例として，決算日が3月31日の上場企業の場合，有価証券報告書は6月30日までに開示されますが，決算短信は5月15日までに開示されます。

また，四半期会計期間ごとに公表される四半期報告書に記載される四半期連結財務諸表すなわち四半期決算の速報としての，**四半期決算短信**もあり，四半期会計期間終了後速やかに，遅くとも45日以内の適切な時期に公表されます。

決算短信は，作成企業のウェブサイトや，東京証券取引所が運営している，TDnet（Timely Disclosure network）で，閲覧することが可能です。

決算短信の様式は，証券取引所によって定められています。表紙となる1枚目とその裏面には，決算の要約（サマリー情報）が簡潔にまとめられています。ここに目を通すことで，今期の決算の概略を知ることができます。

決算短信の重要な特徴として，決算短信には，経営者による**次期の業績予想**（次期の売上高，営業利益，経常利益，最終利益，1株当たり当期純利益など）が記載されます。これは，企業の状況を最も良く知る立場にいる経営者自身が予想する，企業の将来（次期）の業績の見通しを示す**将来予測情報**です。

図表6-2　コーセーの決算短信における連結業績予想

3．2023年12月期の連結業績予想（2023年1月1日～2023年12月31日）

（%表示は、対前期増減率）

	売上高		営業利益		経常利益		親会社株主に帰属する当期純利益		1株当たり当期純利益
	百万円	%	百万円	%	百万円	%	百万円	%	円 銭
通期	305,000	5.5	21,000	△5.1	20,300	△28.5	13,300	△29.1	233.11

（出所：コーセー2022年12月期「決算短信〔日本基準〕（連結）」1頁抜粋）

7　会社法に基づく情報開示

会社法は，会社の設立，組織，運営及び管理について定める法律であり，**債権者の保護**，および株主と債権者の間の**利害調整**を目的として，すべての株式会社に，各事業年度末において，当該事業年度に関する**計算書類**（けいさんしょるい）（貸借対照表，損益計算書，株主資本等変動計算書，個別注記表の４種類の書類）および**事業報告**ならびにそれらの**附属明細書**の作成を義務付けています（会社法第435条２項）。計算書類と，事業報告，計算書類の附属明細書および事業報告の附属明細書をまとめて**計算書類等**（けいさんしょるいとう）とよびます。事業報告とは，会社の状況に関する事項のうち会計・決算に関するもの以外の事項を報告する書類です。

会社法上の大会社（下記および127頁参照）であって有価証券報告書提出義務を負う会社は，各事業年度末において，当該事業年度に関する**連結計算書類**（連結貸借対照表，連結損益計算書，連結株主資本等変動計算書，連結注記表の４種類の書類）を作成する必要があります（会社法第444条）。

計算書類は，①定時株主総会への提出，②決算公告，③本店・支店への備え置きによって，株主およびその他の利害関係者に，情報開示されます。

①すべての株式会社は，事業年度の終了後，一定の時期に，**定時株主総会**を開催しなければなりません（会社法第296条）。実務上，多くの場合，事業年度終了後３ヵ月以内に定時株主総会が開催されます。定時株主総会では，経営陣が今年度の経営成績と財政状態等の実績を報告する**決算報告**，次年度以降の経営陣を決める「取締役（とりしまりやく）・監査役（かんさやく）の選任」，会計監査人（かんさにん）を決める「監査人の選任」，剰余金の配当の金額を決める「配当金の決定」が議題となります。

株主総会において株主が議決権の行使を適切に行うために必要な情報・基礎的資料として，会社は，株主に対して，事業報告，計算書類，監査報告書を提供する必要があります（会社法第301条，第302条）。

②すべての株式会社は，株主総会終了後に遅滞（ちたい）なく新聞や官報において貸借対照表の公告をしなければなりません（会社法第440条）。これを**決算公告**といいます。これは，債権者に会社の財政状態の情報を提供し，債権者を保護するためです。**会社法上の大会社**（資本金５億円以上または負債合計200億円以上の会社）の場合は，貸借対照表に加えて損益計算書の決算公告が必要になります。ただし，有価証券報告書提出会社の場合には，決算公告が不要とされています。

図表6-3 コーセーコスメポート株式会社（第36期）の決算公告

第 36 期 決 算 公 告

令和５年３月28日

東京都中央区日本橋一丁目16番11号

コーセーコスメポート株式会社

代表取締役 小林 孝雄

貸借対照表の要旨（令和４年12月31日現在）

	科目	金額（千円）
資産の部	流動資産	19,454,740
	固定資産	607,237
	合計	20,061,978
負債及び純資産の部	流動負債	14,162,234
	固定負債	677,827
	株主資本	5,211,064
	資本金	30,000
	利益剰余金	5,181,064
	利益準備金	7,500
	その他利益剰余金	5,173,564
	（うち当期純利益）	(237,312)
	評価・換算差額等	10,852
	合計	20,061,978

③すべての株式会社は，定時株主総会の日の１週間（取締役会設置会社は２週間）前から５年間，計算書類等を，本店に備え置かなければなりません（会社法第442条第１項第１号）。また，その写しを３年間，支店への備え置かなければなりません（会社法第442条第２項第１号）。ただし，連結計算書類の備え置きは不要です。株主および債権者は，営業時間内はいつでも，備え置かれた計算書類等の閲覧等請求ができます（会社法第442条第３項）。

なお，会社法上の計算書類等・連結計算書類と金融商品取引法上の財務諸表・連結財務諸表を比較すると，次の表のようになります。

会社法		金融商品取引法	
①計算書類等	②連結計算書類	①（個別）財務諸表	②連結財務諸表
貸借対照表	連結貸借対照表	貸借対照表	連結貸借対照表
損益計算書	連結損益計算書	損益計算書	連結損益計算書
–	–	–	連結包括利益計算書
株主資本等変動計算書	連結株主資本等変動計算書	株主資本等変動計算書	連結株主資本等変動計算書
–	–	（キャッシュ・フロー計算書）	連結キャッシュ・フロー計算書
個別注記表	連結注記表	〈注記事項〉	〈注記事項〉
事業報告	–	–	–
附属明細書	–	附属明細表	連結附属明細表

金融商品取引法上の報告書では，連結キャッシュ・フロー計算書を記載している場合，個別財務諸表のキャッシュ・フロー計算書の記載が不要となります。

会社法は，計算書類を開示する際に用いる様式については，法務省令である「**会社法施行規則**」「**会社計算規則**」に準拠することとしています。

金融商品取引法は，財務諸表を開示する際に用いる様式については，内閣府令である「**財務諸表等規則**」「**連結財務諸表規則**」に準拠することとしています。

8　決算業務と情報開示のスケジュール

企業が行う財務報告に関する一連の日程の典型例をまとめると，下記の表のようになります。これは，３月31日を決算日とする金融商品取引法の適用会社で，会社法上の公開会社かつ監査役会設置会社を想定した事例です。

3月31日	当会計年度期末（決算日）
4月末まで	取締役会が計算書類・事業報告を作成
4月末頃	取締役会による計算書類の監査役会・会計監査人への提出
4月末から	監査役の会計監査，会計監査人監査の実施（４週間） 金融商品取引法に基づく財務諸表監査の実施（有価証券報告書提出日まで）
5月15日まで	決算短信を証券取引所に提出（決算日後45日以内）
5月下旬頃	会計監査人が監査報告書を取締役会・監査役会に提出
5月下旬頃	監査役会が監査報告書を取締役会に提出
6月　第1週頃	取締役会が事業報告，計算書類ならびに監査報告書を承認
6月　第2週頃	株主総会招集通知（株主総会開催日の２週間前まで） ：議決権行使書，事業報告，計算書類，および監査報告書の謄本を添付
6月　第3週～ 第4週頃	株主総会（決算日後３ヵ月以内の開催が多い） ：決算の承認，取締役・監査役の選任，監査人の選任，配当金の決定
6月末頃	決算公告（株主総会後すみやかに。金融商品取引法の適用会社は省略可）
6月末頃	配当金の支払い（株主総会での配当金の承認可決後）
6月末まで	法人税等申告期限，法人税の確定申告（株主総会での決算報告の承認後）
6月末まで	金融商品取引法監査の監査人が監査報告書を取締役会に提出
6月末まで	有価証券報告書を内閣総理大臣に提出（決算日後３ヵ月以内）

まず，決算日から約１ヵ月かけて，取締役会が計算書類と事業報告を作成します。会計監査人と監査役が計算書類を受領すると，会社法上の監査が始まります。監査は約１ヵ月間で行われます。監査の一方で，決算日後45日頃には，速報値としての決算短信の開示が行われます。投資者は，決算短信によって最新の決算の内容を知ることができます。決算日から２ヵ月が経過する頃には会社法上の監査が終了し，会計監査人と監査役が監査報告書を取締役会に提出します。その後，取締役会が監査報告書を承認します。また，金融商品取引法上の独立監査人も監査報告書を取締役会に提出します。

多くの場合，事業年度の終了後３ヵ月以内に定時株主総会が開催されます。株主総会の招集通知は，総会開催日の２週間前までに株主に送付され，この招集通知には，議決権行使書，事業報告，計算書類ならびに監査報告書の謄本(とうほん)が同封されます。招集の対象は，権利確定日の時点の株主です。**権利確定日**とは，その日に株式を保有している株主が，株主の権利を得ることができるという，会社が定める**基準日**です。多くの企業は，決算日を権利確定日に設定しています（権利確定日に株主であれば，権利確定日以降に株式を売却した場合でも，それに係る株主総会において議決権を行使したり，配当(はいとう)を受け取ったりすることができます）。

定時株主総会の終了後，会社は，配当金の支払い，決算公告，法人税等の確定申告と納付，有価証券報告書の提出を行います。

配当金の支払いは，株主総会で承認可決された配当金を株主に支払うものであり，支払い開始日は，株主総会の翌日であることが多くみられます。

決算公告は，会社法の規定により，株主総会で報告・承認され確定した計算書類を社会一般に対して公告するものです。上場会社は，有価証券報告書の提出をもって決算公告に代えることもできます。

法人税は，原則として，決算日から２ヵ月以内に確定申告して納付することとされていますが，株主総会が決算日後２ヵ月以内に開催されない場合は，１ヵ月延長することが認められています。日本では，法人税の金額は，株主総会で報告・承認され確定した計算書類の数値に基づいて算定するという**確定決算主義**がとられているからです。

有価証券報告書の提出は，金融商品取引法の規定に基づき行うものです。多くの企業が，決算日後の３ヵ月目に有価証券報告書を提出します。有価証券報告書には，企業外部の独立の監査人による監査報告書が添付されます。

9　IR（投資者向け広報）とIR情報

企業が投資者に向けて積極的に情報開示をする活動は，**IR**（investor relations）（投資者向け広報）活動とよばれます。その情報は，**IR情報**とよばれます。企業のウェブサイトでは，「IR」，「投資家情報」，「投資家向け情報」，「投資家の皆様へ」といったページで，さまざまな企業情報が任意・自発的に開示されています。有価証券報告書，決算短信を掲載している企業もあります。また，決算説明会資料のほか，アニュアルレポート・統合報告書，CSR報告書，環境報告書などの書類も掲載されています。IRを適切に行い，企業の株価が正当に評価されるようにすると，企業の資金調達は有利となります。

10　アニュアルレポートと統合報告書

IRにおいて最も重要な書類は，アニュアルレポートです。**アニュアルレポート**（**年次報告書**）(annual report）とは，法令等により強制されていないものの，投資者等に対して，企業業績や事業内容を積極的にアピールするために，多くの上場企業が自発的に作成している財務報告書です。

アニュアルレポートは，モノクロで文字と図表のみで構成された有価証券報告書とは異なり，カラーの写真やイラストをふんだんに使ったグラフィカルでユーザーフレンドリーな書類です。この書類により，誰が経営者で，経営者がどのような考えを持って企業を経営しているのかを知ることができます。

アニュアルレポートおよび後で説明する統合報告書は，企業のウェブサイトのIRに関するページに掲載されています（アニュアルレポートを外国人投資家向けの資料として位置付け，英文表記のみとしている企業もあります）。

アニュアルレポートでは，以下のような，内容が説明されています。

企業理念・経営理念　企業使命・社会的使命　経営目的　経営姿勢　行動指針
沿革
ビジネスモデル・価値創造モデル　競争優位の分析　事業領域　ブランド一覧
企業情報ダイジェスト（売上高，営業利益，最終利益，売上高営業利益率，ROE，１株当たり配当金，従業員数，従業員の国籍数，女性リーダー比率など）
財務・非財務ハイライト　財務データ・サマリー
トップメッセージ・将来ビジョン（会長メッセージ　社長・CEOメッセージ）
中長期経営計画　中長期戦略　事業計画　事業戦略　経営方針　数値目標
経理財務責任者メッセージ（経理担当役員メッセージ　CFOメッセージ）
財務戦略（資金調達計画，配当政策，株主還元政策）　財務目標
事業内容情報　製品・サービス・ブランド情報　地域別情報
営業・オペレーション情報　営業現場責任者メッセージ
経営陣（取締役，監査役，執行役員等）の写真による紹介
コーポレート・ガバナンス情報　CSR（企業の社会的責任）情報　環境情報
サステナビリティ情報　コンプライアンス　SDGs（持続可能な開発目標）
連結財務諸表

過去の実績としての連結財務諸表のデータを将来予想の土台としながら，アニュアルレポートの情報を用いることで，最善の将来予想が可能となります。

有価証券報告書とアニュアルレポートは，連結財務諸表，財務分析数値，財務業績といった**財務情報**が中心的な情報内容です。現代の企業は，株主・投資者に対する経済的責任のみではなく，社会に対する責任や環境に対する責任など，さまざまな企業の社会的責任を果たしており，株主・投資家にとっての経済的価値を創造するだけでなく，社会にとっての価値を創造する存在である必要があります（企業の社会的責任・CSRについては第12章で説明します）。

したがって，企業は財務情報のみでなく，これらの活動内容や実績としての**非財務情報**についても，社会に対して説明する責任があるといえます。企業は必要に応じて，CSR報告書，環境報告書，サステナビリティ報告書といった書類を作成し，利害関係者に情報開示を行っています。しかし，１つの企業の活動内容が，複数の報告書によってバラバラに説明されると，情報利用者は，企業に関する総合的判断をするのが困難になるという点と，企業は，経済的価値だけではなく，社会にとっての価値を創造する存在であるという考えからすると，財務情報と上記の非財務情報を統合した報告書を作成することが，利害関係者全体に対する説明責任を果たすために適切であるという考えが生まれました。これを**統合報告**（integrated reporting）といい，その報告書を統合報告書といいます。**統合報告書（統合レポート）**とは，財務情報と非財務情報を一体的・有機的に結びつけ，企業の長期持続的な社会に対する価値の創造プロセスを理解することができるような情報開示を行う企業の報告書です。日本でも，アニュアルレポートに代えて，統合報告書を作成・公表している企業が多数あります。

統合報告書では，財務情報とともに，サステナビリティ（持続可能な発展），ESG（環境，社会，ガバナンス），女性活躍推進，人材多様化推進，SDGs（持続可能な開発目標）などについての企業の取組みがくわしく説明されます。

ポイント◆外国企業の財務諸表の入手方法

アメリカの上場企業の有価証券報告書に相当する書類は，Form 10-Kといい，四半期報告書に相当する書類はForm 10-Qといいます。たとえば，The Coca-Cola Company, The Walt Disney Company, TIFFANY&CO., Apple inc.といった，アメリカの上場企業の財務諸表を入手したい場合は，検索サイトで，「英語の企業名」と，「Form 10-K」というキーワードを入力して，検索すると，その企業のForm 10-Kのあるページが出てくるので入手でき，その中に，財務諸表が収録されています。同様に，フランスの企業の場合は，Christian Dior, LVMH, L'Oréalといった企業名と「rapport annuel」（ラポールアニュエル）（年次報告書）というキーワードを検索します。

会計と倫理

財務諸表（連結・個別）に虚偽の情報を記載することは，粉飾決算といいます。有価証券報告書に虚偽の情報を記載することは，有価証券報告書虚偽記載といい，犯罪行為となります（金融商品取引法第197条）が，粉飾決算を行い，有価証券報告書に記載する財務諸表（連結・個別）の数値が虚偽である場合も，有価証券報告書虚偽記載となります。

有価証券報告書と四半期報告書を法定提出期限の経過後１ヵ月以内に提出しない場合は，証券取引所の上場廃止基準（130頁参照）に該当し，原則として上場廃止にされます。

キーワード

企業内容開示制度　ディスクロージャー制度　金融商品取引法　投資者保護　投資者
上場会社　有価証券届出書　目論見書　有価証券報告書　四半期報告書　EDINET
決算短信　四半期決算短信　業績予想　会社法　債権者保護　利害調整　計算書類
計算書類等　連結計算書類　決算報告　決算公告　IR　アニュアルレポート　統合報告書

練習問題

問題６－１　次の文章のカッコ内に適切な語句を入れなさい。

(1)　連結財務諸表・(個別) 財務諸表は，(①　　　　　) 法に基づく開示書類である有価証券報告書の第５【(②　　　　　　)】に記載されている。

(2)　会社法では，(③　　　　　　)，(④　　　　　　)，(⑤　　　　　　)，個別注記表の４種類の書類のことを（⑥　　　　　）という。⑥と（⑦　　　　　　），⑥および⑦の（⑧　　　　　　）をまとめて（⑨　　　　　　）とよぶ。

問題６－２　関心のある企業２社のアニュアルレポート（または統合報告書）を，企業のウェブサイトから入手し，どのような情報が記載されているかの概略をまとめ，２社の記載内容を比較し，どちらがどのように優れているかを説明しなさい。

問題６－３　倫理問題

Ａ社（上場会社）の取締役会では，決算短信の作成にあたり，次期の業績予想をどうするかが議題となりました。経営陣の感覚的予想では，Ａ社の次期の業績は今年度よりも10％程度悪化するか，さらに経営努力をしても現状維持がやっとというところです。しかし，代表取締役社長は，５％の増収増益という内容で開示することを主張しています。不合理な前提や不適切な算定方法に基づいた将来予測情報の開示は，偽計（ぎけい）取引や風説（ふうせつ）の流布（るふ）等の法的責任が追及される場合もあります。あなたが財務担当取締役ならば，どう発言しますか？

株式会社，証券市場，コーポレート・ファイナンス

1　株式会社の意義

（1）株式会社と株式の意義

会社法上の**会社**は，株式会社，**合名会社**，**合資会社**，**合同会社**の４種類であり，株式会社以外の３種類の会社は，**持分会社**と総称されます。

会社法により，会社は法人とされています。**法人**とは，自然人（人間）以外で，法律によって人とされ，法律上の権利義務の帰属主体となれるもののことです。法人は，会社の所有者からは独立した主体であり，税金を支払いますが，選挙権はありません。会社は営利性を持った**営利法人**です。**営利性**とは，**事業**（一定の目的と内容をもった継続的・反復的に行う活動）を行い，利益を得て，その利益を出資者に分配することです。利益の分配は，剰余金の配当（配当金の支払い）と会社解散時の残余財産の分配からなります。会社は**社団法人**です。**社団**とは，人の集合のことです。日常用語では，従業員のことを社員といいますが，法律上は，社団の**出資者**としての構成員のことを**社員**といい，株式会社の社員は特に，株主とよばれています。現代の市場経済における，代表的な企業形態は，株式会社です。大企業の多くは，株式会社という形態をとります。

株式会社とは，株式を発行して株式を取得した株主から資金の出資を受けて事業資金とし，会社の所有者（オーナー）としての株主が，株主総会において，取締役を選んで会社の運営・管理を任せるしくみをもった会社のことです。

株式会社に資金を拠出（きょしゅつ）して株式を取得することを**出資**といい，株式会社に出資し，株式を所有する者のことを**株主**といいます。**株主総会**とは，株式会社の基本的事項について株主が決議により意思決定を行う機関であり，定時株主総会は，通常，年１回開催されます。**取締役**とは，会社を経営する人もしくは取締役（会）が選定した**代表取締役**などの会社を経営する人を監督する人のことです。

「株式会社は誰のものか？」と問われることがありますが，**株式会社の所有者**は，経営者や従業員ではなく，株主です。そして，株主総会が，株式会社の最高意思決定機関です。株主総会から経営を任された経営者は，株主の利益を最大化する，**株主のための経営**を行う義務があります。株主総会，取締役などの株式会社の管理・運営・統治を担う機関については，第11章で説明します。

株式とは，均等に細分化された割合的単位の形で表す株式会社の社員（株主）としての地位のことです。たとえば，1,000株の普通株式を発行している株式会社の株式を，200株保有する株主は，持株比率20%の地位を保有する株主です。株主総会では，株主の保有株式数に応じて決める**議決権**の数により，多数決で，決議を行います。これを**資本多数決制度**といいます。株式は，**一株一議決権の原則**により，１株につき１個，単元株（一定の数の株式をまとめたもの）制度を採用する場合は，一単元に１個の，株主総会における議決権を有します。

会社に対し，資金を多く出資して株式を多く保有する株主ほど，議決権が多く，発言力・関与力が強くなります。保有株式数の多い株主ほど，会社に対する利害関係が大きいため，資本多数決制度には合理性が認められています。議決権の総数の過半数を保有する株主は，その会社を支配しているといえます。

株式というしくみにより，社会全体から広く資金を集め，多数の株主が株式会社に参加することが容易になるため，株式会社は，社会に広く散在している小口の資金を集めて大口の資金としてまとめ，それを事業に用いることができます。このため株式会社は，大規模な事業やリスクの大きい事業を行うのに適した会社形態といえます。株式については，第10章で説明します。

なお，株式を紙の形で証券化したものを**株券**（かぶけん）といいますが，現在，会社が定款（ていかん）で株券を発行することを定めない限り，株券を発行する必要はなく，株式の所有者や株数，譲渡に関する情報は，コンピュータ・ネットワーク上の記録を用いた振替制度（㈱証券保管振替機構が運営）で記録・管理されています。

ここで，**定款**とは，会社の事業目的，商号，本店の所在地，会社に設置する機関など，各会社が定める，会社組織と運営に関する根本規則のことです。

（2）株主有限責任の原則と債権者保護

株式会社の出資者である株主の責任は，株式の引受価額（ひきうけかがく）が限度とされています（会社法第104条）。つまり，株主は，会社の債務について責任を負わされることはありません。株主が会社債権者に対して責任を負わないという原則を，**株主有限責任の原則**といいます。株主が有限責任とされている理由は，株主になろうとしている人が，安心して株式会社に資本参加できるようにするためです。もし株主になった後に過大な義務や責任を負うのであれば，安心して株式を買うことができません。株主有限責任制度には，株式会社が多数の投資家から資金を集め大規模な事業を展開することを可能にするという利点があります。

株式会社を設立せずに個人事業を行っている場合は，事業が失敗したら，個人財産を売ってでも，債務を返済しなくてはいけません。しかし，株式会社を設立して株主兼取締役として事業を行っている場合は，事業が失敗しても，個人財産を返済に充てる必要はありません。このため，会社法は，株主を会社債権者に劣後する地位に置いています。たとえば，会社を清算する時に会社債権者は，株主に優先して会社財産を取得することができます（会社法第502条）。このように，会社債権者が法によって保護されることを**債権者保護**といいます。

（3）株主の権利

株式会社は，株主の氏名・名称，住所，保有株式数・種類，株式取得日，株券発行会社の場合は株券番号を記載した**株主名簿**を作成する必要があります。（会社法第121条）。株式会社は株主名簿に記載された者を株主として扱います。

株主の権利には，自益権と共益権があります。**自益権**とは，株主が会社から経済的利益を受ける権利のことです。自益権には，剰余金の配当を受ける権利（会社法第105条第１項第１号），残余財産の分配を受ける権利（会社法第105条第１項第２号），株式の買取りを請求することができる権利（会社法第192条など）等があります。**共益権**とは，会社の経営に参与する権利のことです。共益権には，株主総会における議決権（会社法第105条第１項第３号，第308条），監督是正（ぜせい）権があります。株主総会決議には**普通決議**，**特別決議**，**特殊決議**等の種類があり，重要な意思決定は決議要件のハードルが高くなっています。監督是正権には，たとえば，訴訟の提訴（ていそ）権（会社法第828条，第831条など）や，会計帳簿等の閲覧（えつらん）請求権（会社法第433条）があります。

（4）株式譲渡自由の原則と会社法上の公開会社・非公開会社

株主は保有する株式を他人に自由に譲渡することができるという原則のことを，**株式譲渡自由の原則**といいます（会社法第127条）。株式会社には，一度払い込んだ出資金を払い戻すという退社制度が存在しないため，株主の投下資本の回収機会を確保する必要があります。株式を自由に譲渡することができるという原則があることによって，株主は安心して会社に出資することができます。

株式会社は，定款に定めを置くことによって，株式の譲渡を制限することができます（会社法第107条第１項第１号，第108条第１項第４号）。会社法上，全株式に譲渡制限がある株式会社のことを**非公開会社**といい，全株式に譲渡制限がある株式会社以外の株式会社（全株式に譲渡制限がない会社，一部の株式に譲渡制限がない会社）のことを**公開会社**といいます（会社法第２条第５号）。証券取引所に株式を上場している上場会社ならば公開会社に該当します。

（5）会社法上の大会社と非大会社

会社法上，貸借対照表の資本金が５億円以上，または負債合計が200億円以上の株式会社のことを**大会社**（だいがいしゃ）といいます（会社法第２条第６号）。大会社でない株式会社は，**非大会社**または**中小会社**とよばれています。会社法は，大会社と，大会社以外の会社（非大会社）を区別し，異なる規制を設けています。大会社では，内部統制の構築（会社法第348条第４項，第362条第５項など），監査役（かんさやく）会等の内部監査機関の設置（会社法第328条），会計監査人（かんさにん）（公認会計士や監査法人）という外部監査機関の設置（会社法第328条），貸借対照表と損益計算書の決算公告（会社法第440条）などが必要になります（**図表7-1**を参照）。

図表７-１　大会社と非大会社に対する規制の違い

		大会社	非大会社
区別の基準		資本金５億円以上または負債合計200億円以上	資本金５億円未満かつ負債合計200億円未満
主な規制の違い	監査役会or監査等委員会or監査委員会の設置	強制（*）	任意
	会計監査人の設置	強制	任意
	内部統制の構築	強制	任意
	決算公告の義務	貸借対照表 損益計算書	貸借対照表

（*）　公開会社でない大会社（委員会の設置会社を除く）は，監査役会の設置は任意。

(6) 所有と経営の分離

自分のお金を事業に出資して自ら経営を行っていく個人事業の場合，出資者が事業の所有者であると同時に，事業を経営する経営者でもあります。これを**所有と経営と支配の一致**といいます。事業の経営によって得た利益は，経営者であり出資者（所有者）である個人のものになります。

株式会社の場合は，出資者である株主が，会社の所有者となりますが，株主は，株主総会における資本多数決によって，会社の事業経営を管理・監督する取締役を選任するというしくみになっており，会社の所有者としての株主と，会社の経営者としての取締役または取締役によって選定された業務執行者（代表取締役，代表執行役など）は，会社法上，別の主体として分離して定義されています。これを，会社法による**所有と経営の制度上の分離**といいます。

出資者が，事業または会社を所有するということは，出資者が，事業または会社の経営を，直接的または間接的に管理・監督して支配し，かつ，事業活動によって得た利益の帰属先は出資者である，ということを意味します。

株式会社の場合，資産合計から負債合計を差し引いた残余としての純資産は株主に帰属し，収益合計から費用合計を差し引いた残余としての利益（当期純利益，最終利益）は株主に帰属するため，株主は，会社の**残余請求権者**であるといわれます（会社は株主のものであり，会社の利益は株主のものになります）。

小規模な株式会社の場合は，株主数が少なく，各株主の出資比率が高いため，株主が，経営者（取締役）に強い影響力を与えることができるといえます。大規模な株式会社の場合は，資本金額の大規模化によって株主数も多数となり，各株主の出資比率が極めて低くなるため，株主が，経営者（取締役，代表取締役，代表執行役など）に強い影響を与えることができなくなります。これを**所有と経営の分離**といいます。この場合に，株主よりも経営者の方が，会社組織・会社財産に対する支配力が強くなることを，**所有と支配の分離**といいます。

個人事業の場合は，所有者である経営者が，自分のお金を使って，事業経営を行うため，適切な経営を行う強いインセンティブがありますが，大会社など所有と経営が分離した株式会社の場合は，多額の出資をしている株主ではない経営者が，他人のお金を使って，事業経営を行うため，経営者が株主の利益を犠牲にし，経営者個人の利益が最大となるような行動をすることで，株主の利益に合致した行動をとらない可能性があります。特に，経営を経営者に任せる依頼人としての株主は，代理人としての経営者の行動のすべてを監視することができないため，情報の非対称性が生じ，経営者が株主にとって望ましい経営努力を行わない可能性があります。このような問題を，**エージェンシー問題**といいます。経営者が最善の経営努力を行わなかったために失われる企業利益や，あるいは，経営者が個人的に会社のお金を浪費する金額，および，それらを防止するために経営者を監視するための費用は，**エージェンシーコスト**とよばれます。これらのエージェンシー問題を解決し，経営者が，株主のための経営を行うように仕向けるしくみ全体のことを，**コーポレート・ガバナンス**（企業統治）といいます（第11章でくわしく説明します）。

2　証券市場の意義

（1）証券市場とは何か

利息，配当，売却益などの利益を目的に資金を提供する投資者と，事業投資のための資金を必要とする企業が，資金取引を行う場のことを**資本市場**といいます。資本市場のうち，株式や社債といった有価証券を取引する市場を**証券市場**といい，株式を取引する市場は**株式市場**といいます。

金融商品取引法では，証券市場を，発行市場と流通市場に分け，それぞれについてルールを設けています。

発行市場とは，企業が資金調達を行う市場です。発行市場では，資金を調達したい企業と，投資利益を目的に株式や社債といった有価証券を取得したい**投資者（投資家）**（インベスター）が取引を行います。企業は，発行市場で株式や社債を発行し，投資者に購入してもらうことで資金調達を行います。

流通市場とは，投資者と投資者の間で有価証券の売買が行われる市場です。株式は，会社から出資金額の払戻しは行われませんし，社債は，満期日まで，会社から額面金額の返済（償還）はされません。流通市場は，投資者が，自由なタイミングで有価証券を換金し，投下資本を回収するための市場であり，有価証券を保有する投資者が，他の投資者に売却することによって資金を回収します。流通市場の具体例は，証券取引所における株式や社債の売買です。証券取引所では，株式や社債が日々売買されており，投資者間の実際の取引価格としての証券価格（市場価格）が形成されています。株式の場合は**株価**といいます。

(2) 証券取引所と上場基準

証券取引所(**金融商品取引所**)とは,有価証券の売買を行うための市場(しじょう)を開設している施設(組織)です。日本国内には,東京証券取引所(東証)(Tokyo Stock Exchange),名古屋証券取引所,福岡証券取引所,札幌証券取引所の4つがあります。大阪取引所は,先物やオプションなどのデリバティブ(金融派生商品)の取引所になっています。世界各国には,ニューヨーク証券取引所(New York Stock Exchange;NYSE),ナスダック(NASDAQ),ロンドン証券取引所(London Stock Exchange;LSE),ユーロネクスト(Euronext)などがあります。

1つの証券取引所の中にも,複数の種類の市場が開設されています。東京証券取引所の場合,プライム市場(しじょう),スタンダード市場,グロース市場があります。

東京証券取引所プライム市場は,株式時価総額や流通株式数の規模が大きく,安定的で優れた業績と財政状態を有する会社向けの市場です。市場の種類別に上場(じょうじょう)審査基準が異なっており,最も条件が厳しいプライム市場では,コーポレート・ガバナンス・コード(177頁)を高いレベルで達成することが求められています。**上場審査基準**の形式基準には,株主数,流通株式数,流通株式比率,株式時価総額,純資産額,利益金額,売上高などの基準があり,企業が上場申請を行う場合に満たすべき要件となります。上場申請をした企業の上場を認めるか否かを判断する証券取引所の実質審査基準には,企業の持続的な収益性の能力,適切な管理体制と情報開示体制の構築の有無の確認などがあります。証券取引所が設定する上場審査基準をクリアして,有価証券を証券取引所で売買できるようにすることを**上場**といいます。証券取引所に自社の発行する有価証券を上場している会社は,**上場会社**(**企業**)とよばれます。他方,上場していない会社は,**非上場会社**(**企業**)(**未上場会社**(**企業**))とよばれます。東証プライム市場に上場している会社は,東証プライム上場会社(企業)とよばれます。未上場会社の株式は,**未公開株式**(**未公開株**)とよばれます。

上位の開設市場ほど上場審査基準が厳しくなるため,東証プライムなど上位の開設市場に上場する方が,信用力,社会的信頼度,社会的評価,知名度が上がり,規模の大きい資金調達が容易になり,また,事業取引がスムーズになることが多いといえます。証券取引所には,**上場廃止基準**もあり,債務超過に陥った場合や粉飾決算を行った場合など,上場廃止基準に該当した場合は,**上場廃止**され,証券取引所・開設市場で,証券(株式)の売買ができなくなります。

（3）IPOと創業者利得

株式を上場していなかった企業が株式を上場する際に，未公開であった株式を購入申し込みを行った投資者に対して売り出すことを，**新規株式公開**（initial public offering；IPO）といいます。**IPO**（アイピーオー）とは，株式を上場し誰でも購入できるよう公開するに際して，上場直前に，一般の投資者に対して未公開の株式の最初の売り出しを行うことであり，発行市場における取引に該当します。株式上場後の投資者間での株式売買は流通市場における取引に該当します。企業がIPOを行う場合は，有価証券届出書と目論見書による企業情報の情報公開が強制され，IPO株式の購入を検討する投資者には，目論見書が配布されます。IPOにおいては，売り出し株数よりも，購入申し込み株数の方が多い場合が多く，その場合，IPO業務を代行する証券会社が，抽選を行って，投資者に対する株式の割当てを行います。IPO株式の購入価格は，公募価格として事前に定められています。このIPOの公募価格よりも，上場後の初値の方が高くなることが多く，その場合，IPOの抽選に当選しIPO株式を事前に公募価格で入手していた投資者は，ただちに保有利益または売却利益を得ることができます。

他方，創業者など未公開株式をIPOで売り出した株式保有者は，株式の売却によって多額の現金を入手することができます。これを創業者利得といいます。

（4）投資の責任：自己責任の原則

株式や社債といった証券，外国為替，先物，オプションなど，金融商品には，リスクがあります。**リスク**とは，経済主体の財産や所得および意思決定に影響を及ぼす，対象の不確実性のこと，または，損失や悪いことが起こる可能性としての危険性のことを意味します。たとえば，株式投資をしなければ，株式のリスクは回避したことになりますが，その代わりに，株式投資によって得られる可能性のある利益（**リターン**）を得ることはできません。一般に，金融商品については，**ハイリスク・ハイリターンの法則**が成立します。これは，リスクが高い（低い）ほど，リターンが高く（低く）なるという法則です。

金融商品取引法は，自己の判断にもとづいて意思決定し投資した以上，その結果については自己が責任を負うという，**自己責任の原則**に立脚しています。このため，金融商品取引法は，投資者がどの企業に投資するかを決めるための判断材料を提供するために，企業情報のディスクロージャーを強制しています。

3　コーポレート・ファイナンス：企業の資金調達

企業は，株式，社債，コマーシャル・ペーパーなどの有価証券の発行や，銀行からの借入（融資）によって，事業に必要な資金を調達しています。本節では，有価証券報告書に記載される事項である**企業の資金調達**（コーポレート・ファイナンス）を説明します。

（1）株式による資金調達

会社が株式を発行して資金調達を行う方法は，公募，第三者割当て，株主割当てという３つの方法があります。**公募**とは，不特定の投資者に株式を発行することです。**第三者割当て**とは，特定の者に株式を発行することです。ここでいう特定の者とは，既存株主や株主以外の第三者のことです。**株主割当て**とは，すべての株主に対して持株割合に応じて株式を発行することです。

（2）社債による資金調達

株式の発行の他に，企業が資金調達を行う手段として社債の発行があります。**社債**とは，会社の立場から見ると，投資者を債権者とする金銭債務です。その反対に，投資者の立場から見ると，会社を債務者とする金銭債権です。社債は，企業が資金調達を行うために発行するという点は株式と共通していますが，将来的に償還（返済のこと）しなければならないという点と，契約時に定めた利子率に基づく利息を支払うという点が株式とは異なります。

社債を発行して資金調達を行う方法は，**普通社債**の発行，**新株予約権付社債**の発行等の方法があります。新株予約権付社債は実務では**ワラント債**とよばれています。また，社債は，公募債と私募債に分類することもできます。不特定多数の投資者を勧誘し発行する社債を**公募債**といいます。それに対して，相対的に少数の特定の投資者に対して発行する社債のことを**私募債**といいます。日本の社債市場は，金融商品取引所での取引所取引よりも，相対で行われる店頭取引が大部分を占めています。**短期社債**とは，償還期間が１年未満で，各社債の金額が１億円以上等の要件を満たす社債のことです。**コマーシャル・ペーパー**（CP）ともよばれます。**担保付社債**とは，担保が付された社債です。社債を発行している会社が債務不履行状態に陥ったときに，社債権者は担保の利

新株予約権の有無	普通社債	新株予約権が付されていない社債
	新株予約権付社債	新株予約権を付した社債
募集方法	公募債	不特定多数の投資家を勧誘し発行する社債
	私募債	相対的に少数の特定の投資家に対して発行する社債
期間の長短	短期社債（コマーシャル・ペーパー）	償還期間が１年未満で，各社債の金額が１億円以上等の要件を満たす社債
	普通社債	償還期間が長期にわたる社債
担保の有無	担保付社債	担保が付された社債
	無担保社債	担保が付されていない社債

益を受けることになります。**無担保社債**とは，担保が付されていない社債です。

企業の**倒産**とは，一般に，負債を期日に支払えないことを意味します。**債務不履行**（デフォルト）とは，利息や元本を支払うことができなくなった状態のことです。一般に，債務不履行に陥るリスクのことを**デフォルトリスク**といいます。**格付機関**（かくづけ）は，個々の債券のデフォルトリスクを分析し，元利金の支払能力を評価したランクを公表しています。格付機関には，S&P Global Ratings（S&P），Moody's，Fitch，日本格付研究所（JCR），格付投資情報センター（R&I）などがあります。たとえば，S&Pでは，良い順にAAA（トリプルエー），AA+（ダブルエープラス），AA，AA－，A+（シングルエープラス），A，A－，BBB+，BBB，BBB－，BB+，BB，BB－，B+，　B，B－，CCC+，CCC，CCC－，CC，C，D（シングルディー，デフォルト）という順序で社債（長期個別債務）を格付けしています。

（3）銀行借入（融資）による資金調達

株式や社債による資金調達は，企業が投資者や債権者から直接資金を調達することから，**直接金融**とよばれます。それに対し，銀行借入（融資）による資金調達は，企業が，銀行に預金をした人から銀行を通じて間接的に資金を調達していることから**間接金融**とよばれます。

（4）連結附属明細表における資金調達方法の開示

企業の資金調達に関する情報として，有価証券報告書の第５【経理の状況】の【連結財務諸表】の中にある，【連結附属明細表】には，社債や借入金について，残高や利率，返済期限といった明細が記載されています。コーセーの場合は，**図表7-2**のような情報が開示されています。

図表7-2 コーセー【借入金等明細表】2022年度

⑤ 【連結附属明細表】

【社債明細表】

該当事項はありません。

【借入金等明細表】

区分	当期首残高 (百万円)	当期末残高 (百万円)	平均利率 (%)	返済期限
短期借入金	600	1,361	4.0	—
1年以内に返済予定の長期借入金	—	—	—	—
1年以内に返済予定のリース債務	177	828	—	—
長期借入金(1年以内に返済予定のものを除く。)	—	—	—	—
リース債務(1年以内に返済予定のものを除く。)	639	7,793	—	2024年～2029年
その他有利子負債	—	—	—	—
合計	1,417	9,982	—	—

(注) 1. 平均利率については、期末現在の各利率を加重平均して算出しております。
2. リース債務の平均利率については、リース料総額に含まれる利息相当額を定額法により各連結会計年度に配分しているため、記載しておりません。
3. リース債務(1年以内に返済予定のものを除く。)の連結決算日後の返済予定額は以下のとおりであります。

	1年超2年以内 (百万円)	2年超3年以内 (百万円)	3年超4年以内 (百万円)	4年超5年以内 (百万円)	5年超 (百万円)
リース債務	763	756	676	678	4,918

(出所:コーセー2022年12月期「有価証券報告書」86頁)

会計と倫理

現代の経済やビジネスの変化は目まぐるしく，新たな経済事象や取引が現れています。ブロックチェーンというテクノロジーを利用して発行される暗号通貨（仮想通貨）も日々売買取引がなされ，値動きがあります。しかし，暗号通貨は，国家や中央銀行が発行する法定通貨とは異なります。なぜ価値があるのかというと，国家や中央銀行といった発行元への信頼ではなく，ブロックチェーンというテクノロジーへの信頼にもとづいているからです。2018年には，日本の会計基準設定主体である企業会計基準委員会が，暗号資産の会計処理について当面の取扱いを実務対応報告として公表しています。このように，法整備や規制等も整い始めていましたが，2020年代に入り，世界的な交換業者が経営破綻し，顧客資産の不正流用や相場操縦，詐欺が疑われるという事件がありました。米国の元財務長官は，（金融危機である）リーマンショックというよりかは（会計不正である）エンロン事件と似ており，財務上のミスではなく不正の匂いがすると発言しています。そのうえで，会計不正の知識に加え，捜査能力や法律知識に長けた法廷会計士（Forensic Accountant）の数を増やすことが重要であると述べています。今後も，全く未知の経済事象が現れると思われますが，正確な知識を身につけ，自らの頭で考えて倫理観を持って判断する力を養いましょう。

キーワード

株式会社　法人　営利性　社団　株主　株式　資本多数決制度　一株一議決権の原則　定款
株主有限責任の原則　自益権　共益権　株式譲渡自由の原則　公開会社　非公開会社
大会社　中小会社　所有と経営の分離　エージェンシー問題　資本市場　証券市場
株式市場　発行市場　流通市場　証券取引所　金融商品取引所　上場審査基準　上場会社
非上場会社　上場廃止基準　ハイリスク・ハイリターンの法則　自己責任の原則
新規株式公開（IPO）　コーポレート・ファイナンス　格付機関　債務不履行

練習問題

問題7－1　カッコ内に適切な用語を記入しなさい。

⑴　株式会社に出資し，株式を所有する者のことを（①　　　　）という。

⑵　株式会社の基本的事項について株主が決議により意思決定を行う機関のことを（②　　　　　　）という。

⑶　均等に細分化された割合的単位の形で表す株式会社の社員（株主）としての地位のことを（③　　　　）という。

⑷　株主が会社債権者に対して責任を負わないという原則のことを（④　　　　）という。

⑸　株主は保有する株式を他人に自由に譲渡することができるという原則のことを（⑤　　　　　　　　）という。

⑹　自己の判断にもとづいて意思決定し投資した以上，その結果については自己が責任を負うという原則のことを（⑥　　　　　　　　）という。

問題7－2　倫理問題

あなたは，友人のA氏，B氏と一緒に，アプリ開発会社のH社を起業し，上場させました。しかし，近年，H社の業績が悪化してきました。H社の代表取締役社長であるあなたが，H社の取締役のA氏とB氏から意見を聞いたところ，情報通信業は人的資本が重要な業界であり，人件費の高さが業績悪化の原因であることがわかりました。A氏は，従業員を解雇することだけは避けたいと思っており，人員削減を行うリストラに否定的な主張をしています。B氏は，上場している以上，株主や投資家に迷惑をかけるわけにはいかないと思っており，業績回復のためには人員削減をしなければならない，と主張しています。

あなたは社長としてどのような意思決定を行いますか。株式会社と証券市場の意義も踏まえて，あなたの結論と，その結論に至った根拠を述べなさい。

企業の概況，事業の状況，M&A，持株会社

1 企業の概況

有価証券報告書の第１【企業の概況】では，【主要な経営指標等の推移】，【沿革（えんかく）】，【事業の内容】，【関係会社の状況】，【従業員の状況】の５項目が説明されています。

① 【主要な経営指標等の推移】

【主要な経営指標等の推移】では，連結会社と提出会社の直近の５事業年度の**経営指標**が記載されています。ここで，**連結会社**とは，親会社と連結子会社を合わせた連結グループ全体のことであり，**提出会社**とは，当該有価証券報告書を提出している親会社のことです。具体的な経営指標は以下のとおりです。

売上高　営業利益　経常利益　親会社株主に帰属する当期純利益（損失）　包括利益
純資産額　総資産額　１株当たり純資産額　１株当たり当期純利益（損失）
潜在株式調整後１株当たり当期純利益　売上高営業利益率　自己資本比率
自己資本利益率　株価収益率　営業活動によるキャッシュ・フロー
投資活動によるキャッシュ・フロー　財務活動によるキャッシュ・フロー
現金及び現金同等物の期末残高　従業員数（平均臨時雇用者数）
提出会社のみ［当期純利益（損失）　資本金　発行済株式総数
１株当たり配当額（１株当たり中間配当額）　配当性向］

詳細な会計情報は，有価証券報告書の第５【経理の状況】に記載されています。

②　【沿革】

【沿革】では，その企業集団の歴史と変遷（へんせん）が年表形式で示されています。企業の創業・創立の経緯（けいい），商号（しょうごう）の変更，会社組織変更，事業内容の変更，主要な支店・工場・子会社の新設または廃止・閉鎖，新ビジネスモデル・新ブランドの開始，株式上場，合併，買収，事業等の譲渡，海外進出，決算日変更などといった重要事項が記載されています。

③　【事業の内容】

【事業の内容】では，企業集団の事業内容を知るための基本的情報が示されています。すなわち，企業集団として，どのような種類の製品・サービスを製造・販売し，どの地域で営業し，それを企業集団内のどの会社が担当しているかという事業内容と事業区分が簡潔に説明されています。事業ごとの詳細な営業実績情報は，有価証券報告書の第２【事業の状況】で説明されます。

また，ここで示される事業区分は，会計上の報告セグメントであり，報告セグメントごとの業績情報は，有価証券報告書「第５【経理の状況】，【連結財務諸表等】［注記（ちゅうき）事項］－セグメント情報等」で明示されます（第５章104頁参照）。

2022年12月期のコーセーの有価証券報告書によると，株式会社コーセーは，その子会社38社とともに，企業集団を構成し，化粧品事業，コスメタリー事業，その他の事業を行っています。

図表８-１　コーセーの事業区分と事業内容（一部抜粋）2022年度

(1) 生産関係

会社名		主な事業内容
（国内）		
親会社	㈱コーセー	化粧品製造
連結子会社	㈱アドバンス	化粧品製造
連結子会社	コーセーインダストリーズ㈱	化粧品製造、プラスチック容器・ダンボール紙器製造
連結子会社	㈱アルビオン	化粧品製造、化粧品卸売
（海外）		
連結子会社	台湾高絲股份有限公司	化粧品製造、化粧品卸売

（出所：コーセー2022年12月期「有価証券報告書」５頁）

④　【関係会社の状況】

【関係会社の状況】では，【事業の内容】で記載された関係会社について，会社名，住所，資本金（出資金），主要な事業の内容，議決権の所有割合，提出会社と関連会社の関係内容という詳細情報が提供されています。議決権の所有割合の情報により，完全子会社であるかどうかや，非支配株主の持株割合を知ることができます。提出会社と関連会社の関係内容では，役員の兼任，従業員の出向・兼任，資金援助，債務保証，営業上の取引，設備の賃貸借，業務提携等の情報が記載されており，支配従属関係にある子会社に対する親会社の影響力を理解するための情報となります（第１章11頁参照）。

図表８-２　コーセーの連結子会社（一部抜粋）2022年度

名称	住所	資本金又は出資金（百万円）	主要な事業の内容	議決権の所有割合又は被所有割合（％）	関係内容
（連結子会社） コーセー化粧品販売㈱ 注２、４	東京都中央区	300	化粧品事業 コスメタリー事業 その他	100.0	化粧品の販売先
コーセーコスメニエンス㈱	東京都中央区	30	コスメタリー事業	100.0	化粧品の販売先
コーセーコスメポート㈱　注２、４	東京都中央区	30	コスメタリー事業	100.0	化粧品の販売先
カルテ ラボラトリーズ㈱	東京都中央区	10	化粧品事業	100.0	化粧品の販売業務委託先
コーセープロフェッショナル㈱	東京都中央区	10	化粧品事業	100.0	化粧品の販売先
㈱ドクターフィル　コスメティクス	東京都中央区	40	化粧品事業	100.0	化粧品の販売先
コーセープロビジョン㈱	東京都中央区	30	化粧品事業	100.0	化粧品の販売先
コーセートラベルリテール㈱	東京都中央区	10	その他	100.0	化粧品の販売業務委託先

（出所：コーセー2022年12月期「有価証券報告書」８頁）

⑤　【従業員の状況】

【従業員の状況】では，（１）連結グループ全体（連結会社）のセグメント別の従業員数と，（２）連結グループの親会社（提出会社）単体の従業員数，平均年齢，平均勤続年数，平均年間給与などが記載されています。従業員数は，企業集団の規模を比較したり，従業員１人当たりの売上高・売上総利益・営業利益といった**従業員１人当たりの財務指標**を計算する場合に用います。

従業員数については，正社員などの従業員数が示されると同時に，パートタイマー・アルバイトなどの臨時従業員数も示されています。従業員数の表の注記にある外数（そとすう）とは，本体の数字に含められていない数字のことです（反対に内数（うちすう）は，本体の数字に含められている数字であり，本体の数字の内訳項目の１つとしての数字のことです）。外数で表示することを，「外書き（そとがき）」ともいいます。

図表8-3のコーセーの例では，連結グループ全体（連結会社）で，従業員数が7,940人，それに含まれない臨時雇用者が（年間の平均人員で）5,239人ですので，臨時雇用者を含めた従業員数は合計で13,179人となります。

図表8-3　コーセーの従業員の状況 2022年度

5 【従業員の状況】

(1) 連結会社の状況

2022年12月31日現在

セグメントの名称	従業員数（人）	
化粧品事業	5,802	[3,623]
コスメタリー事業	199	[846]
その他	536	[226]
全社（共通）	1,403	[544]
合計	7,940	[5,239]

(注) 1．従業員数は就業人員であり、臨時雇用者数は［　］内に年間の平均人数を外数で記載しております。
2．全社（共通）として記載されている従業員数は、特定のセグメントに区分できない管理部門等に所属しているものであります。

(2) 提出会社の状況

2022年12月31日現在

	従業員数（人）	平均年齢（才）	平均勤続年数（年）	平均年間給与（円）
社員	802 [269]	41.1	15.7	7,705,216

セグメントの名称	従業員数（人）	
化粧品事業	23	[31]
コスメタリー事業	7	[−]
その他	−	[−]
全社（共通）	772	[238]
合計	802	[269]

(注) 1．従業員数は就業人員（当社から社外への出向者を除いております。）であり、臨時雇用者数は［　］内に年間の平均人数を外数で記載しております。
2．平均年間給与は、賞与及び基準外賃金を含んでおります。
3．全社（共通）として記載されている従業員数は、特定のセグメントに区分できない管理部門等に所属しているものであります。
4．上記社員には、美容スタッフ119人（臨時雇用者7人）は含まれておりません。美容スタッフを含む従業員数は921人（臨時雇用者276人）であります。なお、美容スタッフの平均年齢は36.7才、平均勤続年数は13.6年、平均年間給与は4,530,563円であり、美容スタッフを含めた従業員の平均年齢は40.5才、平均勤続年数は15.4年、平均年間給与は7,295,027円であります。

（出所：コーセー2022年12月期「有価証券報告書」10頁）

親会社単体の社員の平均年齢，平均勤続年数，平均年間給与も知ることができます。図表8-3の例では，親会社（株式会社コーセー）は，平均年齢41.1歳，平均勤続年数15.7年，平均年間給与は770万円ということがわかります。

2 事業の状況

有価証券報告書の第2【事業の状況】では，【経営方針，経営環境及び対処すべき課題等】，【事業等のリスク】，【経営者による財政状態，経営成績及びキャッシュ・フローの状況の分析】，【経営上の重要な契約等】，【研究開発活動】の5項目が説明されています。

① 【経営方針，経営環境及び対処すべき課題等】

この項目では，連結会社の**経営方針**，**経営戦略**および**経営理念**，**ビジネスモデル**，**経営計画**などの内容が記載されます。また，**主要業績評価指標**（KPI；key performance indicator）とよばれる，経営上の目標の達成状況を判断するための客観的な指標等（たとえば，ROE, ROA, ROIC（223頁参照）など）を設定している場合は，その内容が記載されます。また，経営環境，対処すべき課題として，企業が直面している経営環境および事業上の課題，財務上の課題などが明らかにされ，課題解決に向けた企業の方針や目標，具体策が記載されています。

② 【事業等のリスク】

この項目では，企業が直面し，さらされている，事業投資リスク，経済環境の変化によるリスク，市場リスク［商品（原材料・製品等）市況リスク，為替リスク，株価リスク，金利リスク］，信用リスク，海外での事業活動のリスク，カントリー・リスク，コンプライアンス・リスク，自然災害・事故のリスク，訴訟リスク，情報セキュリティリスク，法規制・政治リスク等についての，**リスク情報**が説明されています。**リスク評価**のための基礎情報を得られます。

③ 【経営者による財政状態，経営成績及びキャッシュ・フローの状況の分析】

この項目は，**MD&A**（management discussion and analysis）とよばれ，有価証券報告書の【経理の状況】【事業の状況】等に示されている情報に基づく，財政状態，経営成績及びキャッシュ・フローの状況（これを**経営成績等**という）について，経営方針，経営戦略等または主要業績評価指標（KPI）に照らし合わせて，経営者の視点から，どのように認識し，どのように分析・検討・評価しているかの内容が記載されます。具体的には，以下の内容が説明されます。

まず，**経営成績**（当連結会計年度の業績，事業別セグメントの業績，所在地別の業績），**財政状態**，**キャッシュ・フローの状況**の説明がなされます。

また，**生産，受注及び販売の実績**の説明がなされます。連結会社のセグメント別の生産実績，受注実績，販売実績が前年との比較で表示されます。生産事績では，製品の生産数量や生産金額（製造原価）が示されます。

そして，**経営者の視点による経営成績等の状況に関する分析・検討内容**が説明されます（同時に，重要な会計方針及び見積り，会計方針の変更などについても説明されます）。経営者・経営陣が，連結会社の経営成績等をどのように認識・分析・検討しているかの内容が，専門的，詳細かつ分析的に説明されます。会計数値や経営成績等，KPIなどに，影響を与える多数ある要因のうち，１つの要因がどのように作用しているか，それが変化した・させた場合どのように影響が出るかなどを，シミュレーション分析することができるような形で情報が提供されることもあります。経営者・経営陣が，極めて高度な専門的知識に基づき，企業集団をどのように理解し，どのように考えながら経営を行っているか，ということを知ることができます。トヨタ自動車㈱（2021年度）の有価証券報告書の場合，この分析が25ページにもわたって，説明されています。

④　**【経営上の重要な契約等】**

この項目では，連結会計年度の開始日から有価証券報告書提出日までの間に，(a)合併または合併契約の締結，(b)重要な事業の譲渡もしくは一部の譲渡，譲受またはこれらの契約の締結，(c)事業の全部もしくは主要な部分の賃貸借（ちんたいしゃく）または経営の委任，他人との技術援助契約などの契約の変更や解約，(d)株式交換または株式移転の意思決定，(e)吸収分割または新設分割の意思決定等といった出来事が生じた場合に，それらの内容が記載されます。これらの出来事が経営成績等に及ぼす影響については，有価証券報告書「第５【経理の状況】，【連結財務諸表等】「注記事項」－重要な後発事象（こうはつじしょう）」に記載されます。

⑤　**【研究開発活動】**

この項目では，研究開発活動の状況，研究の目的，主要課題，研究成果，研究体制，**研究開発費の金額**（当該年度の一般管理費および当期製造費用に含まれる研究費用の総額）が記載されており，企業の将来の収益性を左右する研究開発の規模についての年度間，企業間での比較が可能となります。

3 M&A

合併（がっぺい），買収（ばいしゅう），事業譲渡（じょうと）・事業譲受（ゆずりうけ），株式交換・株式移転，会社分割といった企業再編の方法全体のことを，M&A（merger and acquisition）といいます。

（1）買収（株式取得，事業譲渡，資産買収）

買収（ばいしゅう）とは，他の企業の株式や資産を，現金の支払いや株式の交付によって，買い取り，会社の経営権や，事業，ブランド等を獲得することをいいます。

買収先の会社の発行済株式数の過半数など支配可能シェアの株式を取得すれば，その会社は子会社となり，企業集団に含めることができます。買収先企業の株式を，その企業の経営陣の同意を得ずに市場で買い集めて買収することは，**敵対的買収**とよばれます。また，買収先の企業の経営陣を排除して，経営陣の入れ替えを行う場合は，**企業の乗っ取り**とよばれます。

他の企業の1つの事業部門などを譲り受ける方法は，**事業譲渡**（じょうと）といいます。

事業譲渡では，譲渡する事業に関連する資産（土地・建物などの不動産，無形資産（特許権，商標権，ブランド，のれん（知名度，顧客からの信頼，良い立地条件，伝統，営業年数），ノウハウ）），負債，人材が移転することになります。

また，事業において重要な固定資産（工場，店舗，特許権，商標，ブランドなど）のみを買収（譲渡）する場合もあります。

（2）合　併

合併（がっぺい）とは，複数の会社が1つの会社に統合することをいいます。合併の種類には次に示すように吸収合併と新設合併という2つがあります。

吸収合併とは，会社が他の会社とする合併であって，合併により消滅する会社の権利義務の全部を合併後存続する会社に承継させるものをいいます（会社法第2条第27号）。吸収合併では，存続会社が合併により消滅する消滅会社の権利義務の全部を承継します。

新設合併（しんせつ）とは，2以上の会社がする合併であって，合併により消滅する会社の権利義務の全部を合併により設立する会社に承継させるものをいいます（会社法第2条第28号）。新設合併では，新たに新設会社を新設して，消滅する2つ以上の消滅会社の権利義務のすべてを，新設会社に統合します。

◆**のれん**

買収や合併は，パーチェス法（買収法）という方法で会計処理されます。**パーチェス法**は，被取得企業の資産と負債を時価で評価し，取得企業に引き継ぐ方法です。取得企業が新たに受け入れた資産の時価金額から，引き受けた負債の時価金額を差し引いた純額に対して，支払った対価が上回っている場合には，その超過額を**のれん**として会計処理し，取得企業の貸借対照表に無形固定資産として計上します。企業を買収により子会社化した場合は，連結財務諸表上においてのれんが計上され，事業を買収したり，他企業を合併した場合は，個別財務諸表上（および連結財務諸表上）においてのれんが計上されます。M&Aの結果として資産に計上されたのれんは，日本基準の場合，その後の期間にわたって分割償却され，各期の費用として計上されます（IFRSの場合は，分割償却をしません)。したがって，貸借対照表にのれんが計上されていることは，今後，償却されて損益計算書に費用として計上される際に，利益を減少させる要因となることを意味します。巨額ののれん残高は経営上の負担となります。

（3）株式交換・株式移転

1または2以上の会社につき，親会社化・子会社化を行い，企業集団を形成させる組織再編の方法として，会社法上の株式交換と株式移転があります。

株式交換とは，株式会社がその発行済株式の全部を他の株式会社または合同会社に取得させることをいいます（会社法第2条第31号)。株式交換では，完全親会社となる会社が完全子会社となる会社の株主からその会社の発行済株式のすべてを受け取り，完全親会社となる会社の株式を交付します。

株式移転とは，1または2以上の株式会社がその発行済株式の全部を新たに設立する株式会社または合同会社に取得させることをいいます（会社法第2条第32号)。株式移転では，完全親会社となる会社を新設して，2つ以上の既存の会社の株主からその会社の発行済株式のすべてを受け取り，完全親会社となる新設会社の株式を交付します。

（4）会社分割

会社分割とは，既存の事業会社が所有する事業の一部または全部を他に移転することによって，既存の会社が2つ以上の会社に分割される手続きのことをいいます。会社分割の種類には，吸収分割と新設分割があります。

吸収分割とは，株式会社または合同会社が，その事業に関して有する権利義務の全部，または一部を，分割後に他の会社に承継させることをいいます（会社法第２条第29号）。吸収分割は，既存の会社に事業の全部または一部を移転させる手法です。

新設分割とは，株式会社または合同会社が，その事業に関して有する権利義務の全部，または一部を，分割によって設立する会社に承継させることをいいます（会社法第２条第30号）。新設分割は，会社の事業の全部または一部を新たに設立した会社に承継させる手法です。

（5）企業再編についての有価証券報告書上の開示

M&A・企業再編が行われた場合には，有価証券報告書の第２【事業の状況】の【経営上の重要な契約等】において，企業再編に関する，①目的，②方法，③期日，④株式の状況，⑤資産・負債の状況などの情報が記載されます。

4 持株会社

持株会社（もちかぶがいしゃ）とは，他の株式会社を支配する目的で，その株式を保有する会社であり，企業集団を構成し，企業集団全体を管理運営することを本業とする会社のことです。独占禁止法上では，持株会社は，会社の総資産に占める子会社株式の金額の割合が50％を超える会社のことです。持株会社が，他の会社の支配のみを行う場合は，**純粋持株会社**といい，他の会社の支配とともに，通常の事業活動も行う場合は，**事業持株会社**といいます。上場会社であって持株会社であるならば，連結財務諸表を作成する企業集団の親会社となります。

持株会社は，グループ全体の経営計画・経営戦略の立案，経営資源配分の決定を行い，グループ各社（子会社）の運営・事業活動の監督・モニタリング・監査を行ってグループ全体を管理統括することを営業上の業務とします。

日本では，持株会社である企業が，会社名（商号）に，「ホールディングス」（holdings；HD）という語を入れているケースが多く，同じく，「グループホールディングス」，「グループ本社」という語を用いる企業もあります。

純粋持株会社の場合，個別財務諸表の損益計算書の営業収益は，関係会社からの受取配当金収入，経営管理料収入，受取（受入）手数料収入，ロイヤリティー収入，業務受託料収入，不動産賃貸料収入などが主要項目となります。

会計と倫理

M&Aは，企業の収益性や効率性を高め，企業成長を加速し，企業価値を高めることを目的に行われます。しかし，M&A実施後，すべてが計算通りうまくいくとは限らず，買収や合併が結果として失敗となる場合も多いです。買収額の規模が，企業の規模に比べて大きいほど，企業財務への負担は大きくなり，リスキーとなっていきます。そのような買収が結果的に失敗した場合は，のれんの処理や，資産の売却損によって巨額の損失が発生することになります。

キーワード

連結会社　提出会社　企業の概況　経営指標　沿革　事業の内容　関係会社の状況
従業員の状況　従業員数　事業の状況　生産，受注及び販売の状況　対処すべき課題
事業等のリスク　リスク情報　経営上の重要な契約等　研究開発活動　MD&A　M&A
買収　事業譲渡　合併　吸収合併　新設合併　株式交換　株式移転　会社分割　吸収分割
新設分割　持株会社　純粋持株会社　事業持株会社　ホールディングス

練習問題

問題８－１　次の文章のカッコ内に適切な語句を入れなさい。

（①　　　　　）とは，親会社と連結子会社を合わせた連結グループ全体のことであり，（②　　　　　）とは，当該有価証券報告書を提出している親会社のことである。（③　　　　　）とは，他の株式会社を支配する目的で，その株式を保有する会社のことである。

（④　　　　）とは，複数の会社が１つの会社に統合することをいう。

（⑤　　　　）とは，他の企業の株式や資産を買い取り，会社の経営権や事業等を獲得することをいう。④や⑤を合わせて（⑥　　　　）という。

問題８－２　上場企業を３社選んで，１社ごとに，親会社および主要な子会社，関連会社および持株比率をまとめた連結グループの要約図表を作成しなさい。

問題８－３　倫理問題

決算日の１週間前に，Ｎ社に，親会社であるＺ社の総務部から，Ｚ社の保有する土地（Ｚ社簿価100億円，時価500億円）のＮ社による買い取りの指示と，買い取り代金500億円をＺ社が貸し付ける旨の業務通達がきました。その次の日に，Ｎ社社長のＳ氏は，親会社Ｚ社のＸ社長から，電話を受け，「連結グループの経営戦略上，一時的にＮ社株をすべて売却する。」と言われました。Ｓ社長は，明日開かれるＮ社の取締役会で何と説明し，どう行動するべきでしょうか。

第9章

設備，設備投資，減価償却，減損

1 設備，生産能力・販売能力

企業は利潤を追求するために活動し，その目的を達成するために，さまざまな**設備**を保有します。製造業であれば，製品の生産のための工場，製品の販売のための営業所や販売店舗，新製品開発や特許取得などのための研究所，全社的な経営管理を行うための本社・本店のオフィスなどの設備を保有しています。

企業が保有する設備は，連結貸借対照表上に**有形固定資産**（建物，構築物，機械装置，車両運搬具，工具器具備品，土地，リース資産）として計上されます。

工場で一定期間内に生産できる製品の最大量が**生産能力**（**生産力**）であり，また，企業が一定期間内に販売できる製品の最大量が**販売能力**であり，これらは，工場や営業所・販売店舗といった設備の規模や内容によって規定されます。つまり，企業が製品をどれだけ生産し，販売することができるかは，設備の規模や内容にかかっている，ということです。設備は企業が製品・サービス（アウトプット）を社会に対して産出し利潤を得るために必要な**生産要素**（インプット）の1つです。設備は，**資本設備**，**資本ストック**ともよばれます。経済学では，企業の生産要素は，資本，労働，土地とされますが，この資本は，上記の設備（資本設備，資本ストック）のことを意味しています。

一般的に，設備（資本）の規模が，大きいほど，生産力が高いといえます。企業の規模は，保有する設備の規模に比例するともいえます。

生産関数Ｆ：　生産物の量＝Ｆ（資本の量，労働の量，土地の量）

有価証券報告書の第３【設備の状況】の【主要な設備の状況】では，どのような設備を保有しているかに関する情報が，説明されています。**図表９-１**は，コーセーの保有する設備の状況です。本社，研究所，工場といった事業所ごとの設備の内容と有形固定資産の種類ごとの金額が示されています。

図表９-１　コーセーの主要な設備の状況

(1) 提出会社

事業所名（所在地）	機能の名称	設備の内容	帳簿価額（百万円）					従業員数（人）	セグメント
			建物及び構築物	機械装置及び運搬具	土地（面積千㎡）	その他	合計		
狭山工場（埼玉県狭山市他）	化粧品製造	化粧品生産設備	1,555	1,025	3,147 (106)	141	5,869	22 [10]	全社
群馬工場（群馬県伊勢崎市）	化粧品製造	化粧品生産設備	5,837	1,403	1,345 (99)	268	8,855	－ [－]	全社
コーセー研究所（東京都北区）	基礎・応用研究	研究開発設備	3,307	41	879 (5)	276	4,504	208 [28]	全社
本社（東京都中央区）	全社的管理企画業務	その他設備	837	37	－ (－)	807	1,682	438 [186]	全社
情報統括部（埼玉県狭山市）	情報処理	その他設備	85	－	－ (－)	30	115	－ [－]	全社
コーセー王子研修センター（東京都北区）	研修施設	その他設備	851	0	303 (2)	6	1,161	－ [－]	全社
その他		その他設備	2,300	1	5,559 (205)	778	8,638	134 [58]	全社

（出所：コーセー2022年12月期「有価証券報告書」23頁）

2　設備投資

(1) 設備投資と企業のライフサイクルモデル

設備を取得するために投資することを**設備投資**といいます。たとえば，工場を新設したり，新しい機械装置を導入したり，営業所・販売店舗を新設したりすることが設備投資であり，主として有形固定資産が増加します。設備投資により企業の生産力や販売能力が増加します。そして，それは企業の将来の売上高（収益），利益，キャッシュ・フローを増加させ，企業価値を高める要因となります（５頁図表１-１参照）。

設備投資は多額の資金が必要になることが普通です。設備投資の判断を誤ると将来的に巨額の損失が生じる可能性もありますので，合理的な**設備投資の意思決定**により，将来，企業に利益をもたらす設備投資を行う必要があります。

企業の１つの事業（製品）は，下図のようなパターンに従って推移するという典型化を，**事業のライフサイクルモデル**といいます。企業はそれが営む事業全体によって構成されますが，企業全体も，時間幅は長期になるものの同じパターンに従って推移すると典型化することができます。これを，**企業のライフサイクルモデル**といいます。企業（事業）の成長・発展（規模の拡大）の原動力は，設備投資です。そして，設備投資をし続けなければ企業は存続できません。

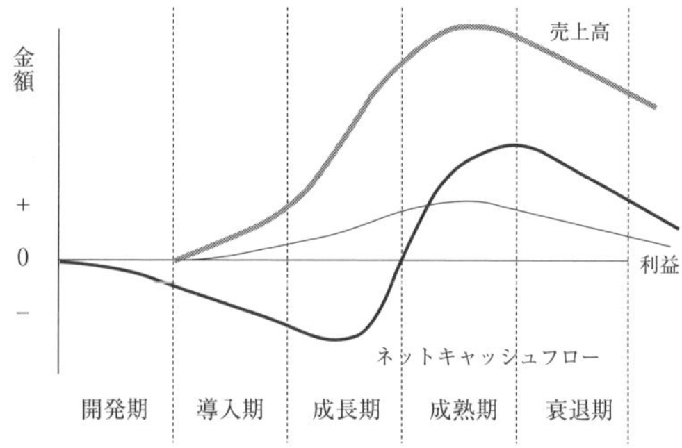

トヨタ自動車㈱（連結）は，日本で最大の企業ですが，現在においても，売上高や資産規模が増加を続けており，企業成長を続けています。

（2）当期の設備投資と将来の設備投資等の計画

有価証券報告書の第３【設備の状況】の【設備投資等の概要】を見ると，企業集団が一会計年度中に行った**設備投資の金額**を知ることができます。ここには，当会計年度末までに実施され完了した設備投資の実績数値・実績情報が示され，どのような事業において，いくらの金額の設備投資を行ったのかが示されています。この金額を，連結キャッシュ・フロー計算書の「**有形固定資産の取得による支出**」および「**無形固定資産の取得による支出**」の金額と照らし合わせて読むと連結財務諸表の数値をより深く理解することができます。

有価証券報告書の第３【設備の状況】の【設備の新設，除却等の計画】では，**設備の新設**や**改修**など，次年度以降に行う設備投資計画について，設備の内容，設備の目的，投資予定金額，および，投資資金の調達方法が示されています。

これは，企業の**中長期経営計画**などに基づく将来の**設備投資計画**のうち，今後，実行することが決定している設備投資の内容と金額を説明するものです。企業の将来を予測する際に非常に重要となる将来情報といえます。

設備投資の実績金額（**図表9-2**）を見ると，現時点で，どの事業において設備投資が積極的に行われているかがわかり，設備投資の予定金額（**図表9-3**）を見ると，企業全体としての設備投資の内容や積極性がわかります。

図表9-2　コーセーの設備投資等の概要

第３　【設備の状況】

１　【設備投資等の概要】

当社グループでは、技術革新と販売競争に対処するため基盤技術の拡大と製品の信頼性向上に重点を置き、あわせて環境に配慮した設備投資を行っております。

当連結会計年度におきましては、経営効率の向上と収益力の強化を図ることを基本方針とする中期経営計画に基づき、経常的な設備の更新を実施いたしました。

設備投資額のセグメントごとの内訳は次のとおりであります。

	(百万円)
化粧品事業	4,907
コスメタリー事業	1,227
その他	126
計	6,260
調整額（注）	587
合計	6,847

（注）調整額は、全社資産の設備投資額であります。

（出所：コーセー2022年12月期「有価証券報告書」23頁）

図表9-3　資生堂の設備の新設，改修等の計画

３【設備の新設、除却等の計画】

当社グループ(当社および連結子会社)の重要な設備の新設、除却等の計画は以下のとおりです。

(1) 新設、改修等

当連結会計年度後1年間の重要な設備の新設、改修等に係る設備投資計画(注)は75,000百万円であり、その所要資金については、自己資金および社債・借入金で賄う予定です。

なお、報告セグメントごとの内訳は以下のとおりです。

セグメントの名称	投資予定金額(百万円)	設備等の主な内容、目的
日本事業	8,500	店舗設備等のマーケティング投資、ソフトウエア投資
中国事業	7,500	店舗設備等のマーケティング投資、ソフトウエア投資
アジアパシフィック事業	3,400	店舗設備等のマーケティング投資、ソフトウエア投資
米州事業	8,100	店舗設備等のマーケティング投資、ソフトウエア投資、工場設備投資
欧州事業	5,400	店舗設備等のマーケティング投資
トラベルリテール事業	3,900	店舗設備等のマーケティング投資
その他	38,200	工場設備投資、ソフトウエア投資
合計	75,000	

(注)　資本的支出、有形固定資産および無形資産（商標権等を除く。）への投資です。

(2) 除却等

該当事項はありません。

（出所：資生堂2022年12月期「有価証券報告書」57頁）

企業の**資金調達方法**には，自己資金，銀行借入，社債発行，株式発行などがあります。**自己資金**は，**内部資金**，**内部金融**ともよばれ，企業自身がお金を用意する方法です。これには，当期中の事業（損益取引）をもとに稼ぎ出した資金としての今年度の**純利益による内部留保増加額**（＝最終利益）と**減価償却費**（3節で説明），または，**営業活動によるキャッシュ・フロー**，および，過去の内部留保（利益剰余金）を調達源泉とする**非事業余剰資金資産**（財務運用資産）（売買目的有価証券，定期預金などの長期性預金，投資有価証券，投資不動産など）を換金処分して得る資金があります。銀行借入れ，社債発行，株式発行などは，**外部資金**，**外部金融**とよばれ，企業の外部の主体から資金を調達する方法です。外部金融のうち，返済が必要な負債として資金調達をする方法は，**デット・ファイナンス**といい，**銀行借入れ**，**社債発行**，**コマーシャルペーパー発行**，**企業間信用**（買掛金等債務による仕入れ，および売掛金等債権の回収）があります。外部金融のうち，返済が不要な資本（純資産）として資金調達をする方法は，**エクイティ・ファイナンス**といい，**株式発行**，**新株予約権発行**があります。

設備投資によって取得された固定資産は，耐用年数にわたり長期間使用されることになります。これは，投資資金（資本）が長期間投下状態に拘束されるということを意味します。したがって，設備投資に使う資金は，1年以内に返済期限が到来する**短期的調達資金**（流動負債）で賄（まかな）うことは好ましくないといえます。たとえば，40年間使用する工場を建設するため，建設費用1,000億円を銀行からの短期借入れで調達し，工場を建設しても，1年以内に1,000億円を返済しなければならず，返済資金の不足に陥（おちい）ると，倒産するか，工場を安い金額で売却しなければならなくなるかもしれません。このような企業経営は非常に不安定でリスキーです。設備投資に使う資金の中心は，**長期的調達資金**（返済義務のない調達源泉の純資産（株主資本）と，1年を超えて返済期限の到来する調達源泉の固定負債）で調達するべきです。設備投資に必要な**長期的投資資金**の資金調達方法は，自己資金，長期の銀行借入，社債発行，新株発行です。

大企業は，設備投資や証券投資などの投資に必要な巨額の資金を調達する際は，一般的に，①今年度の事業による純利益と減価償却費または営業活動によるキャッシュ・フロー，②過去の内部留保（利益剰余金）を調達源泉とする非事業余剰資金資産の換金，③銀行からの長期借入，④社債発行，⑤株式発行（最後の手段）という順序で，資金の調達を行うことが多いといわれます。この仮説を，**資金調達の順序理論**（ペッキング・オーダー理論）といいます。

3　減価償却と済崩償却

（1）減価償却と済崩償却の意義

固定資産は，1年を超える長期にわたって使用する資産です。建物，構築物，備品，機械装置といった有形固定資産は，時間の経過や使用によってその使用価値（物品の性能による利便性や便益の価値）が減少します。これを**減価**といいます。このような資産については，時間の経過や使用による価値の減少分を費用として計上し，資産の評価金額を減少させるために，減価償却を行います。

減価償却（depreciation, ディプリシエーション）とは，有形固定資産の取得に要した原価（取得原価）を，耐用年数にわたる各会計期間に対して，一定の計算方法によって規則的に分割して費用として配分していく手続きです。減価償却の手続きにより，各期に配分された費用のことを**減価償却費**といいます。

時間の経過や使用によって価値が低下するため，減価償却を行う資産のことを**減価償却資産**といいます。なお，有形固定資産である土地は時間の経過や使用によって使用価値が減少しないため，減価償却を行いません。同じく，建設仮勘定も減価償却を行いません。これらは**非減価償却資産**といいます。

特許権，商標権，のれん，ソフトウェアといった無形固定資産は，時間の経過や使用によっては，その使用価値は減少しないと考えますが，減価償却と同じように，済崩償却（済し崩し償却）を行います。

済崩償却（amortization, アモチゼーション）・**無形固定資産償却**とは，無形固定資産の取得原価を耐用年数（有効期間）にわたる各会計期間に対して，一定の計算方法によって規則的に分割して費用として配分していく手続きです。無形固定資産は，時間の経過や使用によって，使用価値が減少するわけではないので，使用価値の減少の費用化という意味である減価償却とは区別して，済崩償却とよびますが，これも減価償却とよぶ場合も多く，その金額を減価償却費に含めることもあります（済し崩しとは，少しずつ片づける，という意味です）。

減価償却と済崩償却は，貸借対照表に計上されている資産の金額を，損益計算書に計上する費用の金額に換え，すなわち資産を**費用化**し，その費用を各会計期間に配分する，すなわち**費用配分**する手続きです。費用化される資産は，**費用性資産**といい，減価償却・済崩償却される資産は，**償却性資産**といいます。

(2) 減価償却の方法

減価償却費の計算方法には，定額法，定率法，生産高比例法などがあります。以下では，企業が使用することが最も多い，定額法を説明します。

定額法とは，減価償却資産の耐用年数にわたり，毎期一定の金額（定額）の減価償却費を計上していく方法です。計算式は次のように表されます。

1年間の減価償却費 ＝（取得原価－残存価額）÷ 耐用年数

取得原価とは，その資産を取得するためにかかった費用のことをいい，購入代価に付随費用を加算した金額のことです。

取得原価=購入代価＋付随費用

購入代価とは，購入した資産そのものの価額をいい，付随費用とは，その資産を取得するにあたってかかった諸経費のことをいいます。たとえば，機械装置98万円を購入するにあたり，送料，保険料，据付工事費用などが計2万円かかる場合には，その機械装置の取得原価は100万円になります。

残存価額とは，減価償却資産の耐用年数の経過後，その資産を処分した場合に予想される資金の回収可能額をいいます。つまり，減価償却を終えた後に残っている価値を意味します。

取得原価から残存価額を差し引いた金額は，減価償却の手続きによって各期に減価償却費として配分される金額の総額となるため，**償却総額**といいます。

耐用年数とは，減価償却資産の使用可能期間（年数）のことをいいます。

たとえば，取得原価100万円，残存価額は取得原価の10%（100万円×10%＝10万円），耐用年数5年の機械装置を定額法で減価償却する場合，1年当たりの減価償却費は次のように計算されます。

（100万円－10万円）÷5年=18万円/年

次頁の図表は，各期の減価償却費と帳簿価額を表しています。定額法により，耐用年数の5年間の各期に毎年定額18万円の減価償却費が計上されています。帳簿価額は，取得原価から毎年18万円ずつ減少していきます。

固定資産の**帳簿価額**（**簿価**）とは，固定資産の取得原価から減価償却累計額を控除した金額のことであり，固定資産の会計上の評価金額（未回収の投資原価）を意味します。**減価償却累計額**とは，一つの固定資産の，取得時点から現在時点までに計上された減価償却費の合計（累計金額）のことです。

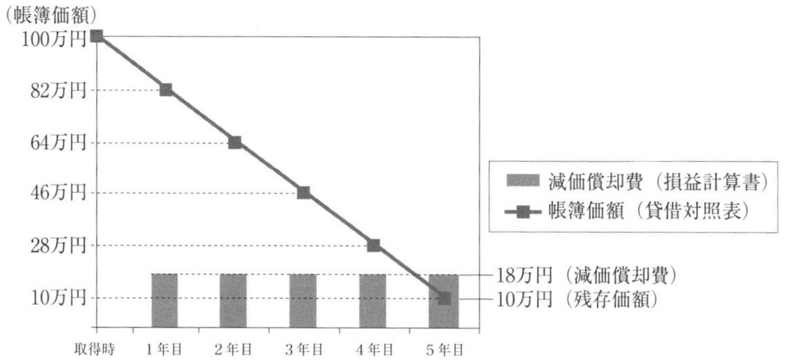

（費用化・費用配分の手続きである減価償却は，償却総額を耐用年数の各期の費用として配分するため，耐用年数全体の減価償却費の総合計は，償却総額に一致する。）

（3）減価償却の効果：減価償却による自己金融

減価償却費は，純利益を計算する際の控除項目である費用として計上されますが，その費用計上時には資金支出を伴わない，**非支出費用**です（固定資産の取得時に資金を支出しています）。純利益の計算上，収益として計上される金額には，通常，現金預金および決算日から1年以内に現金預金に転化する資産の増加という裏付けがありますので，資金的裏付けがあるといえます。

これらのことから，純利益がプラスになる状況を想定した場合，減価償却費の費用計上額の金額だけ固定資産の帳簿価額を減少させるという減価償却には，①固定資産に投資されていた資金を減価償却費の金額だけ，現金預金，売上債権などで回収することで，固定資産の金額を流動資産の金額に転化させ，②減価償却費の金額だけ，純利益に算入されず利益処分にかからない手持ち資金（現金預金と売上債権など）を増加させる効果があります。①を減価償却による**固定資産の流動化効果**といい，②を減価償却の**自己金融効果**といいます。

減価償却によって確保された資金の金額を，ほかの用途に使わずに積み立てておけば，耐用年数終了時には，取得原価と同じ額の資金が確保・保有されます（**再投資資金**の内部調達，自己金融）。減価償却費の計上によって固定資産への投資資金が**回収**され，固定資産の耐用年数終了時の更新投資や，固定資産の規模を拡大する投資に必要な資金の確保が会計的に支援されることになります。

減価償却は，各期の収益に基づく収入から，固定資産への投資資金を回収し，企業の生産力の維持・拡大に寄与する会計上のしくみであるといえます。

(4) 減価償却費に関する情報開示

市場競争上，大規模な生産設備，最新鋭の生産設備を常に更新しなければならない企業の場合，巨額の減価償却費が利益を圧迫する要因となります。このような観点から企業を分析する際，減価償却費の金額を調べる必要があります。

製品の生産に直接かかわらない本社建物，営業所・販売店舗などの設備の減価償却費は，「販売費及び一般管理費」に分類され，その金額は，損益計算書（連結・個別）に計上されます。損益計算書の本体に，販売費及び一般管理費の個々の費用項目が表示されていない場合は，有価証券報告書の第５【経理の状況】の【注記事項】に，販売費及び一般管理費の内訳の全部または一部が記載されます。ただし，減価償却費の記載が省略されている場合もあります。

減価償却費の金額は，連結キャッシュ・フロー計算書にも記載されています。

図表9-4 コーセー（個別財務諸表）の販売費及び一般管理費の内訳

※２ 販売費及び一般管理費の主要な費目及び金額は、次のとおりであります。

	前事業年度 （自 2021年４月１日 至 2021年12月31日）	当事業年度 （自 2022年１月１日 至 2022年12月31日）
販売促進費	9,255百万円	12,860百万円
広告宣伝費	8,646	12,742
給料及び手当	3,280	4,583
運送費	5,491	7,725
減価償却費	1,124	1,571
販売費に属する費用のおおよその割合	67%	66%
一般管理費に属する費用のおおよその割合	33	34

（出所：コーセー2022年12月期「有価証券報告書」97頁）

製品の生産設備の減価償却費は，製品の製造費用のうちの経費として分類され，**製造原価明細書**に計上されます。しかし，通常，連結財務諸表・連結損益計算書には製造原価明細書が添付されていないため，企業集団全体レベルでの製造費用の減価償却費の金額を知ることはできません。一方，親会社単体の財務諸表である個別財務諸表の損益計算書には，製造原価明細書が添付されるため，有価証券報告書の第５【経理の状況】の２【財務諸表等】の箇所を見れば，親会社単体レベルでの製造費用の減価償却費の金額を知ることができます（ただし，連結財務諸表においてセグメント情報を開示している場合には，個別財務諸表において，製造原価明細書の添付を省略することができるとされています）。

図表9-5　資生堂（個別財務諸表）の製造原価明細書

【製造原価明細書】

区分	注記番号	前事業年度（自 2021年1月1日 至 2021年12月31日）金額（百万円）	構成比（%）	当事業年度（自 2022年1月1日 至 2022年12月31日）金額（百万円）	構成比（%）
Ⅰ　原材料費	※1	88,160	60.0	92,364	59.3
Ⅱ　労務費		20,365	13.8	22,187	14.3
Ⅲ　経費	※2	38,465	26.2	41,157	26.4
当期総製造費用		146,991	100.0	155,709	100.0
期首仕掛品棚卸高		4,900		5,454	
合　計		151,892		161,164	
期末仕掛品棚卸高		5,454		5,913	
当期製品製造原価		146,437		155,250	

※1 原材料費に含まれる外注加工費は、前事業年度10,452百万円、当事業年度10,913百万円です。
※2 主な内訳は次のとおりです。

項目	前事業年度	当事業年度
外注加工費	12,585百万円	11,895百万円
減価償却費	9,274　〃	10,864　〃
修繕費	2,180　〃	2,402　〃

（原価計算の方法）

標準原価に基づく単純総合原価計算を採用し、原価差額は期末に売上原価、製品および仕掛品に配賦しています。

（出所：資生堂2022年12月期「有価証券報告書」204頁）

企業が選択した減価償却費の計算方法は，有価証券報告書の第5【経理の状況】の【注記事項】に記載されています。

図表9-6　コーセーの減価償却の方法

(2) 重要な減価償却資産の減価償却の方法

① 有形固定資産（リース資産を除く）

親会社及び国内連結子会社

定率法

ただし、1998年4月1日以降に取得した建物（建物附属設備を除く）並びに2016年4月1日以降に取得した建物附属設備及び構築物については定額法を採用しております。

なお、主な耐用年数は次のとおりであります。

建物及び構築物　　8年～65年
機械装置及び運搬具　4年～8年
工具、器具及び備品　2年～9年

在外連結子会社

所在地国の会計基準の規定に基づく定額法

（出所：コーセー2022年12月期「有価証券報告書」58頁）

4 固定資産の減損と減損損失

企業は，収益，利益，収入，キャッシュ・フローを獲得することを目的にして，投資支出を行い，固定資産を取得します。建物，機械装置，備品，特許権，のれんといった費用性資産（償却性資産）の帳簿価額は投資資金のうちの未回収金額を示しています。

もしも，①営業活動から生じる損益またはキャッシュ・フローが継続してマイナスとなっている，②経営環境が著しく悪化している，③当該資産の市場価格の著しい下落などが生じている，といった状況である場合は，その固定資産が生み出す将来の収益や収入が，当初の投資時点における予想値よりも大幅に減少している可能性があります。これを**固定資産の収益性の低下**といいます。このような場合には，**減損会計**を行う必要があります。減損会計の手続きにより，減損を認識すると決定された場合は，その時点での情報に基づいた将来の収入の新たな予想金額を使って，投資資金の**回収可能価額**を計算し，固定資産の帳簿価額を回収可能価額まで引き下げる減額・減損処理を行います。その減額金額は，投資資金の**回収不能（見込）価額**であり，**減損損失**として，損益計算書に費用計上されます（日本基準の場合は特別損失，IFRSの場合は営業費用となります）。

たとえば，ある工場に関する固定資産全体の帳簿価額が700億円のところ，将来の収入の予想金額を使って計算した回収可能価額が500億円しかない場合は，貸借対照表上の帳簿価額を500億円に引き下げ，損益計算書に200億円の減損損失を計上します。

図表9-7 資生堂の減損損失に関する注記（一部抜粋）

報告セグメント	地域	用途	種類	金額
米州事業	米国・ニューヨーク他	事業用資産	使用権資産	2,809百万円
その他	東京都他	事業用資産	建物及び構築物	50百万円
			使用権資産	123百万円
			その他	8百万円
			計	182百万円
その他	埼玉県・久喜市	事業用資産	建物及び構築物	3,087百万円
			機械装置及び運搬具	6,764百万円
			その他	819百万円
			計	10,671百万円

（出所：資生堂2022年12月期「有価証券報告書」141頁）

減損損失に関する詳細な情報は，有価証券報告書の第５【経理の状況】の【注記事項】（連損益計算書関係）の減損損失の項に記載されています。

会計と倫理

企業が他の企業を合併したり，買収したりすると，一般に，のれんという資産が計上されます。これは，対価の金額が，合併・買収された企業の純資産の金額を上回る金額のことです。合併・買収の対価にいくらまで払うのかは，経営者の判断によるものであり，のれんの金額もそれに従属します。のれんも減損会計の対象となりますが，減損損失の金額の算定には，将来のキャッシュ・フローの予測が含まれるため，減損損失をどのタイミングでいくら計上するかについては，経営者の判断が大きく影響します。経営判断を誤ると，何千億円という規模の減損損失が計上されることがあり，それは企業の経営状況に大きな打撃を与えます。

キーワード

設備　有形固定資産　生産能力　販売能力　設備投資　設備の状況　新設　改修　除却
デット・ファイナンス　エクイティ・ファイナンス　ペッキング・オーダー理論
減価償却　減価償却費　減価償却資産　非減価償却資産　取得原価　残存価額　耐用年数
減価償却累計額　帳簿価額　固定資産の流動化効果　自己金融効果　製造原価明細書
減価償却の方法　定額法　固定資産の減損　減損会計　減損損失　回収可能価額

練習問題

問題９－１　カッコ内に適切な用語を記入しなさい。

設備を取得するために投資することを（①　　　　　　）という。設備の取得原価を，（②　　　　　　）にわたる各会計期間に対して，分割して（③　　　　　　）として配分していく手続きを，（④　　　　　　）という。

問題９－２　上場企業を３社選び，設備投資の状況，目的，金額を比較しなさい。

問題９－３　倫理問題

Ｚ社の経理部に所属するＲ氏は，上司である経理部長のＣ氏から，「今期の純利益は赤字になる見込みであり，このままでは銀行から融資を受けられず倒産してしまう恐れがある。この状況を乗り切るため，減価償却方法を変更し，減価償却費を圧縮することで利益を捻出（ねんしゅつ）せよ。」との指示を受けました。このことには，どのような倫理的な問題があると考えますか。あなたの考えを述べなさい。

第10章

株式，株価，配当政策

1　株　式

（1）普通株式と議決権

株式会社の所有者である株主は，株主総会において議案についての賛否の意思を示し決議に参加する権利を有します。この権利のことを**議決権**といい，１株ないし１単元株（次ページ参照）に対して１つの議決権が認められます。

議決権，配当請求権，残余財産請求権等が付された標準的な株式のことを**普通株式**といいます。会社は，一定の手続きにより，権利内容が普通株式とは異なる株式を同時に発行することができます。具体的には，剰余金の配当を普通株式よりも優先的に受けることができる優先株式や，株式を譲渡する際に会社の取締役会等の承認を必要とする譲渡制限付株式などがあります。２種類以上の株式を発行する会社のことを**種類株式発行会社**といいます。

会社は，投資家にとっての株式の売買単位金額を調整するため，一定の手続きにより，株式分割，株式併合を行うことができます。**株式分割**とは，発行済株式全体に対して，１株を２株にしたり３株を10株にしたりというように，数個の株式を分割してそれより多い株式にすることです。反対に，**株式併合**とは，発行済株式全体に対して，２株を１株にしたり３株を２株にしたりというように，数個の株式を併合してそれより少ない株式にすることです。どちらの場合も，株主の保有する株式数は変化しますが，会社財産は変化しません。

（2）発行可能株式総数と発行済株式総数

株式会社は，定款に発行可能株式総数を定める必要があります。**発行可能株式総数**（授権株式数）は，株式会社が発行することのできる株式の総数のことです。公開会社の場合は，迅速な資金調達を可能とするために，発行可能株式総数の範囲内で，新株発行を取締役会の決議により行うことができます。発行可能株式総数は，株主総会の特別決議により，変更することができます。

発行済株式総数とは，実際に会社が発行している株式の総数のことです。発行可能株式総数から発行済株式総数を差し引いた数が，その会社の今後発行できる株式の数となります。それ以上の数の株式を発行することはできません。

発行可能株式総数や発行済株式総数については，有価証券報告書の第４【提出会社の状況】における１【株式等の状況】（１）【株式の総数等】において詳述されています。コーセーの場合，**図表10-１**のように開示されています。

図表10-１　コーセーの株式等の状況

第４　【提出会社の状況】

１　【株式等の状況】

(1)　【株式の総数等】

①　【株式の総数】

種類	発行可能株式総数（株）
普通株式	200,000,000
計	200,000,000

②　【発行済株式】

種類	事業年度末現在発行数(株)(2022年12月31日)	提出日現在発行数(株)(2023年３月30日)	上場金融商品取引所名又は登録認可金融商品取引業協会名	内容
普通株式	60,592,541	60,592,541	東京証券取引所プライム市場	単元株式数は100株であります。
計	60,592,541	60,592,541	—	—

（出所：コーセー2022年12月期「有価証券報告書」25頁）

単元株（単元株式数）とは，株式売買や議決権行使において１単位となる株式数のことであり，会社が設定します。コーセーの場合，単元株式数は100株となっているので，株価が15,000円のときにコーセーの株式を購入する場合には，購入金額として150万円が必要になります。日本の証券取引所では，現在，上場会社全社につき，単元株式数（売買単位）が100株に統一されています。

2 株 価

株式市場（証券取引所）に上場されている株式（公開株式）には，市場取引価格としての**株価**（**市場株価**）が付きます。株価は，株式市場における需要と供給によって決定され，常に変動します。ある期間の中で最も高い株価を高値，最も安い株価を安値とよび，また，特定の日の最初に取引された値段を始値，取引時間内の最後に取引された値段を終値とよびます。これら４つの値段を総称して四本値といい，この指標によって株価の動きを捉えることができます。

日本の上場企業の株価は，日本取引所グループのウェブサイト（https://www.jpx.co.jp/）や，Yahoo!ファイナンス（http://finance.yahoo.co.jp/），MSNマネー（https://www.msn.com/ja-jp/money），ブルームバーグ（https://www.bloomberg.co.jp/markets/），ロイター（https://jp.reuters.com/），および，各種証券会社のウェブサイトなどによって調べることができます。たとえば，株式等の情報を取り扱うなかでも最も一般的なウェブサイトの１つであるYahoo!ファイナンスでは，トップページの検索キーワード入力ボックスに会社名や**証券コード**（上場企業に対して付される４桁の番号。資生堂の場合は4911），キーワード等を入力して検索すると，現在の株価の他にも，四本値や出来高（市場全体で売買が成立した株式の数），これまでの株価の推移などが確認できます。

また，個々の株価を取りまとめ，市場全体や特定のグループとして一定の計算方法で統合し数値化したものを，**株価指数**（指標）といいます。代表的な株価指数に，新聞やニュースにも登場する日経平均株価とTOPIX（東証株価指数）があります。**日経平均株価**は，東京証券取引所プライム市場に上場する企業のうち特定の225社を対象として，計算上修正された形で平均株価を算出したものです。**TOPIX**は，Tokyo Stock Price Indexの略称で，東京証券取引所に上場する企業の株式時価総額（本章３節にて扱います）を基準日（1968年１月４日）の株式時価総額で除して修正計算したものです。日経平均株価とTOPIXは株式市場全体の動きの把握や景気の良し悪しの判断材料にもなり，民間の指標ですが政府による調査等にも用いられています。

なお，日本の場合，土・日・祝日や年末年始（12月31日から１月３日）は株式市場が休場のため，株式の売買はありません。そのような日の株価を用いた計算を行いたい場合は，その直前の株式売買日の終値を使用します。

3　株式時価総額

株式時価総額とは，株価に発行済株式総数を掛け合わせた金額です。単に，時価総額ともよばれます。計算に使う株価には，一般に，終値（おわりね）が用いられます。

株式時価総額＝株価×発行済株式総数

株式時価総額は，株式市場（しじょう）に参加する投資家全体からの会社の評価金額ともいえ，その金額が大きいほど，市場（しじょう）からの評価が高いといえます。経営者の経営目標としての，株価を高めることと，株式時価総額を高めることは，上記の計算式より，同じこと（等価）といえます。株式時価総額は，市場からの評価値としての会社の規模の大きさを示す値でもあります。このため，株式時価総額ランキングというものが経済雑誌等によって作成されることがあります。

株式時価総額は，本質的・原理的に，企業が長期的な将来の各年度において稼ぎ出すネット・キャッシュ・フローや純利益の金額を，市場全体の投資家がそれぞれ予想し価値評価した金額を，市場株価を通して反映するものであり，企業の生産力・収益力・成長可能性が大きく，将来稼ぎ出すネット・キャッシュ・フローや純利益の金額が大きい（と市場から期待される）ほど，株式時価総額は大きくなります。したがって，一般的には，現在時点で評価される株式時価総額は，企業の現在時点における生産力の基礎となっている総資産額や，直近年度の売上高，純利益，キャッシュ・フローの金額の大きさに，比例・相関するといえます。

企業の将来に対する市場全体の期待を反映している株価は，時間経過や新情報（グッドニュースやバッドニュース）に基づき投資家による企業の将来予想が修正されることによって変化する，という構造があります。ただし，市場株価はあくまでその時点の株式市場における需要と供給によって決定されるものであり，株式市場の取引を通じて株価は刻一刻と変動し，株式時価総額もそれにあわせて変動します。このため，市場株価も株式時価総額も，一時的に大幅な過大評価（バブル）や過小評価が生じる場合もあります。

2023年３月31日時点	株価	発行済株式総数	株式時価総額
資生堂	6,181円	400,000,000株	２兆4,724億円
コーセー	15,680円	60,592,541株	9,500億円

4 新株予約権

株式会社は新株予約権を有償(ゆうしょう)または無償(むしょう)で発行することができます。**新株予約権**とは，その権利を行使することによって，あらかじめ定められた期間に定められた価額を払い込むことによって株式の交付を受けることができる権利のことです。新株予約権を所有する人（新株予約権者）が，新株予約権を行使し，定められた金額を払い込むと，会社から株式の交付を受けて，当該会社の株主となります。新株予約権はコールオプション（特定の資産を一定の条件，一定の価格で購入できる権利のこと）に該当し，行使する権利はあっても義務はなく，放棄(ほうき)できます。放棄した場合は新株予約権の取得費用のみが損となります。

株式会社が新株予約権を発行する目的としては，①会社の役員や従業員に報酬として付与するため，②有償で発行することで資金調達の手段とするため，③株主に対し無償で発行することで株主優待・株主還元とするため，④買収防衛策のため，などがあります。①については5節で説明します。

新株予約権を発行する方法には，募集新株予約権の発行と株主に対する新株予約権の無償割当てなどがあります。募集新株予約権の発行は，新株予約権の引き受け者を募集する方法であり，株主に募集割当てを受ける権利を与える株主割当て，投資家などの不特定多数に対して発行する公募，会社が選んだ特定の第三者に対して発行する第三者割当てに分かれます。株主に対する新株予約権の無償割当ては，株主に対して持株数に応じて無償で割り当てる方法です。

企業が社債を発行する際に，新株予約権を付(ふ)す形で発行する場合があり，その社債を，**新株予約権付社債**(しんかぶよやくけんつきしゃさい)といいます。新株予約権付社債は，**転換**(てんかん)**社債型新株予約権付社債**とそれ以外に分かれます。転換社債型新株予約権付社債は，**転換社債**（convertible bond ; CB）ともよばれ，新株予約権を行使した時に株式交付のための払込金として社債の額面償還(しょうかん)額が充(あ)てられ，社債の消滅と引き換えに株式の交付を受ける形をとります。それ以外の社債は，新株予約権を行使した時に株式交付のための払込金として金銭を払い込んで株式の交付を受け，社債は存続するという形をとります。企業会計上，新株予約権は，発行時に，発行価額を「新株予約権」という科目名で貸借対照表に純資産として計上します。新株予約権が行使され株式が交付されたときは，行使された新株予約権の帳簿価額を，資本金・資本準備金に算入して振り替えます。

5　ストックオプション制度

株式会社は，株主のものであり，株主の立場からは，会社の価値（企業価値）を最大化するように，企業の経営者や従業員には一生懸命に努力して働いてもらいたいと考えます。そのような努力を引き出す報酬のしくみとして，ストックオプション制度があります。**ストックオプション制度**とは，会社の役員や従業員に対して，企業業績を高めるためのインセンティブ報酬（意欲を引き出し，目標を達成させるための刺激となる報酬）として新株予約権を付与する報酬制度のことです。新株予約権を使った報酬のしくみは以下のとおりです。

たとえば，株主総会決議により，代表取締役社長に対して，会社の株式を，１株300円で10,000株購入できるというストックオプション（新株予約権）を付与したとします。その後，社長が努力をして企業業績を向上させ，株価が上昇し，１株800円になり，その段階で，新株予約権を行使し，会社に１株につき300円を支払って10,000株を取得して，ただちに株式市場で，当該株式10,000株を売却したという例を考えてみましょう。このストックオプションから得られる利益は，次のように計算されます。つまり，500万円が報酬となります。

１株当たりの売却益：800円－300円=500円
売却益の総額：　　　500円×10,000株=5,000,000円

なお，株価が下がってしまった場合は，新株予約権の権利行使をしなければよいだけで，新株予約権を保有する人に追加の損失が生じることはありません。新株予約権を付与された役員や従業員にとっては，企業業績が向上し，企業価値が向上して株価が上がれば上がるほど直接的に自分自身の利益が大きくなるしくみになっているので，業績向上へのモチベーションが高まるというわけです。

ストックオプション制度によって，労働意欲，会社への貢献と忠誠心の向上が期待されます。反面，優秀な人材が，権利行使によって多額の報酬を手にした後に，会社を辞めてしまう可能性があるという欠点もあります。

会社のストックオプション制度については，有価証券報告書の第４【提出会社の状況】において，【ストックオプション制度の内容】，【新株予約権等の状況】といった項目で説明されます。

企業会計上，ストックオプションを付与した金額は，「株式報酬費用」という科目名で損益計算書に販売費及び一般管理費の一項目として計上します。

6 自己株式と自社株買い

株式会社は，会社法の規定に従って，過去に発行した自らの発行済株式を取得できます。これを**自己株式の取得**といいます。会社が保有する自社の株式のことを，**自己株式**といい，金庫株（トレジャリーストック），自社株ともよばれます。自己株式には保有期間制限はなく，長期間保有し続けることもできます。経営陣による不公正な会社支配の手段となることを防ぐため，自己株式には，議決権，配当の請求権，残余財産分配の請求権がありません。

自己株式の有償取得（取得の対価としてお金を払うこと）は，株主に対する会社の財産（資本）の払い戻しであり，株式発行・出資の反対に相当します。

自己株式を取得できる事由は，会社法が定めていますが，**株主への利益還元**（**株主還元**）やその他の目的のために自己株式を必要とするなど，自己株式を取得することを主目的として行う場合と，それ以外の副次的・受動的に自己株式を取得する場合（吸収合併・吸収分割により承継する，事業全部の譲受けにより取得する，株式買取請求権に応じて取得するなど）に大別できます。前者の場合に，自己株式を取得することを**自社株買い**ともいい，たとえば，株主還元，発行済株式総数を減少させることで株価の維持を図る，ストックオプション制度の導入，敵対的買収（142頁参照）に対する企業防衛対策（165頁で述べるように，自社株買いを行うと株価が上がることが多いため，株価が上がると買収に必要な金額が膨らみ，買収が難しくなる），合併など企業の組織再編において自社の株式を交付するため，といったことを目的にして行われます。

自社株買いの方法には，一般的に，①市場（しじょう）取引（証券取引所・証券会社を通じて購入），②公開買付けの方法（不特定多数の者に対し公告により買付けの申込みの勧誘を行い，取引所外で株券の買付けを行うこと），③株主全体の中の買取申込者から取得する（取得条件につき株主総会の普通決議が必要），④特定の株主から取得する（株主総会の特別決議が必要），などがあります。

取締役会を設置する会社は，市場取引等により自己の株式を取得することを取締役会の決議によって行うことができる旨を定款で定めることができ，それをした場合，自社株買いは，株主総会の決議を要せず，取締役会の決議で行うことができます。なお，会社法上，自社株買いを行える総額は，7節で説明する分配可能額の範囲内に限定される財源規制があります。

図表10-２　コーセーの自己株式等の状況

②【自己株式等】

2022年12月31日現在

所有者の氏名又は名称	所有者の住所	自己名義所有株式数（株）	他人名義所有株式数（株）	所有株式数の合計（株）	発行済株式総数に対する所有株式数の割合（%）
株式会社コーセー	東京都中央区日本橋三丁目６番２号	3,538,700	―	3,538,700	5.84
計	―	3,538,700	―	3,538,700	5.84

（出所：コーセー2022年12月期「有価証券報告書」27頁）

自己株式を取得し保有している場合は，その取得原価を，貸借対照表の純資産の部の株主資本から控除（こうじょ）する形式で表示します（自己株式は換金価値のある財産ですが，資本の払い戻しとして，会計上は資産として計上されません）。つまり，自己株式を取得すると，貸借対照表の株主資本が減少します。取得した自己株式の保有期間に制限はないため，長期保有も可能です。自己株式の取得状況については，有価証券報告書の第４【提出会社の状況】における【議決権の状況】および【自己株式等の取得の状況】などに記載されています。

自己株式を再度売却することを**自己株式の処分**といい，企業会計上，自己株式の帳簿価額と処分の対価の差額は，自己株式処分差損益として貸借対照表の純資産の部のその他資本剰余金に計上されます。

自己株式は，取締役会の決議により，消却することができます。**自己株式の消却**により，発行済株式総数は減少します。発行可能株式総数は減少しないため，未使用の発行可能株式残数が増加します。自己株式を消却した場合，企業会計上，自己株式の帳簿価額を，その他資本剰余金から減額します。

自己株式を取得した場合，保有していても消却しても，企業会計上の，株主資本・純資産が減少します。このため，第15章で説明する，企業の収益性を表す指標の１つであり，株主のための経営をしている度合いを示す指標でもある自己資本純利益率（ROE）が上昇します。また，第15章で説明する，株価と相関関係の強い傾向のある指標である，１株当たり純利益（EPS）も上昇します。

一般に，株式市場では，自社株買いを行うと株価が上昇することが多いと理解されています。会社の行う自社株買いに応じた株主は，株式と交換にお金を受け取ることで，利益還元を受けますが，それ以外の株式を保有する株主にとっても，株価が上昇すれば，恩恵を受けることができます。したがって，自社株買いは，会社が行う株主への利益還元の方法の１つといえます。

7 剰余金の配当，配当政策，株式投資収益率

(1) 剰余金の配当

株式会社は，株主から集めた資金を中心的な元手として事業を行い，利益を稼ぎ出し，その利益を株主に，保有株式数に応じて分配（配当）します。これを**剰余金の配当**（じょうよきん）といいます。この配当は，通常，金銭（現金）で行われますが，会社が保有する金銭以外の財産を配当する現物配当を行うこともできます。

配当の金額は，有価証券報告書の第４【提出会社の状況】の【配当政策】と第５【経理の状況】の株主資本等変動計算書（連結・個別）に記載されています。

剰余金の配当とその内容は，株主総会決議によって決定されますが，会社法が求める適切さを確保するための一定の条件を満たした会社については定款で定めることにより取締役会決議で行うことができます。これは企業経営に必要な資金をどれだけ企業内に留保しつつどれだけ配当するかを経営陣である取締役会が決めることに合理性があるからです。上記の株主総会決議または取締役会決議があれば会社は一事業年度内に何度でも剰余金の配当を行えますが，それとは別に，取締役会を設置する会社であれば，定款で定めることにより一事業年度内で一回に限り取締役会決議で金銭配当に限った剰余金の配当を行うことができます。これは，**中間配当**とよばれます。

株主への配当金は，［１株当たり配当金　○○円○○銭］という形で決められ，株主は，その保有株式数に応じて，配当金額を受け取ることになります。

剰余金の配当の金額は，会社法が定める計算式で算定した**分配可能額**の範囲内に限定されます。これを**分配可能額規制**といいます。株主は有限責任であり，会社が債務を支払えない場合でも株主が負担する必要はないため，もし，会社が株主に対していくらでも会社の財産を分配できるとなると，債権者は債権の回収が困難になるので，すすんで会社の債権者になろうとする者はいなくなってしまい，会社も円滑な資金調達や取引などができなくなります。そのため会社法は分配可能額規制を定めています。自社株買いについても，分配可能額規制が適用されます。分配可能額は，剰余金（貸借対照表のその他資本剰余金とその他利益剰余金の合計のこと）に会社法が定める一定の加減調整を行うことで計算されます。剰余金の金額が大きいほど，分配可能額も大きくなります。

図表10-３　コーセーの配当金支払額

決議	株式の種類	配当金の総額（百万円）	１株当たり配当額（円）	基準日	効力発生日
2022年３月30日 定時株主総会	普通株式	3,422	60	2021年12月31日	2022年３月31日
2022年８月10日 取締役会	普通株式	3,993	70	2022年６月30日	2022年９月９日

（出所：コーセー2022年12月期「有価証券報告書」66頁）

（２）配当性向，配当利回り，配当政策

株式会社の株主への利益還元（株主還元）の方法には，①配当金の支払い（剰余金の配当），②自社株買い（６節参照），③自社の商品やサービスを優待条件で提供する株主優待があります。株式会社がどれだけ株主還元を行っているかを分析する指標に，配当性向，総還元性向，配当利回りがあります。

配当性向（はいとうせいこう）とは，株主に支払う配当金の金額が個別損益計算書上の当期純利益の何％となっているかを示す指標です。連結損益計算書上の親会社株主に帰属する当期純利益を用いる場合は，**連結配当性向**といいます。配当性向が高いほど，その時点での株主への利益還元を多くしていることになりますが，利益の内部留保の割合が少なくなり，純資産の成長が低くなります。

$$配当性向＝\frac{配当金額（剰余金の配当（個別））}{個別損益計算書の当期純利益}$$

$$連結配当性向＝\frac{配当金額（剰余金の配当（連結））}{親会社株主に帰属する当期純利益}$$

総還元性向（そうかんげんせいこう）とは，配当金とそれと同じ期間の自社株買い金額の合計金額が，当期純利益の何％となっているかを示す指標です。連結ベースの場合は，**連結総還元性向**といいます。株主優待（かぶぬしゆうたい）の評価価値を分子に含めることもできます。

$$連結総還元性向＝\frac{配当金額＋自社株買い金額}{親会社株主に帰属する当期純利益}$$

配当利回り（はいとうりまわ）は，１株当たりの年間配当額が，株価の何％となっているかを示す指標です。この数値が高いほど，株主は配当による投資利益が大きいことになります。株主にとって，株式取得後に，会社が支払う１株当たりの年間配当額が増加していくと，取得時の株価で計算した配当利回りも上昇していきます。

$$配当利回り＝\frac{１株当たり年間配当額}{現在の株価}\ \text{or}\ \frac{１株当たり年間配当額}{取得時の株価}$$

企業がどのように配当を行うかという方針は，**配当政策**とよばれます。配当政策は，簡単に分類すると，以下のようになります。

無配	配当を行わないこと。企業成長のために利益の再投資を目的とする場合と，経営不振のため配当ができない場合がある。	
安定配当政策	配当性向安定型	配当性向が毎期一定になるような配当を行うこと。業績連動配当ともいう。
	配当金額安定型	毎期一定金額の配当を行うこと。特に日本においてしばしば好まれる。
	配当利回り安定型	株価上昇に応じて配当を増やすこと。

前年の金額に比べて，配当を増やすことを**増配**（ぞうはい），配当を減らすことを**減配**（げんぱい）といいます。株主・投資家からは，**安定配当政策**を基礎とした増配が好まれます。

企業がとる配当政策については，有価証券報告書の第４【提出会社の状況】の【配当政策】において開示されています。

（３）株式投資収益率

株主・株式投資者にとって，株式の配当金は**インカムゲイン**といい，株式の値上がり益は**キャピタルゲイン**（値下がり損はキャピタルロス）といいます。一定期間の投資収益（トータルリターン）は，インカムゲインとキャピタルゲイン（ロス）の合計です。**株式投資収益率**は，一定期間の期首の投資元本としての期首の株価と，トータルリターンの比であり，以下のようになります。

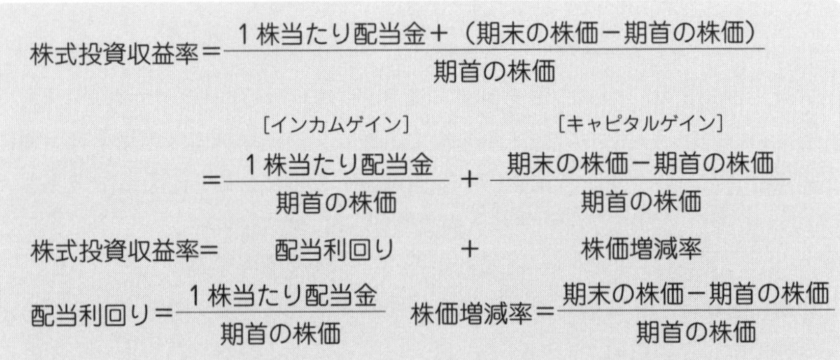

$$株式投資収益率＝\frac{１株当たり配当金＋（期末の株価－期首の株価）}{期首の株価}$$

$$＝\underbrace{\frac{１株当たり配当金}{期首の株価}}_{［インカムゲイン］}＋\underbrace{\frac{期末の株価－期首の株価}{期首の株価}}_{［キャピタルゲイン］}$$

$$株式投資収益率＝配当利回り＋株価増減率$$

$$配当利回り＝\frac{１株当たり配当金}{期首の株価}\qquad 株価増減率＝\frac{期末の株価－期首の株価}{期首の株価}$$

上記の分解式のように，株式投資収益率は，**配当利回り**と**株価増減率**によって構成されています（配当利回りをインカムゲイン，株価増減率をキャピタルゲインとよぶこともあります）。株主・株式投資者にとっては，株式投資収益率が高いほど，株式投資の成績・収益性が高く，好ましいことになります。

会計と倫理

会社の関係者等が，投資判断に重要な影響を及ぼす情報を公表前に知って，その株式の売買を行うことを，インサイダー取引（内部者取引）といいます。インサイダー取引が行われると，公表後にしかその情報を知りえない一般の投資家にとっては不公平なこととなり，損害をこうむるおそれもあります。これを放っておくと，株式市場に対する投資家の信頼の失墜（しっつい）にもつながりかねません。そのため，インサイダー取引は金融商品取引法第166条および第167条にて禁止されており，違反した者は刑事罰や課徴金（かちょうきん）の対象となります。

キーワード

株式　議決権　普通株式　種類株式発行会社　発行可能株式総数　発行済株式総数　単元株　株価　証券コード　株価指数　株式時価総額　新株予約権　新株予約権付社債　転換社債　ストックオプション制度　自己株式　自社株買い　株主への利益還元　株主還元　剰余金の配当　中間配当　分配可能額規制　配当性向　連結配当性向　総還元性向　連結総還元性向　純資産配当率　配当政策　増配　減配　安定配当政策　株式投資収益率　インカムゲイン　キャピタルゲイン　配当利回り　株価増減率　インサイダー取引

練習問題

問題10－1　カッコ内に適切な用語を記入しなさい。

(1)　株価に発行済株式総数を掛け合わせた金額は（①　　　　　　）という。
(2)　会社が保有する自社の株式のことを（②　　　　　　）という。
(3)　当期純利益に対する配当金の割合を示す指標を（③　　　　　　）という。
(4)　株価に対する配当金の割合を（④　　　　　　）という。
(5)　株価に対する株式値上がり益の割合を（⑤　　　　　　）という。

問題10－2　上場企業を５社選び，それぞれ過去５年分の，発行済株式総数，株価，株式時価総額，配当金，親会社株主に帰属する当期純利益，連結配当性向，配当利回り，株価増減率，株式投資収益率の一覧表を作成しなさい。

問題10－3　倫理問題

Ｚ社の役員のＡ氏は，Ｚ社の役員会議において，自社の当期の当期純利益（連結）が大幅に増加する見込みであるとの報告を受けました。そこでＡ氏は，この事実の公表前に，大きな借金を抱えている友人Ｂ氏にこれを伝え，同社の株式を購入するよう助言しました。このことに対して，どのような倫理的な問題があると考えますか。「インサイダー取引」という用語を使用した上で，自分の考えをまとめなさい。

第11章

経営者，株式会社の機関，コーポレート・ガバナンス

1 経営者と株式会社の機関

（1）大会社かつ公開会社の機関設計

株式会社の管理・運営・統治を担う，株主総会，取締役，代表取締役，取締役会，監査役，監査役会，指名委員会等（指名委員会・監査委員会・報酬委員会），執行役，代表執行役，監査等委員会，会計監査人，などの，会社法が定める人または会議体のことを株式会社の**機関**といいます。

上場会社は，普通，会社法上の大会社かつ公開会社（127頁参照）に該当します。株式会社が，大会社かつ公開会社の場合，会社法上の以下の３つの機関設計の組織形態のうちのどれかを選択する必要があります。

監査役会設置会社 ：	株主総会	＋	取締役会	＋	監査役会	＋	会計監査人
監査等委員会設置会社：	株主総会	＋	取締役会	＋	監査等委員会	＋	会計監査人
指名委員会等設置会社：	株主総会	＋	取締役会	＋	指名委員会等	＋	会計監査人

３つの形態では，株主総会，取締役会，会計監査人は共通して設置されており，３つの形態すべてが，**取締役会設置会社，会計監査人設置会社**に該当する一方，監査役会，指名委員会等，監査等委員会のどれを設置するのかが異なっています。会社の所有者である株主が，株主総会の決議によって，会社の管理・運営・統治に最も適した形態を選択することができるようになっています。

大会社かつ公開会社である会社は，会社の規模が大きく，株主も多くなるため，事故や不正などの企業不祥事が発生した場合，株主，投資家，金融機関，債権者，消費者等の利害関係者および社会に与える影響が大きいため，企業不祥事を未然に防止し，会社の管理・運営・統治を適正化するために，チェックシステムが多重化した上記の機関設計が会社法によって定められています。

（2）株主総会

株主総会は，株主の総意により会社の意思決定を行う最高意思決定機関です（業務執行行為をすることはできません）。株主総会では，①計算書類（貸借対照表や損益計算書など）の承認または報告が行われ，②**役員**（取締役，監査役，会計参与の総称）の選任・解任，会計監査人の選任・解任，③役員の報酬等の決定，役員等の責任の一部免除の決定，④剰余金の配当，自己株式の取得，株式の併合の決定，⑤定款の変更，事業譲渡，合併，会社分割等の組織変更，組織再編，会社の解散の決定などの事項（法定決議事項）について決議が行われます。

株主総会には，毎期事業年度終了ごとに開催される**定時株主総会**と，必要に応じて随時開催される**臨時株主総会**があります。定時株主総会は，会社が定めた一定の日（基準日）から3ヵ月以内に開催しなければなりません。上場企業の場合，基準日を決算日に設定していることが多く，3月末決算の会社が多いため，6月末に株主総会の開催が集中します。

（3）取締役会

取締役会は，取締役の全員（3名以上）で組織され，会社の**業務執行の決定**，経営の基本方針の決定，会社の運営・管理に関する規則の設定などを行う合議体であり，代表取締役の選定・解職，代表取締役およびその他の業務執行を行う取締役の職務遂行の監督を行います。つまり，会社の経営上の意思決定を行い，意思決定内容を実行する代表取締役らを監督する機関です。

取締役とは，株主総会において選任され，株主の利益のために，会社の運営を監督していく者のことです。取締役は取締役会の構成員となります。取締役の任期は2年以内です。**代表取締役**とは，取締役会決議により取締役の中から選定された，株式会社を代表する取締役であり，**業務の執行**を行い（**業務執行権**を持つ），対外的に会社を代表する（**代表権**を持つ）者のことです（取締役会の委任を受けて，業務執行の決定を行うこともできます）。つまり，取締役会の決定した経営上の意思決定に従って，経営を遂行していく者（機関）であり，**経営者**です。代表取締役は，１名とは限らず，複数名，選定することができます。

指名委員会等設置会社の場合のみ，業務を執行する者として，代表取締役の代わりに，後述する代表執行役（しっこうやく），執行役が置かれることになります。

会社法の規定上，取締役として，社外取締役を置かなければならない場合があります。**社外取締役**とは，会社，親会社，子会社，経営陣と一定の利害関係を有しない者が就任し，業務執行をしない取締役のことです。社外取締役は，取締役会において，より客観的な観点から意見陳述をしたり監督業務を行い，会社の運営の適正化を図る役割を果たすことが期待されています。

実務では，会社内の序列，地位，役職を対内的・対外的に明示するために，**会長**（取締役会会長・議長），**社長**，副社長，専務取締役，常務取締役，相談役，**最高経営責任者**（CEO；chief executive officer），**最高執行責任者**（COO；chief operating officer），**最高財務責任者**（CFO；chief financial officer）といった名称の役職名（肩書）を定款に定め，取締役がそれらの役職名を名乗ることがあります。その場合は，役付（やくづき）取締役とよばれ，それらの役職につかない取締役は，平（ひら）取締役とよばれることがあります。役付取締役の例として，代表取締役会長，**代表取締役社長**，取締役副社長，専務取締役，常務取締役，指名委員会等設置会社の場合は，**代表執行役社長**，執行役副社長などがあります。

（4）会計監査人

会計監査人は，株式会社の計算書類およびその附属明細書，臨時計算書類，連結計算書類を監査し，会計監査報告を作成します。会計監査人は，企業外部の公認会計士また監査法人（５人以上の公認会計士でつくる法人）でなければならないという資格条件があります（194頁参照）。会計監査人の監査は，会社が株主総会に提出して報告し，また，決算公告する，計算書類や連結計算書類などが，会計基準に準拠して適正に作成され，重大な虚偽を含まないかどうかを，会社から独立した（利害関係のない）第三者としての立場から保証するためのものです。会計監査人は，取締役の職務執行に関して，不正，法令違反，定款違反等を発見した場合は，遅滞なく，監査役に報告する義務があります。

会計監査人の任期は，選任後１年以内に終了する事業年度のうち最終のものに関する定時株主総会の終結の時までですが，定時株主総会で再任しないことの決議がされなければ自動的に再任されたものとみなされます。

(5) 監査役会設置会社

監査役会設置会社では，監査役会を設置します。**監査役会**は，監査役の全員で組織され，監査報告の作成，常勤の監査役の選定及び解職，監査の方針，監査役会設置会社の業務及び財産の状況の調査の方法その他の監査役の職務の執行に関する事項の決定，という職務を行う合議体です。**監査役**とは，取締役および会計参与の職務の執行を監査する者のことです。監査役は，いつでも，取締役，会計参与，支配人，その他の使用人，および子会社に対して事業の報告を求め，会社および子会社の業務と財産の状況の調査をすることができます。監査役は，取締役が株主総会に提出しようとする議案，書類等を調査しなければなりません。監査役は，取締役および会計参与の職務の執行が法令と定款を遵守して行われているか監査し，計算書類が適正かどうかを監査します。

監査役会の監査役は，３名以上で，そのうち半数以上は，社外監査役でなければなりません。また，監査役会は，監査役の中から１名以上の常勤監査役を選定しなければなりません。**社外監査役**とは，会社，親会社，子会社，経営陣と一定の利害関係を有しない者が就任する監査役のことです。社外監査役は，取締役や会社と人的関係や利害関係が少ない，より独立性の高い立場から，監査業務を行い，経営の健全性を高める役割を果たすことが期待されています。**常勤監査役**とは，営業時間中に，監査役の職務に専念する監査役のことです。

監査役の任期は，選任後４年以内に終了する事業年度のうち最終のものに関する定時株主総会の終結の時までです。

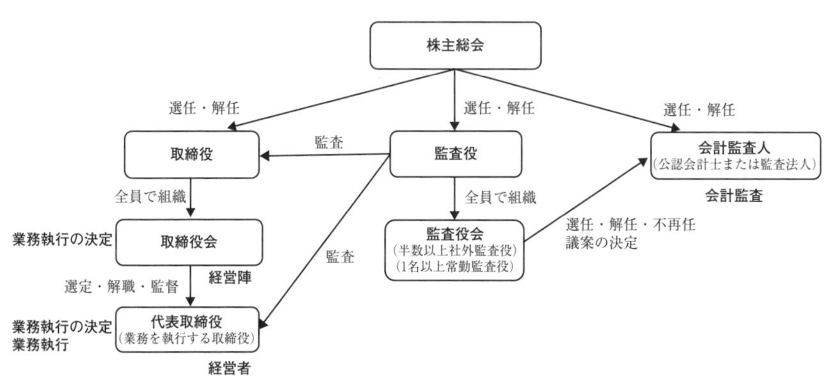

(6) 監査等委員会設置会社

監査等委員会設置会社では，監査等委員会を設置します（監査役および監査役会を設置することはできません）。**監査等委員会**は，監査等委員である取締役の全員で組織され，取締役および会計参与の職務執行の監査，事業年度ごとに監査報告（書）を作成，株主総会に提出する会計監査人の選任・解任・不再任の議案内容の決定，取締役の人事および報酬に関する株主総会における意見陳述内容の決定，という職務を行う合議体です。監査等委員会は，監査の職務権限のみではなく，代表取締役，その他の業務執行取締役など監査等委員でない取締役の人事や報酬について意見を述べて反映させる形で監督する職務権限を持つため，監査等委員会という名称になっています。

監査等委員は，３名以上で，その過半数は社外取締役でなければなりません。ただし，常勤の監査等委員を選定する必要はありません。監査等委員である取締役の任期は２年で，それ以外の取締役の任期は１年です。監査等委員である取締役は，株主総会において，監査等委員でない取締役と区別して選任されます。監査役会設置会社の場合は監査の職務権限が監査役会ではなく個々の監査役に帰属しているのに対し，監査等委員会設置会社の場合は監査の職務権限が個々の監査等委員ではなく，監査等委員会に帰属しています。監査役会設置会社の場合と同じく，取締役全員で組織する取締役会が業務執行の決定を行い，代表取締役およびその他の業務執行取締役が業務の執行を行いますが，定款で定めた場合などは，重要な業務執行の決定の全部または一部を取締役に委任することができます。なお，監査等委員は業務を執行する取締役になれません。

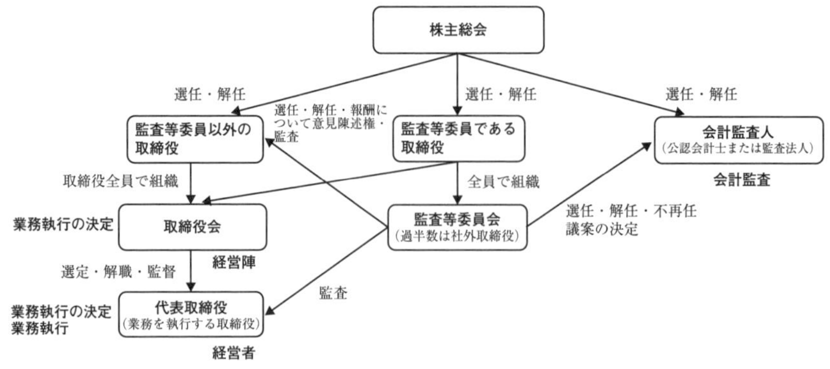

（7）指名委員会等設置会社

指名委員会等設置会社では，指名委員会，監査委員会，報酬委員会という3つの委員会と執行役を設置します。各委員会は，委員3名以上で組織され，各委員は取締役の中から取締役会決議によって選定されます（複数の委員（長）を兼任可）。各委員会の委員の過半数は，社外取締役でなければなりません。指名委員会等設置会社の取締役の任期は1年です。執行役の任期は1年です。

指名委員会は，株主総会に提出する取締役の選任・解任に関する議案を決定する機関です。**監査委員会**は，執行役，取締役，会計参与の職務執行の監査，事業年度ごとの監査報告（書）の作成，株主総会に提出する会計監査人の選任・解任・不再任の議案内容の決定を職務とする機関です。監査委員会が選定する監査委員は，いつでも，執行役，取締役，会計参与，支配人，その他の使用人に対し，その職務の執行に関する事項の報告を求め，会社の業務および財産の状況の調査をすることができ，また，子会社に対して事業の報告を求め，子会社の業務と財産の状況の調査をすることができます。**報酬委員会**は，取締役，執行役の個人別の報酬等の内容を決定する機関です。

執行役は，業務の執行および取締役会から委任された業務執行の決定を行います。執行役は，取締役会決議により選任されます。取締役はその資格で業務執行をすることができませんが，取締役が執行役を兼任することは認められています。執行役が複数名いる場合，執行役の中から，会社を代表する**代表執行役**を取締役会が選定します。執行役が1名の場合は，その者が代表執行役になります。代表執行役は，1名とは限らず，複数名，選定することができます。

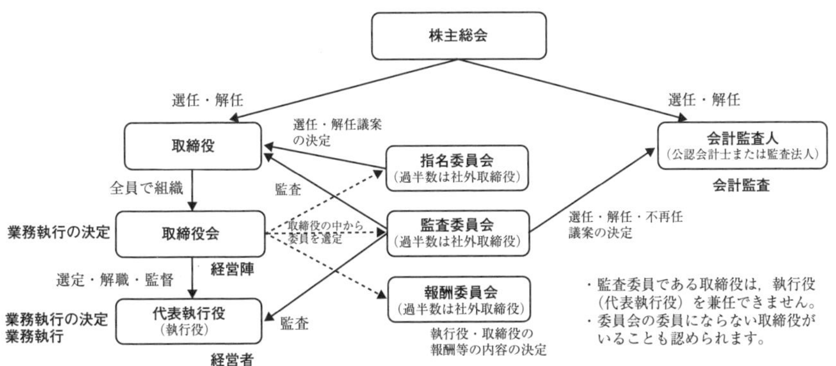

2　コーポレート・ガバナンス

（1）コーポレート・ガバナンスの意義

企業経営あるいは経営者には，①出資者（株主）のために，事業によって利益を生み出し，企業価値を高めること，および，そのために有効かつ効率的に業務を遂行すること，すなわち**経営の効率性**が求められます。同時に，②不正や誤謬（不正をする意図はなく間違えること）が生じないように法令や社内規程などのルールを遵守するという**適法性**（**遵法性**）すなわちコンプライアンスが求められます。**コンプライアンス**とは，法令，定款，社内規程（内規），社会的規範，企業倫理（第12章参照）を遵守することです。法令や社内規程を遵守することは最低限のことであり，現代の企業には，それ以上の社会的責任が課されています。さらに，③企業の行動によって影響を受ける投資家，債権者，取引先，消費者，地域住民といった企業のさまざまな**ステークホルダー**（**利害関係者**）（第１章５頁参照）に配慮することが求められます。

企業が，②適法性（コンプライアンス）を満たしながら，③ステークホルダーに適切な配慮をし，①経営の効率性を追求していくための，企業の構造設計やしくみのことを，**コーポレート・ガバナンス**（企業統治，会社統治）といいます。

株式会社制度では，多数いる株主が自ら会社を直接的に経営していくのではなく，企業経営の専門知識，ノウハウ，経験，人脈を持った経営のプロフェッショナルである人物に，経営権を集中させて，会社の経営を任せるしくみが採用されています。その方が，合理的かつ機動的な経営意思決定が可能となり，効率的な企業経営ができるからです。株主から会社の経営を任されて経営を行う人が**経営者**です。経営者は，株主の利益のための経営を行う義務があります。しかし，株主と経営者が別人である以上，経営者は，株主のために働こうとしないかもしれません。また，経営者あるいは企業が不祥事を起こす可能性もあります。コーポレート・ガバナンスは，株主の立場から，経営者が株主のための経営を行っているかどうかを監視し，経営者の行動や業績をチェックし，経営者が，各利害関係者に配慮しながら株主のための経営を行い，株主の利益のために働くようにコントロールしていくしくみや取組みのことを意味します。

経営者が株主の利益を追求して企業価値を最大化するようにし，また，企業や経営者の不祥事を防止あるいは早期発見して不祥事が生じないようにすることを目的とするコーポレート・ガバナンスでは，さまざまな統治，監督，管理，牽制（けんせい），統制，動機付けのしくみが使われます。その内容の一部は次のとおりです。

株式会社と経営者は，会社の所有者である株主によって統治されます。株主は，株主総会決議によって，取締役，監査役，会計監査人を選任・解任する人事権，報酬を決定する権限，監査役会設置会社，監査等委員会設置会社，指名委員会等設置会社といった会社の機関設計を選択する権限を持っています。取締役は，代表取締役や執行役などを監督します。監査役，監査役会，監査等委員会，監査委員会は，取締役，執行役などの業務執行を監査して，法令違反や定款違反がないように監督・牽制します。会計監査人は，会計監査を行い，会計上の不正がないことを確保し，計算書類に重大な虚偽表示がないことを証明し，適切な情報開示・情報公開および企業経営の透明性の確保に寄与します。企業内には，内部統制（183，200頁参照）の体制が整備されます。企業倫理として，経営者には，権限を濫用（らんよう）して私利私欲に走ることのないように，誠実さ・高潔さ（インテグリティー），誠実性，高潔な倫理観，自己統制が求められます。

（2）コーポレート・ガバナンスに関する報告書

東京証券取引所では，上場会社に対して，コーポレート・ガバナンス・コードに基づいた，**コーポレート・ガバナンスに関する報告書**の提出を求めています。この報告書は，各会社のウェブサイトの「IR情報」等で公開されています。

コーポレート・ガバナンス・コード（以下，CGコードとします）とは，上場会社がコーポレート・ガバナンスを実行するにあたりガイドラインとして参照すべき原則・指針です。CGコードにおいて，コーポレート・ガバナンスとは，会社が，株主をはじめ顧客・従業員・地域社会等の立場を踏まえた上で，透明・公正かつ迅速・果断な意思決定を行うためのしくみと定義されています。これはコーポレート・ガバナンスを経営の効率性と適法性（コンプライアンス）を目指すものとする従来の考え方（守りのガバナンス）を超えて，コーポレート・ガバナンスを会社の持続的な成長と中長期的な収益性・生産性を高めるためのしくみとして捉える新しい考え方（攻めのガバナンス）です。

CGコードでは，具体的なルールを細部にわたって定めず，抽象的な原則だけを規定する**プリンシプルベース・アプローチ**（原則主義）が採用されています。具体的には，①株主の権利・平等性の確保，②株主以外のステークホルダーとの適切な協働，③適切な情報開示と透明性の確保，④取締役会等の責務，⑤株主との対話という５つの基本原則と，５つの基本原則の下に，それぞれ複数の原則，補充原則が定められています。CGコードには，法的拘束力はありませんが，上場会社は，**コンプライ・オア・エクスプレイン**（ルールに従うか，さもなければ説明せよ）の考え方に基づき，自社の実情に応じ，これらの原則を実施し，実施しない場合にはその理由を説明することが求められます。

５つの基本原則の概要は次のとおりです。

①「株主の権利・平等性の確保」という基本原則は，株主総会における議決権などの株主の権利を実質的に確保すると同時に，その権利を実際に行使できる環境の整備を上場会社に求めています。そのために，少数株主や外国人株主への配慮，適確な情報提供，招集通知の早期発送，招集通知の英訳，株主総会関連の日程の配慮，持ち合い株式などの政策保有株式や買収防衛策に対する株主への十分な説明などが定められています。

②「株主以外のステークホルダーとの適切な協働」という基本原則は，会社の持続的成長と中長期的な企業価値の向上のために，株主以外のステークホルダー（従業員，顧客，取引先，債権者，地域社会等）と適切な協働に努めることを求めています。そのために，経営理念の策定，会社の行動基準の策定・実践，社会問題・環境問題等のサステナビリティー（持続可能性）をめぐる課題への適切な対応，女性の活躍促進を含むダイバーシティー（多様性）の確保，内部通報の整備などについて定められています。

③「適切な情報開示と透明性の確保」という基本原則は，情報開示の充実を図るために，法令に基づく開示以外の情報提供として，**財務情報**だけでなく，**非財務情報**についても主体的に開示することを求めています。経営理念や経営戦略・経営計画，予想されるリスクやガバナンスに係る情報等が非財務情報の内容です。また，監査を行う会計監査人の責務について，会社と会計監査人の双方が認識し，適切に対応することが求められています。

④「取締役会等の責務」という基本原則は，取締役会の責務の内容として，企業戦略等の大きな方向性を示すこと，企業成長にはリスクが伴うことを認識し，経営陣の適切なリスクテイクを支える環境を整備すること，経営陣・取締役に対する実効性の高い監督を行うこと，経営陣や取締役の株主に対する**受託者責任**とステークホルダーとの協働を求めています。また，監査役会の責務の内容として，株主に対する受託者責任を踏まえて，独立した客観的な立場で，

監査するために能動的・積極的に権限を行使し，取締役会や経営陣に対して適切な意見を述べるべきことを求めています。さらに，会社の機関設計に関して，業務執行者である経営者とそれを監視する取締役を分離すべきことや，独立した社外取締役を２名以上選任するべきということを求めています。また，新任者をはじめとする取締役・監査役に対するトレーニングなども求めています。

⑤「株主との対話」という基本原則は，株主総会以外の場においても，株主との間で建設的な対話（エンゲージメント）を行うことを求めています。株主との実際の対話（面談）では，合理的な範囲で経営陣や取締役が臨むこと，建設的な対話を促進するための体制整備や方針開示，さらには具体的な自社の株主構造の把握に努めることも求められています。

（3）スチュワードシップ・コード

金融庁は，機関投資家向けの行動原則である「『責任ある機関投資家』の諸原則」いわゆる日本版**スチュワードシップ・コード**（以下，SSコードとします）を公表しています。SSコードは，CGコードと車の両輪の関係にあります。CGコードが上場会社の行動規範であるのに対し，SSコードは機関投資家の行動規範です。**機関投資家**とは，投資顧問会社，生命保険会社，損害保険会社，信託銀行，投資信託会社，年金基金など，顧客から拠出された資金を運用・管理する法人投資家の総称です。SSコードは，会社の持続的な成長を促す観点から，機関投資家が上場会社と目的を持った対話（エンゲージメント）を行い，機関投資家の顧客や受益者に適切に受託者責任を果たすための原則です。SSコードも，CGコードと同様に，プリンシプルベース・アプローチとコンプライ・オア・エクスプレインの考え方を採用しています。SSコードに定められている原則は，①受託者責任の果たし方の方針公表，②利益相反の管理に関する方針公表，③投資先企業の経営モニタリング，④受託者活動強化のタイミングと方法のガイドラインの設定，⑤他の投資家との協働，⑥議決権行使の方針と行使結果の公表，⑦受託者行動と議決権行使活動の定期的報告の７つです。

SSコードは，機関投資家に対して，短期主義的な利益志向ではなく，投資先企業との目的を持った対話を通じて，投資先企業の企業価値向上や持続的成長を促すことを求めるものです。なお，SSコードを受け入れる機関投資家は，受入れの表明および**スチュワードシップ責任**（機関投資家受託者責任）を果たすための取組み方針などをウェブサイトで開示することを求められています。

3 「コーポレート・ガバナンスの状況等」の開示

前述した「コーポレート・ガバナンスに関する報告書」とともに，有価証券報告書の第4【提出会社の状況】の【コーポレート・ガバナンスの状況等】においては，【コーポレート・ガバナンスの概要】，【役員の状況】，【監査の状況】，【役員の報酬等】，【株式の保有状況】という項目が記載されています。

【コーポレート・ガバナンスの概要】では，コーポレート・ガバナンスに関する基本的考え方，コーポレート・ガバナンスの体制・**会社の機関設計**，設置する取締役会・監査役会等の名簿などが説明されます。【役員の状況】では，役員一覧（略歴）（女性の比率），社外役員の状況などが説明されます。【監査の状況】では，監査役監査・監査（等）委員会監査の状況，内部監査の状況，会計監査の状況，**監査報酬**の内容などが説明されます。【役員の報酬等】では，**役員報酬**の基本方針，報酬水準，報酬構成，報酬等の総額などが説明されます。役員報酬は，取締役，執行役，監査役などの役員区分ごとの報酬等の総額と員数が記載されます。また，1名で1億円以上の報酬等がある場合には，個人ごとに報酬等の総額が記載されます。【株式の保有状況】では，会社が保有する株式について，保有目的，保有方針，銘柄，株式数，金額などが説明されます。

図表11-1は株式会社コーセーの機関設計の概要です。

図表11-1 コーセーのコーポレート・ガバナンス体制の概要

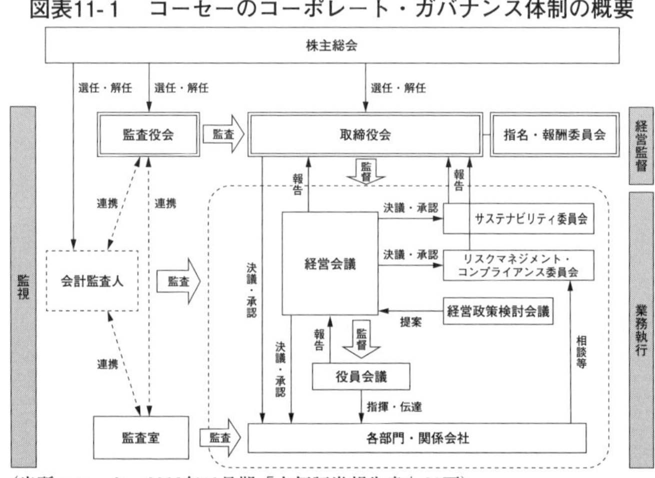

（出所：コーセー2022年12月期「有価証券報告書」30頁）

会計と倫理

企業である以上は，売上・利益を拡大することが重視されますが，行き過ぎた売上・利益偏重主義は問題です。経営者が，なりふりかまわず売上や利益を追求することは，従業員のコンプライアンス意識を希薄化させ，時に非倫理的な行動へとつながります。経営者は，コンプライアンスや企業倫理徹底を重視する姿勢を，さまざまな機会を通して従業員に向けてメッセージとして発信し続けることが求められます。ただし，非現実的な売上目標の設定など実際の事業活動が，経営者のメッセージとかけ離れていては，意味がありません。さらに，万が一コンプライアンスに違反するようなことが起こった場合に，「あの人だけが特別許される」というような状況は，絶対に避けなければなりません。すべての従業員に対して例外なく厳格で公正な一貫した対応が望まれます。

キーワード

機関　取締役会設置会社　会計監査人設置会社　株主総会　定時株主総会　臨時株主総会
役員　取締役会　取締役　代表取締役　業務執行の決定　業務の執行　社外取締役
会計監査人　監査役会設置会社　監査等委員会設置会社　指名委員会等設置会社　監査役
常勤監査役　社外監査役　監査役会　監査等委員会　指名委員会　監査委員会　報酬委員会
執行役　代表執行役　コーポレート・ガバナンス　コンプライアンス
コーポレート・ガバナンス・コード　スチュワードシップ・コード　役員報酬　監査報酬

練習問題

問題11－1　次の文章のカッコ内に適切な語句を入れなさい。

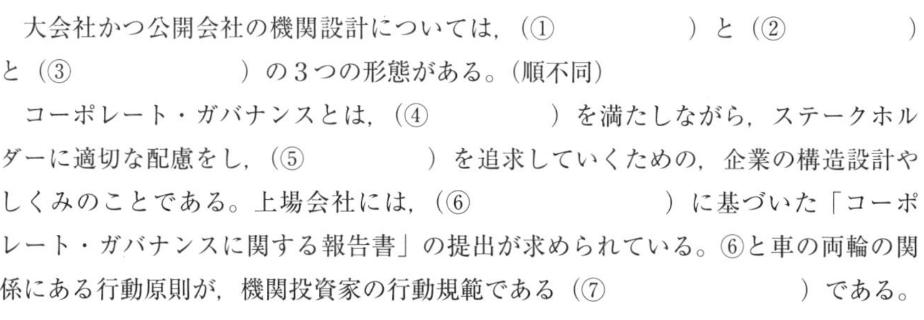

大会社かつ公開会社の機関設計については，（①　　　　　）と（②　　　　　）と（③　　　　　）の３つの形態がある。（順不同）

コーポレート・ガバナンスとは，（④　　　　　）を満たしながら，ステークホルダーに適切な配慮をし，（⑤　　　　　）を追求していくための，企業の構造設計やしくみのことである。上場会社には，（⑥　　　　　）に基づいた「コーポレート・ガバナンスに関する報告書」の提出が求められている。⑥と車の両輪の関係にある行動原則が，機関投資家の行動規範である（⑦　　　　　）である。

問題11－2　倫理問題

大胆な発想力，強力なリーダーシップと決断力，カリスマ性を持ち，A社を大企業に成長させたX社長が，私的に利用するマンションの購入費用やスポーツクラブ年会費を会社に負担させていた。これを知った取締役は，どう対応するべきか。

第12章

企業倫理と企業の社会的責任

1　企業不祥事

企業不祥事に対する社会の目は大変厳しいものとなっています。**企業不祥事**には，製品・食品事故，原材料・産地・消費期限偽装，性能数値の偽装・データ改ざん，情報セキュリティ事故，個人情報の漏えい，談合・カルテル，贈収賄，労働基準法違反，ハラスメント，反社会的勢力との関係など多種多様なものがあります。**粉飾決算**（第13章195頁参照）や資産の横領といった**会計不正**も企業不祥事の一類型です。一般に，企業不祥事が発生すると，不祥事を起こした企業に対する利害関係者の不信感は増大することになり，顧客離れが進み業績が悪化します。また，企業の**評判**（**レピュテーション**）や**ブランド・イメージ**が低下し，取引先が離反したり，優秀な人材が退職したりといった問題を引き起こします。事態を収拾し企業がその**信頼**を回復するためには，大変な時間と労力が必要となります。さらには，行政や司法による厳罰が下されることにもなり，最悪の場合，企業の倒産につながります。企業不祥事が発覚した場合，初動対応として，できるだけ迅速に事実関係を調査・確定し，憶測に振り回されないようにすることが重要です。そのうえで原因を究明し，関係者の処分や責任の追及を行い，**再発防止策**を策定・実施する必要があります。利害関係者（ステークホルダー）に対しては，早期に，**迅速かつ的確な情報開示**を行い，透明性を確保することが重要となります。情報開示が遅かったり不十分であったりすると，企業の信頼が余計に失われ，事態の収束が遅れます。

透明性の確保とは，組織が，組織外部および組織内部に対して，運営や活動状況などがわかるように，情報公開（ディスクロージャー）をしたり，中が見えるようにすることです。組織の活動内容などが不透明であり，外部からはどのような活動をしているのかがわからないようになっている場合，不正行為が行われていても，それが隠蔽（いんぺい）されたままになってしまい，不正が発生しやすくなります。透明性を確保することにより，**不正の抑止**（よくし）効果と摘発（てきはつ）効果があります。

企業不祥事を起こさないためには，企業内に不正を未然に防ぐ環境を構築することが求められ，そのしくみを，**内部統制**（とうせい）（第13章200頁参照）といいます。たとえば，現金の出納（すいとう）の際のチェック機能が甘いとか，上司の証憑類（しょうひょうるい）のチェックが形骸化（けいがいか）している，伝票の起票（きひょう）者と承認者が同一人物である，棚卸（たなおろし）作業を実施していない，などの職場環境がある場合，こうした職場環境を改めることも内部統制の一環となります。内部統制の適切な整備・運用は，不正を抑止するため，健全な企業経営に不可欠であり，会社法上の大会社の場合，取締役に，内部統制を整備する義務があります（会社法第348条第４項）。

従業員レベルの不正とは異なり，経営者レベルの不正は，内部統制では防ぐことが難しいといえます。なぜなら，内部統制は経営者による従業員に対する統制だからです。経営者レベルの不正を防ぐために経営者を監視・監査するのが**コーポレート・ガバナンス**の役割となります（第11章176頁参照）。

内部統制やコーポレート・ガバナンスの整備は，企業内で不正を起こさせないためのチェック体制の強化という客観的な側面を強く持ちますが，同時に，不正は個々人の内面の問題であるという主観的な側面があることを忘れてはなりません。つまり，企業不祥事は，従業員や経営者の倫理観・モラルに大きく依存するということです。そこで，企業では，個々人の良心の呵責（かしゃく）のハードルを上げて，不正行為を踏み止まらせるためにさまざまな取組みが実施されます。たとえば，企業内に相談窓口を設置することや所属する部署の上司とは別に，指導・相談役を担う社員が新入社員や後輩をサポートするメンター制度などを導入しコミュニケーションが容易に図れる組織を構築することは，従業員に問題やプレッシャーを抱（かか）え込ませない体制作りの基本です。**個人の倫理観**に訴えかけるために，企業独自の**倫理規程**を策定し，経営者が定期的にメッセージを発信することで従業員が倫理的に行動するための価値観を示し，その価値観を十分に浸透（しんとう）させるために，**企業内倫理教育**の充実を図る等の**企業倫理の制度化**も企業不祥事抑制のための重要な取組みです。

企業不祥事を防ぐためのコーポレート・ガバナンスと内部統制の関係（監査役を設置する監査役設置会社の場合）を示したのが**図表12-1**のイメージ図です。

図表12-1 企業不祥事を防ぐための基本構造（監査役設置会社の場合）

コーポレート・ガバナンス
内部統制
株主
取締役
監査役
監視
監督
監査
経営者
統制
従業員
企業倫理の制度化

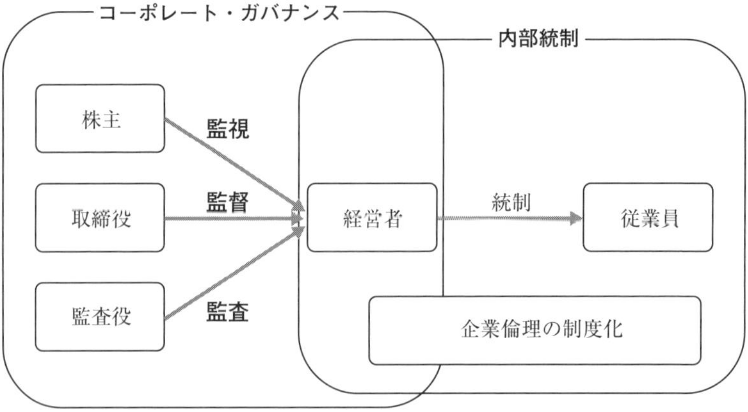

2 企業倫理

（1）倫理とは

倫理（エシックス；ethics）は，「人はどのように行動すべきか」という問いに対する基準であり，善悪を判別する際の規範（ルール）となるものです。倫理の「倫」には，仲間や共同体といった意味があり，倫理は個人的意見を超えて，仲間やコミュニティあるいは社会の規律を前提にしたものです。倫理的に行動することは，他者からの期待に応えることであり，倫理に反して行動することは，他者への期待を裏切ることです。倫理に反して行動する（倫理違反）と，コミュニティや社会から，非難や軽蔑などの制裁を受けることになります。

企業が不祥事を起こした場合，企業自体や関与した当事者は損害賠償責任や刑事罰などの法的制裁を受けることになります。同時に，マスコミにより不祥事を大々的に報道されたり，消費者による買い控えが生じたり，取引先が離反したり，ブランド・イメージが低下し優秀な人材の確保が難しくなったり，株価に悪影響を及ぼしたりとさまざまな社会的制裁を受けることにもなります。

企業倫理（ビジネス・エシックス；business ethics）とは，企業活動における従業員あるいは企業全体の一つひとつの行為のすべてが倫理的・道徳的に問題のない行為であるようにし，不祥事を起こして利害関係者に迷惑をかけることがないようにするための，企業活動に関する倫理観のことです。倫理は，個人の内面の問題であり，自ら進んで規範に従って行動するという個人の自律を前提にしていますが，企業倫理は，企業の経営者や従業員一人ひとりの倫理的な行動を促進するために，企業内において「何が正しい行動なのか」という価値観の統一を図る役割を果たします。

（2）企業倫理の制度化

企業内に企業倫理を確立するための施策として，以下のものがあげられます。

第１に，**倫理規程**の制定があります。倫理規程は，経営者や従業員が倫理や法令に基づいて行動するためのガイドラインとなるものです（（3）項を参照）。経営者や従業員は，倫理規程を業務の意思決定の際にガイドラインとして用いますが，そのためには倫理規程の全社的な理解と実践が求められます。

第２に，経営トップ（経営者，社長，CEO）が企業倫理を強く意識し，非倫理的な行為は許さないというメッセージを社内外に発信し，倫理的な**企業文化**への変革に努力する姿勢をしっかりと示す必要があります。経営トップは自らが**高い倫理観**を持ち，**倫理に関するリーダーシップ**を発揮する必要があります。たとえば，経営トップがコンプライアンスの重視や非倫理的な行為を許さないというメッセージを，定例会議や決算説明会，年頭の挨拶や従業員に対する社内スピーチ等の機会を通して何度も発信していくことも重要です。

第３に，従業員の**企業内倫理教育**として，**倫理研修，コンプライアンス研修・講習**などを定期的，継続的，反復的に実施していくことがあげられます。研修では，講師が，企業倫理やコンプライアンスについてレクチャーします。

第４に，組織体制として，**企業倫理担当役員**や**企業倫理担当責任者**の任命と，それらを長（ちょう）とする**企業倫理委員会**や**企業倫理担当部署**などの常設機関の設置があげられます。企業倫理担当役員や企業倫理担当責任者のもとで，企業倫理委員会や企業倫理担当部署は，企業内の活動に対して，倫理規程に基づく監視・指導を行います。また，社内のコミュニケーションの推進を図り，企業倫理の啓発（けいはつ）・教育プログラムを企画・実施します。さらに，万が一不祥事が発生した場合には，その対応策と再発防止策の検討，指示を行います。

第5に，**倫理問題に関する相談窓口**の設置があげられます。企業倫理やコンプライアンスに反する，あるいは反する恐れがある従業員の行動や社内の習慣などについて気軽に相談や通報ができる窓口を設けることで，倫理問題を事前に防ぐことにつながります。また，通常，倫理やコンプライアンスに反する問題を発見した場合，上司にその事を報告・相談することになりますが，上司が直接かかわっているような場合，問題は解決しません。このような場合にも，相談窓口を設けることが有効です。こうした相談窓口は，**企業倫理ヘルプライン**や**企業倫理ホットライン**とよばれます。相談者に対する不利益が生じないように，相談者の匿名性を保持しつつ，相談内容の真偽を確認して，迅速に問題解決に取り組むことができる体制を構築することが重要となります。より発展的には，従業員等の企業内部関係者だけでなく，企業外部の関係者である取引先や消費者からの相談や通報に応じる体制が必要です。倫理問題に関する相談窓口が構築されることで，関係者が，マスメディアや監督官庁に対する**内部告発**という最終手段を用いることを防ぐことにもつながります。

第6に，企業倫理制度の形骸化を防ぎ，その実効性を高めるために，倫理規程の遵守に関する運用状況の定期的なチェックや，相談窓口の相談実績状況の把握，企業倫理の浸透・定着度合いの確認等を，企業倫理委員会や企業倫理担当部署を通じて日常的・継続的に点検・評価していくことが必要です。

最後に，自社の企業倫理制度について社内外に積極的に広報していくことが求められます。企業倫理ヘルプライン等について，案内のカードを従業員に定期的に配布したり，活用例を紹介したりする取組み等が考えられます。企業倫理に対する自社の姿勢を外部へ積極的に公開していくことも，**透明性の確保**や**情報開示**の観点から重要です。多くの企業では，自社のウェブサイト上の企業情報や会社情報，CSR・環境・社会貢献といった項目において，倫理規程，自社の企業倫理推進体制等の情報を公開しています。同時に，企業の**企業理念**，**経営理念**，**企業使命**，**経営姿勢**といった内容も公開しています（(3) 項を参照)。

企業の経営者は，企業の個々の活動内容について**将来ビジョン**（構想，未来像，あるべき姿）を思い描き，そのビジョン全体としての企業の将来ビジョン・将来イメージ・将来像を描いて，それを実現していくように，行動していく（主として，部下を動かしていく）形で，企業経営を行います。企業の将来像は，高収益を生み，高い企業価値を持つものであるとともに，自社の企業理念，企業使命および社会の倫理，企業倫理に合致するものである必要があります。

（3）倫理規程

倫理規程とは，組織とその構成員の倫理的行動の内容を定め，経営者や従業員が倫理や法令に基づいて行動するためのガイドラインとなるものです。

企業の定める倫理規程は，**倫理綱領**，**倫理規則**，**行動基準**，**行動指針**，**倫理コード**，**企業倫理憲章**などの名称の場合もあります。倫理規程は各企業が独自に定めるものですが，主として，次のようなことが定められています。

第１に，社会に対する企業の基本姿勢の表明です。その企業のすべての行動の指針となる基本的な考えを，**企業理念**や**経営理念**といいます。その企業のすべての行動に共通する最終目的や目標，社会におけるその企業の役割や使命を明確化したものを，**企業使命**といいます。企業使命を果たしていくための行動における姿勢や方針を，**経営姿勢**や**行動指針**といいます。企業の経営者と従業員は，社会に対する約束として，これらを守るように行動します。

第２に，法令や社内規程等の遵守に関する基本姿勢の表明です。法律・政令・省令・条例だけでなく，自社の定款や社内規程・マニュアル等を遵守して，業務に取り組むことが示されます。

第３に，多様な利害関係者との関わりについてです。顧客や消費者への適切な対応，特定の取引先への特別待遇等の不公正な取引の禁止，公務員への贈答・接待やその他の便益供与と利害関係者への社会的儀礼の範囲を超えた贈答や接待の禁止，反社会的勢力との対決や絶縁，政治献金等が定められています。株主との関係では，株主の権利行使に関する利益供与や利益供与と疑われる行為やインサイダー取引の禁止，株主情報の取り扱い等について定められています。

第４に，職場環境に関する事項です。安全で清潔な職場環境の維持，プライバシーの保護，従業員の公正・公平な評価，セクシャルハラスメントやパワーハラスメントなどのハラスメント（嫌がらせ）の禁止等が定められています。

第５に，役員・社員の行動と責務についてです。個人の利益や親族などの第三者への利益のために会社に損害を与えることの禁止や，投機的投資や賭博といった個人的投機の制限，守秘義務の徹底，企業の資産の保護（私的な使用・消費の禁止）等について定められています。

最後に，企業倫理に関する組織体制の明示です。企業倫理担当役員や企業倫理委員会等の組織体制，倫理ヘルプライン等の明示，違反行為に対する罰則等について定められています。

3 企業の社会的責任

（1）企業の社会的責任とは

現代における企業は，株主，投資家，債権者，従業員，消費者，取引先，顧客，地域住民，その他，多様な利害関係者（ステークホルダー）全体すなわち，**社会**に対して責任を負っています。これを**企業の社会的責任**（corporate social responsibility；CSR）といいます。企業の社会的責任の構成要素として，経済的責任，遵法的責任，倫理的責任・道義的責任，社会に対する責任，社会貢献に対する責任，環境に対する責任などがあげられます。

経済的責任は，利潤の追求を図り，株主には配当を，従業員には安定した生活を，消費者には安全で安価な製品を提供する，といった責任のことです。

遵法的責任は，法令や社内規程等の遵守すなわちコンプライアンスを徹底しなければならないという責任です。また，法令に基づく適切なコーポレート・ガバナンス体制と内部統制体制の構築と運用の責任もあります。

倫理的責任・道義的責任は，遵法的責任以上の責任として，企業倫理を確立し，役員・従業員が高い倫理観を持って倫理的に行動し，法令以外の社会のルールや倫理的ルールも遵守していくという責任です。なお，遵法的責任と倫理的責任・道義的責任は，**ガバナンスに対する責任**ともよばれます。

社会に対する責任は，製品の安全性の確保，人権の配慮，地域社会との共生，労働環境の改善，雇用機会均等への配慮，従業員の人材育成・成長機会の提供，ダイバーシティー（多様性；多様な人材，価値観，考え方，意見の取り入れ）の推進，女性の活躍の促進，従業員の健康や生涯設計への配慮，従業員の福利厚生への配慮などに対する責任や，**情報開示の責任，説明責任**などがあげられます。

社会貢献に対する責任は，社会福祉，地域振興，教育支援，国際交流，スポーツ振興，芸術文化支援（メセナ）といった社会貢献・慈善活動（フィランソロピー）などへの責任があげられます。

環境に対する責任は，資源の節約，CO2排出などの環境への負荷の削減，環境汚染対策，環境保全，環境回復への貢献，環境教育，環境対策に関する情報開示などに関する責任のことをいいます。上記の**環境**（Environment），**社会**（Social），**ガバナンス**（Governance）に対する責任は，**ESG**と略称されます。

(2) サステナビリティとトリプルボトムライン

上記の，経済的責任を**経済的側面**，遵法的責任，倫理的責任，社会に対する責任，社会貢献に対する責任の４つを**社会的側面**，環境に対する責任を**環境的側面**とし，３つの側面から企業を評価することを**トリプルボトムライン**といいます。最終利益を示した損益計算書の最終行のことを**ボトムライン**といいますが，トリプルボトムラインには，経済的側面に偏重（へんちょう）せずに，社会的側面や環境的側面も含めて，企業の最終的な結果を総合的に評価するという意味があります。すなわち，トリプルボトムラインは，企業を，最終利益，ROE，ROA，配当金といった経済的側面だけで評価するのではなく，経済的側面，社会的側面，環境的側面の３つの観点から評価するという考え方です。企業がこの３つの側面に配慮することで，サステナビリティを高める経営を行うことができます。**サステナビリティ・持続可能性**とは，企業が，経済面，社会面，環境面において，社会的責任を果たすことで，地球環境および社会環境を将来においても保全し，企業が将来においても存続して事業を継続できる可能性のことです。サステナビリティという概念は，長期的に健全な社会を形成し，企業が自然と共生する持続可能な社会システムを構築していくために重視されています。

(3) CSR報告書

企業のウェブサイト上では，企業の社会的責任・CSRをどのように果たしているかを説明・情報開示するために，**CSR報告書**，CSRレポート，**環境報告書**，**サステナビリティ報告書**，サステナビリティレポート，統合報告書等の名称でCSRに関する報告書（CSR報告書と総称）が公開されています。

CSR報告書の作成基準には，法令のような統一的ルールはありませんが，以下のような，いくつかの作成ガイドラインがあります。各企業は，どのガイドラインに準拠して作成しているかをCSR報告書上で明示しています。

１つ目として，サステナビリティに関する国際基準の策定を使命とするNGO団体であるGRI（Global Reporting Initiative）が策定している「**サステナビリティ・レポーティング・ガイドライン**」（The GRI Sustainability Reporting Guidelines），通称**GRIガイドライン**があります。GRIガイドラインは，トリプルボトムラインの考え方に基づいており，経済的側面，社会的側面，環境的側面のそれぞれについて，詳細な開示項目が定められています。

2つ目として，日本の環境省が公表している「**環境報告ガイドライン2018**」があります。上場会社や大規模事業者を中心に，ほとんどの日本企業がCSR報告書を作成する際に参考にしている環境報告に重点を置くガイドラインです。

3つ目として，産業分野の国際標準を策定するための組織である国際標準化機構（International Organization for Standardization；ISO）が公表している**ISO 26000**（**社会的責任に関する手引**）があります。ISO26000では，**社会的責任の7原則**として，説明責任，透明性，倫理的な行動，ステークホルダーの利害の尊重，法の支配の尊重，国際行動規範の尊重，人権の尊重をあげ，社会的責任の中核主題として，組織統治，人権，労働慣行，環境，公正な事業慣行，消費者課題，コミュニティ参画および開発の7つをあげています。

この他，経済協力開発機構（OECD）が多国籍企業に社会的責任を果たすことを求めた「**OECD多国籍企業行動指針**」や，国連による人権，労働権，環境，腐敗防止に関する原則を定めた「**国連グローバル・コンパクト**」などがあります。

（4）社会的責任投資とESG投資

証券投資を行う投資家の側から，企業のCSRに対する姿勢を積極的に評価する考え方として，社会的責任投資とESG投資があります。

社会的責任投資（socially responsible investment；SRI）は，企業のCSRに関する取組みを積極的に評価して，CSRの面で高い評価を得ている企業を投資先とする投資手法のことです。社会的責任に対する意識が希薄な企業は，不正行為等を起こしやすく，結果として，投資家に大きなダメージを与える可能性も高く，反対に，社会的責任に対する意識が高い企業は，持続可能性を高め，株主価値を向上できる可能性が高いという考え方が，SRIの前提です。SRIは，社会や環境を強く意識した一部の倫理的な企業を特別にピックアップして投資するという特殊な運用方法として捉えられることもあります。

ESG投資とは，**環境**（Environment），**社会**（Social），**ガバナンス**（Governance）に対して積極的に配慮している企業を投資先とする投資手法のことです。ESG投資は，企業価値を向上させるために，環境，社会，ガバナンスについての課題が現代のすべての企業において重要視されるものであるという考え方に基づいています。ESG投資は，投資対象をSRIのように一部の企業に限定するというものではなく，すべての投資対象企業について，その企業のESGへの配慮状況を考慮に入れて企業を評価し，投資するものです。

会計と倫理

企業不祥事が起こるたびに問題とされるのが，企業倫理です。先進的な企業倫理体制やCSRを構築しているとされていた企業が不祥事を起こすこともあります。いくら企業倫理体制やCSRに関する情報開示がうまくても，実態を伴っていなくては何にもなりません。

倫理は，究極的には個人の内面の問題です。特に，経営者のマインドは企業文化に大きな影響を与えます。企業内でリーダーシップを発揮する経営者は，企業内全体の倫理観を高めるために，倫理的なリーダーシップも果たしていく必要があります。

キーワード

企業不祥事　評判　ブランド・イメージ　再発防止策　迅速かつ的確な情報開示
透明性の確保　不正の抑止　内部統制　倫理観　倫理規程　企業内倫理教育　企業倫理
企業文化　高い倫理観　企業の社会的責任（CSR）　持続可能性（サステナビリティ）
ESG（環境・社会・ガバナンス）　トリプルボトムライン　CSR報告書
環境報告書　サステナビリティ報告書　社会的責任投資（SRI）　ESG投資

練習問題

問題12－1　次の文章のカッコ内に適切な語句を入れなさい。

(1)　企業不祥事が発生した場合，早期に，（①　　　　　　　　）を行い，透明性を確保することが重要となる。また，原因を究明し，関係者の処分や責任の追及を行い，（②　　　　　　）を策定・実施する必要がある。

(2)　企業活動に関する倫理観のことを（③　　　　　　　）という。

問題12－2　企業を２社選んで，その企業が公表しているCSRに関する報告書をウェブサイトから入手し，内容の概略を簡潔にまとめて，比較しなさい。

問題12－3　倫理問題

Ｚ社では，製造販売している製品につき，社内規定に基づく安全性能数値よりも３％程度低いまま出荷していたことが，製品を購入している顧客からの情報提供により，判明しました。これは経営管理上のコスト削減の指示に従うため，生産現場の責任者と工員が行ったことで，経営幹部である取締役は誰一人としてこのことを知りませんでした。関係する過去の販売金額は500億円であり，今後も毎年500億円の需要が見込まれています。過去の品質不良製品の回収交換等に関する追加費用は5,000億円と見積もられます。まだ，マスコミには取り上げられていません。現在，取締役会の会議で，対応を議論していますが，どう行動するべきでしょうか？

第13章

監　査

1　企業における監査の種類

監査（かんさ）とは，ある主体の活動や行為や状況またはそれらを基礎とする書類や情報が，事前に確立されたルールに適合しているかどうかを証明すべき命題とし，その証明のために必要となる証拠を客観的に収集・評価して，証拠に基づき命題を証明し，その適合の程度の証明結果を，利害関係者に伝達するプロセス全体のことです。言い換えると，監査は，監査の対象が，法令や基準などのルールに従っているかどうかを監督・検査することです。

企業において行われる監査における，監査の主体には（A）公認会計士（監査法人），（B）監査役，（C）内部監査人があります。また，その監査の対象には，①財務諸表・計算書類（会計），②内部統制報告書，③取締役の業務執行，④従業員の業務があります。それらの組み合わせによる企業における監査の種類は下記の図表のようになります。

監査主体 監査対象	公認会計士・監査法人 （会計士監査）	監査役 （監査役監査）	内部監査人 （内部会計人監査）
財務諸表 計算書類（会計）	財務諸表監査 会計監査人監査	監査役の会計監査	なし
内部統制報告書	内部統制監査	なし	なし
取締役の業務執行	なし	監査役の業務監査	なし
従業員の業務	なし	なし	内部監査

企業において行われる監査は，法令違反やルール違反，不正行為を発見し，また，それらの不祥事を防止・抑止することを目的としています。

財務諸表監査・会計監査人監査は，財務諸表・計算書類を監査の対象とするもので，財務諸表・計算書類が会計基準に準拠して作成されているかどうかを監査するものであり，公認会計士・監査法人が行います。

監査役の会計監査は，会社の監査役・監査役会が行う監査であり，会社の会計を監査の対象とするものです。

内部統制監査は，企業内に整備されるべき内部統制の状況や有効性に関する経営者の言明である内部統制報告書を監査の対象とするものであり，内部統制報告書が内部統制の評価の基準に準拠して作成されているかどうかを監査するものであって，公認会計士・監査法人が行います。

監査役の業務監査は，会社の監査役・監査役会が行う監査であり，企業の経営者である取締役・取締役会・代表取締役の業務執行を監査の対象とするものです。

内部監査は，企業内の内部監査担当部署（たとえば，内部監査室というような名称の部署）が行う監査であり，従業員の業務遂行を監査の対象とするものです。

2　法律で定められている監査：財務諸表監査制度（会計監査制度）

企業会計に関する監査は，法律で定められており，金融商品取引法が定める監査制度と，会社法が定める監査制度があります。前者を「**金融商品取引法監査**」（８節で説明），後者を「**会社法監査**」（９節で説明）とよびます。

金融商品取引法が定める監査（金融商品取引法監査）には，「**財務諸表監査**」と「**内部統制監査**」の２つがあります。金融商品取引法が定める監査における監査人は，公認会計士または監査法人でなければなりません。

法令に基づく監査の種類	監査の種類	監査人
金融商品取引法監査	財務諸表監査	公認会計士，監査法人
	内部統制監査	公認会計士，監査法人
会社法監査	会計監査人監査	公認会計士，監査法人
	監査役監査	監査役，監査役会

会社法が定める監査（会社法監査）には，「**会計監査人監査**」と「**監査役監査**」の２つがあります。会計監査人は公認会計士または監査法人でなければなりませんが，監査役は公認会計士の資格を求められていません。

公認会計士は，独立した立場から，財務諸表等の情報の信頼性を確保するために監査を行う，監査および会計の専門家です。公認会計士という国家資格は，もともと，金融商品取引法（旧証券取引法）に基づく財務諸表監査を行うための資格として設けられたものです。

監査法人は，公認会計士法の規定に従い，５人以上の公認会計士が共同で設立することができる，監査を行うための法人のことです。監査法人の制度は，大企業の監査を組織的に行うことができるようにするために存在しています。

金融商品取引法監査は，投資家保護を目的とし，財務諸表と内部統制報告書が適正なものであることを確保して，投資家に真実の情報を提供することを保証するために存在しています。この監査の存在により，金融商品取引法に基づいて企業がディスクロージャー（情報公開）した財務諸表の情報を，投資家は，安心して投資に関する意思決定に利用することが可能となります。

会社法監査（会計監査人監査と監査役の会計監査）は，株主保護と債権者保護を目的とし，会社において，株主総会に提出し，かつ公告する計算書類（財務諸表のこと）が適正なものであることを確保して，株主と債権者に真実の情報を提供することを保証するために存在しています。この監査の存在により，会社法に基づき，経営者が株主総会に対してアカウンタビリティー（説明責任）を果たすために行う会計報告で用いられる計算書類の情報を，株主は，安心して株主権（共益権と自益権）を行使するための意思決定に利用することが可能となります。また，会社法監査は，会社において会計に関する不正や誤謬（ごびゅう）（間違い）がないようにする役割や，不当な配当による会社財産の流出を防いで債権者の保護を図る役割を果たしています。

なお，企業の作成した財務諸表に重要な虚偽表示があるにもかかわらず，監査上の故意または過失によって，財務諸表に重要な虚偽表示は存在せず財務諸表は適正であるという誤った監査意見を表明して，虚偽の監査証明をした公認会計士・監査法人は，民事責任として，それによって損害を被った投資家等の利害関係者一般に対して，損害賠償責任を負います。また，監督官庁である金融庁から，行政処分として，戒告，業務改善命令，業務停止命令，解散命令などの懲戒処分を課されることがあります。

3 財務諸表監査の必要性のフレームワーク

粉飾決算（ふんしょくけっさん）（**不正会計，会計不正**）とは，企業が不正な会計処理を行って，事実とは異なる財務諸表を作成し報告することをいいます。典型的な粉飾決算は，収益を架空計上したり，費用を過少計上したりすることで，利益数値を水増しし，企業業績をよく見せようとするものです。粉飾決算が行われると，財務諸表の情報に基づく利害関係者の判断を誤らせ，投資家や株主であれば，保有する株式の価値の低下などにより損害を被るというように，多くの利害関係者に莫大な損害をもたらすことになります。また，粉飾決算事件の発生は，株式市場の混乱や会計制度に対する不信などを招くこともあります。粉飾決算は，その発生が防止されなければならない不正行為であり，法律上の犯罪行為です。**金融商品取引法違反**（有価証券報告書虚偽記載，第197条），**会社法違反**（虚偽申述，第963条・第976条）（違法配当，第963条）（特別背任，第960条）などに該当します。

企業会計では，**真実性の原則**に基づき，財務諸表の内容は**真実**でなければなりませんが，財務諸表は企業の経営者自らが作成するものですので，経営者がいくら真実であると主張したとしても，利害関係者は，そのままそれを真実であると信頼することはできないはずです。これを「自己証明は証明にあらず」といいます。このため，**独立の第三者**である監査人（公認会計士）による**財務諸表監査**が必要とされることになります。財務諸表監査（会計監査）は，経営者の作成した財務諸表が，「**一般に公正妥当と認められる企業会計の基準**」（会計のルール）に準拠して作成され，企業の財政状態，経営成績およびキャッシュ・フローの状況を**すべての重要な点において適正に表示**しているかどうかを監査するものです。つまり，財務諸表が会計のルールに従って作成され，真実の情報であることを**保証**するためのしくみが，財務諸表監査（会計監査）です。

財務諸表監査では，**監査人**が**監査手続**の実施により，自ら入手した**監査証拠**に基づいて判断した結果を**監査意見**として**監査報告書**により表明します。監査人によって，財務諸表は適正であるという結論が表明されれば，利害関係者は，その財務諸表を真実であると信頼することが可能となります。この枠組みにおいて，経営者と監査人が，財務諸表の作成については経営者が責任を負い，その財務諸表の適正性に関する監査意見については監査人が責任を負うという形で責任を分担することを，**二重責任（責任分離）の原則**といいます。

4 財務諸表の虚偽表示の要因

財務諸表に記載されている情報が事実と異なることを，**財務諸表の虚偽表示**(きょぎ)といいます。財務諸表の虚偽表示は，以下のようなことによって生じます。

- 存在した取引を，意図的に（不正），または，誤って（誤謬），記録していない。
- 存在した取引を，意図的に，会計基準に従って処理せず，会計帳簿の金額や勘定科目が間違っている。（不正）
- 存在した取引を，誤って，会計基準に従って処理せず，会計帳簿の金額や勘定科目が間違っている。（誤謬）
- 架空の取引を記録している。（架空取引を会計基準通りに処理あるいは会計基準に従わず処理している）（不正）
- 会計帳簿は正確であるが，財務諸表の作成段階で，意図的に，会計帳簿と異なる金額や勘定科目を用いている。（不正）
- 会計帳簿は正確であるが，財務諸表の作成段階で，誤って，会計帳簿と異なる金額や勘定科目を用いている。（誤謬）
- 財務諸表の注記情報が，意図的または誤謬によって，事実と異なるあるいは誤解を与える，または不十分である。

財務諸表監査（会計監査）において，監査人は，効率的・効果的となるように計画された**監査計画**に従って，会計帳簿を調べる，伝票，納品書等の証憑(しょうひょう)を調べる，在庫を調べる，債権債務の相手先に確認するなどの**監査手続**（監査の技術）を適用して，**監査証拠**を入手していき，財務諸表の内容が事実であり適正であるかどうかを明らかにし，**監査結果**を得ます。

5 監査報告書

公認会計士・監査法人は，金融商品取引法に基づく財務諸表監査では，投資家に対してディスクロージャーされる財務諸表を監査し，会社法に基づく会計監査人による会計監査では，株主総会に対して会計報告するための計算書類（財務諸表）を監査します。これらの監査を行う監査人（公認会計士・監査法人）は，監査証拠に基づき，監査結果を**監査報告書**にまとめて，意見表明を行います。監査の結果，「財務諸表は企業会計の基準に従って，適正に表示されている」と判断されれば，監査人によって，財務諸表は適正であると意見表明されます（適正意見）。その場合，財務諸表・計算書類の利用者である，投資家，株主は，記載された会計情報を信頼して，意思決定のために安心して利用することができるようになります。

金融商品取引法に基づく連結財務諸表の監査の場合の，監査報告書の記載事項の概略は，下記のとおりです。その場合の監査報告書は，有価証券報告書の末尾に収録されています。監査報告書の記載内容・文言は定型化されています。それは，財務諸表の利用者である投資家や株主等が，財務諸表が適正である場合を中心に，素早く監査報告書の内容を把握することができるようにするためです。

独立監査人の監査報告書

監査意見

『当監査法人は，金融商品取引法第193条の２第１項の規定に基づく監査証明を行うため，「経理の状況」に掲げられている○○株式会社の×年×月×日から×年×月×日までの連結会計年度の連結財務諸表，すなわち，連結貸借対照表，連結損益計算書，連結包括利益計算書，連結株主資本等変動計算書，連結キャッシュ・フロー計算書，連結財務諸表作成のための基本となる重要な事項，その他の注記及び連結附属明細表について監査を行った。

当監査法人は，上記の連結財務諸表が，我が国において一般に公正妥当と認められる企業会計の基準に準拠して，○○株式会社及び連結子会社の×年×月×日現在の財政状態並びに同日をもって終了する連結会計年度の経営成績及びキャッシュ・フローの状況を，全ての重要な点において適正に表示しているものと認める。』という意見表明。

監査意見の根拠

・我が国において一般に公正妥当と認められる監査の基準に準拠して監査を行ったこと
・監査人の独立性と，その他の倫理上の責任
・意見表明の基礎となる十分かつ適切な監査証拠を入手したこと

監査上の主要な検討事項（Key Audit Matters：KAM）

・当連結会計年度の連結財務諸表の監査において，監査人が職業的専門家として特に重要であると判断した事項

その他の記載内容

・有価証券報告書に含まれる情報のうち，連結財務諸表及び財務諸表並びにこれらの監査報告書以外の情報に関しての，連結財務諸表監査における監査人の責任

連結財務諸表に対する経営者並びに監査役及び監査役会の責任

・経営者，監査役，監査役会の連結財務諸表に関する会計上の責任

連結財務諸表監査における監査人の責任

・監査人の連結財務諸表についての監査上の責任

利害関係

・会社，連結子会社と監査人との間の，公認会計士法の規定により記載すべき利害関係

（日本公認会計士協会「監査・保証実務委員会実務指針第85号，監査報告書の文例」に基づく）

6 監査基準

公認会計士による会計監査は，監査のルールである「**一般に公正妥当と認められる監査の基準**」に準拠して行われます。日本では，「**監査基準**」（企業会計審議会），「監査に関する品質管理基準」（企業会計審議会），日本公認会計士協会の監査実務指針，および監査実務における慣行がそれに該当します。

「監査基準」は，監査人が会計監査を実施するにあたって準拠することが求められる行為規範であり，監査の目的，一般基準（監査の一般的な規範のこと），監査実施基準（監査の実施に関する基本ルール），監査報告基準（監査報告に関する基本ルール）が規定されています。

7 監査結果と監査意見

監査の結果，監査人が表明する報告内容には，次の４種類があります。

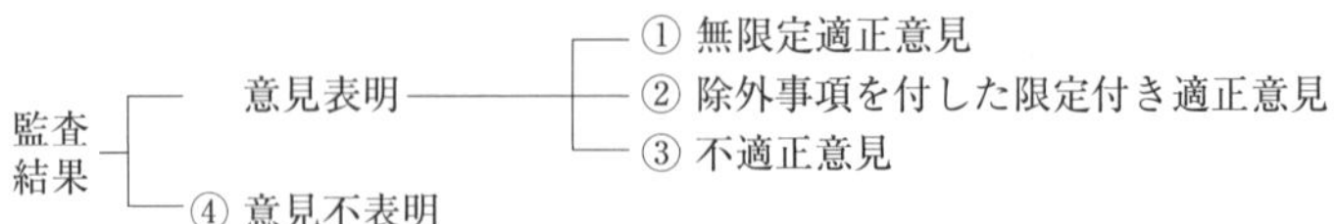

無限定適正意見は，財務諸表がすべての重要な点において適正に表示している場合に表明されます。この時，財務諸表は信頼できるということになります。

除外事項を付した限定付き適正意見は，財務諸表が除外事項を除いてすべての重要な点において適正に表示している場合に表明されます。

不適正意見は，財務諸表が不適正である場合に表明されます。

意見不表明は，重要な監査手続を実施できなかったために，財務諸表全体に対する意見表明の基礎を得ることができなかった場合です。この場合は，監査意見は表明されないことになります（監査報告書は作成されます）。

「財務諸表は適正である」という監査人の監査意見は，監査した財務諸表に「**重要な虚偽表示**」が含まれていないということを意味しており，財務諸表に不正や誤謬によるあらゆる虚偽が含まれていないということではありません。重要ではない不正や誤謬が含まれている可能性は残されています。

8 金融商品取引法監査

(1) 金融商品取引法と金融商品取引法監査

金融商品取引法の規定によって実施される監査のことを，**金融商品取引法監査**といいます。これは，**投資家保護**を目的とします。

金融商品取引法監査は，被監査会社（財務諸表監査を受ける企業）と特別の利害関係のない公認会計士，監査法人が行います。独立の第三者の立場から客観的に監査が行われなければ，監査自体に対する信頼が得られないからです。

金融商品取引法監査には，「財務諸表監査」と「内部統制監査」の２種類があります。財務諸表監査には，ゴーイング・コンサーン情報の監査（「継続企業の前提に関する監査人の検討」）が含まれます。以下では，これらを説明します。

(2) 財務諸表監査

金融商品取引法に基づき，上場会社（金融商品取引所に上場されている有価証券の発行会社）は，財務諸表について，特別の利害関係のない公認会計士，監査法人の**監査証明**を受けなければなりません。

この財務諸表を対象とする監査を，**財務諸表監査**といいます。金融商品取引法に基づく財務諸表監査は，次の３種類があります。

①「有価証券届出書」に記載する財務諸表の監査
②「有価証券報告書」に記載する財務諸表の監査
③「四半期報告書」に記載する財務諸表の監査

第６章で説明したように，有価証券届出書，有価証券報告書，四半期報告書に，企業の財務諸表が記載されます。その財務諸表に金融商品取引法によって公認会計士・監査法人の監査証明が求められています。監査証明を記載した独立の監査人の監査報告書は，有価証券届出書，有価証券報告書，四半期報告書の末尾に収録されています。

なお，有価証券報告書に記載される財務諸表は，「監査基準」に従って監査されますが，四半期報告書に記載される四半期財務諸表は，通常の監査よりも簡易な監査とするため，「**四半期レビュー基準**」に従って簡易的に監査され，監査という言葉の代わりに**レビュー**という言葉が用いられています。

(3) ゴーイング・コンサーン情報の監査

企業会計上の，企業が将来も永続的に事業活動を継続するという前提を，**継続企業（ゴーイング・コンサーン）の前提**といいます。もし，企業に，売上高の著しい減少，継続的な営業損失の計上，巨額の営業損失や当期純損失の計上，債務超過，負債の履行不能・履行困難，新たな資金調達の困難，ブランド・イメージの著しい悪化などが生じている場合は，継続企業の前提に**重要な疑義**が生じているといいます。その場合，企業は，財務諸表に，「**継続企業の前提に関する注記（事項）**」を記載しなければなりません。監査人は，財務諸表監査において，その注記の適否を評価して，監査意見の選択に反映させる必要があります。これを**ゴーイング・コンサーン情報の監査**といいます。

(4) 内部統制監査

内部統制とは，企業内において，①業務の有効性および効率性の確保，②財務諸表の報告の信頼性の確保，③財産の保全，④法令や内規等の遵守の徹底，これらのために，経営者によって構築され，企業内の業務に組み込まれたしくみや取組み全体のことであり，企業のすべての構成員によって遂行されるプロセスのことです。適切な内部統制を構築・整備し，運用することによって，結果として，企業内における不正や誤謬の発生の防止につながります。

会社法に基づき，会社法上の大会社には，業務全般の適正を確保するための内部統制システムを整備する義務があります。また，金融商品取引法に基づき，上場企業には，内部統制システムの構築・整備・運用およびその有効性の検証の義務があり，経営者には，その内容を説明する「**内部統制報告書**」を作成し，内閣総理大臣に提出する義務があります。経営者の作成する「内部統制報告書」も，有価証券報告書の末尾に収録されています。この経営者の作成する「内部統制報告書」は，特別の利害関係のない公認会計士，監査法人の監査証明を受けなければなりません。これを**内部統制監査**といいます。

財務諸表監査は，企業内に構築された内部統制を前提にして，それを利用する形で実施されます。内部統制が整備され有効である企業の場合は，財務諸表の重要な虚偽表示が発生するリスクが低いため，監査手続の質や量を抑えることができる一方，内部統制の整備が不十分な企業の場合は，監査手続の質や量を高める必要があります。これを**監査のリスク・アプローチ**といいます。

（5）経営者による確認書

上場会社は，提出した有価証券報告書，四半期報告書の記載内容が，金融商品取引法に基づいて適正であることを，経営者自らが確認したことを示す「**確認書**」を提出しなければなりません（金融商品取引法第24条の４の２第１項）。

確認書も，有価証券報告書，四半期報告書の末尾に収録されています。

また，金融商品取引法監査における監査人は，適正な財務諸表を作成する責任は経営者にあること，財務諸表作成の基本事項，経営者が採用した会計方針，経営者は監査の実施に必要な資料をすべて提示したこと等を，経営者が提出する書面で確認しなければなりません。このうち，監査人が監査意見の表明にあたって入手する書面を，経営者確認書といいます。この経営者確認書により，財務諸表の作成責任や内部統制の構築責任は経営者にあり，監査人にはそれらの責任は無いという二重責任（責任分離）の原則が成立していることを，経営者が書面により認めたことが示されます。

有価証券報告書の末尾に収録される確認書の例示は，以下のとおりです。

確認書

１　【有価証券報告書の記載内容の適正性に関する事項】

当社代表取締役社長○○○○は，当社の第××期（自 2023年１月１日　至 2023年12月31日）の有価証券報告書の記載内容が金融商品取引法令に基づき適正に記載されていることを確認しました。

２　【特記事項】

確認に当たり，特記すべき事項はありません。

9　会社法監査

（1）会社法と会社法監査

会社法の規定によって実施される監査のことを，**会社法監査**といいます。これは，**株主保護**，**債権者保護**を目的とします。

会社法監査には，「会計監査人監査」と「監査役監査」の２種類があります。

(2) 会計監査人監査

会社法上の大会社（資本金５億円以上または負債合計200億円以上の会社）および監査等委員会設置会社と指名委員会等設置会社は，会社法の規定により，会計監査人の設置が義務付けられています。

会計監査人は，会社の機関の１つであり，株主総会で選任・解任され，取締役などの経営陣が株主総会に提出する**計算書類**（財務諸表）を監査することを任務とします。会計監査人は公認会計士，監査法人でなければなりません。この会計監査人が行う計算書類の監査を，会社法による**会計監査人監査**といいます。なお，会社法では，財務諸表のことを計算書類とよんでいます。

(3) 監査役監査

会社法上の監査等委員会設置会社・指名委員会等設置会社ではない大会社については**監査役**の設置が義務付けられており，その会社が公開会社（株式譲渡に制限のない会社）でもある場合は，**監査役会**の設置が義務付けられています。

監査役および監査役会は，会社の機関の１つであり，監査役は株主総会で選任・解任され，監査役会は監査役によって構成されます。監査役は会計監査人の場合と異なり，公認会計士の資格を持つという資格条件はありません。監査役および監査役会が行う監査のことを，**監査役監査**といいます。

監査役は，企業の経営に関わる取締役の職務の執行を監査することを任務としており，業務監査と会計監査の２つの監査を行います。

監査役の**業務監査**とは，取締役の職務の執行が，法令や定款（会社の基本ルール）に違反していないかどうかを，使用人（従業員）の行う業務一般も含めて，監査することです（適法性監査。妥当性監査ではないため，事業上の経営判断の妥当性は監査の対象となりません）。監査役の**会計監査**とは，会社が作成する計算書類等（計算書類，事業報告，それらの附属明細書）が，法令および会計基準に準拠して作成されているかどうかを監査することです。

会社に会計監査人と監査役が設置されている場合は，この両者によって監査され，適正と判断された計算書類等が株主総会に提出され，取締役から株主に対して決算報告がなされ，株主からの判断を受けることとなります。会社に会計監査人と監査役が設置されている場合は，通常，両者が協力して，計算書類等を監査します。

（4）金融商品取引法監査と会社法会計監査人監査

「金融商品取引法監査」が強制される上場企業は，多くの場合，会社法上の大会社でもあり，「会社法の会計監査人監査」も強制されます。したがって，株主総会で会計監査人に選任された公認会計士・監査法人が，金融商品取引法上の監査も担当することが普通です。

会計と倫理

公認会計士の社会的使命は，社会に公表される財務諸表が適正であることを保証することです。専門職（プロフェッション）である公認会計士には，社会全体の利益（公共の利益）を最優先して行動しなければならない責任と義務があります。

キーワード

会計士監査　財務諸表監査　内部統制監査　監査役監査　会計監査人監査　内部監査
金融商品取引法監査　会社法監査　公認会計士　監査法人　粉飾決算　不正会計
監査意見　二重責任（責任分離）の原則　財務諸表の虚偽表示　監査報告書　監査基準
一般に公正妥当と認められる監査の基準　無限定適正意見　限定付き適正意見
不適正意見　意見不表明　重要な虚偽表示　レビュー　継続企業の前提に関する注記
ゴーイング・コンサーン情報の監査　内部統制　内部統制報告書　経営者による確認書

練習問題

問題13－1　上場企業について２社を選び，その２社の有価証券報告書の末尾の監査報告書を一読して，記述内容を比較し，差異を確認しなさい。

問題13－2　EDINETの「全文検索」を使って，「監査報告書」を選択し，文字列「継続企業の前提に関する注記」を検索し，監査報告書の内容を確認しなさい。

問題13－3　倫理問題

Ｚ社（売上高20兆円，従業員25万人）の財務諸表監査を担当しているＡ監査法人の公認会計士のＡ氏は，監査において，利益の水増しにつながる複数の会計ルール違反を発見しました。Ａ氏はこのことをただちにＺ社経営陣に報告し，修正を指導しましたが，Ｚ社側は，来年度以降は修正するが，今年度だけはこのままにしたいと主張してきました。Ａ氏はどう対応するべきでしょうか。

第3部　企業分析

第1部と第2部で学んだ知識により，
財務報告書の情報を通じて，
企業の財務状況や経営状況を理解することが可能となりました。
第3部では，さらに一歩進み，
連結財務諸表を中心とする財務データを用いて，
企業を分析し，より深く詳細に企業を理解するための手法を説明します。
企業の過去から現在までの事実の財務データを客観的に分析することにより，
企業の現状を正確に理解し，その理解を基礎にして，
企業の将来を予想する。
これが企業分析の基本的なアプローチとなります。
企業分析は，分析者が持つ，商学，経営，経済，法律，工学などの分野の
さまざまな専門知識を応用して，
総合することが求められる，実践的なアート（職人技）です。
企業分析を繰り返し行い，訓練を積み重ね，技術を磨き，経験を積むことで，
客観的かつ説得力があり，しかもエレガント（優美）で洗練された分析結果を
得ることができるようになります。

第14章

経営基礎分析

1 企業分析のフレームワークと経営基礎分析

企業分析のフレームワークは，①経営基礎分析，②財務諸表分析，③企業価値評価によって構成されます。財務諸表分析と企業価値評価を行う前に，経営基礎分析を行います。経営基礎分析は本章で説明し，財務諸表分析は第15章，企業価値評価は第16章で説明します。

企業は生産活動を行う主体であり，市場経済において競争状況下で活動を行っています。個々の企業は，他の企業と競争する状況において，自社の収益性（どれだけ効率良く利益を稼ぎ出したかということ）を高めるように努力しています。企業のビジネスモデル・価値創造モデル，事業内容，利益構造，価値創造，戦略体系，経営資源といった企業の構造内容が，市場競争という状況を通して，企業業績・収益性という経営結果・成果を決定する要因となります。

経営基礎分析では，分析する企業の構造内容とその市場競争状況，および，市場競争全体の基礎にある外部環境の分析を行います。経営基礎分析により，企業の基本的な利益獲得能力（生産主体である企業の生産力）と企業業績の将来的な持続性および成長性に関する，基礎的決定要因と重要なリスクを明らかにすることができます。財務諸表分析に先立って，経営基礎分析を行って，企業の利益稼得（かとく）の基本的決定要因を評価することで，事後的な経営結果である財務諸表のデータをより精緻（せいち）に分析・評価することが可能となります。また，経営基礎分析の内容は，財務諸表分析によって定量的・数値的に明らかにする企業の過去から現在までの実績としての収益性，キャッシュ・フローの獲得能力，財政状態が，将来的にどのように変化するかを予想するときの基礎となります。

経営基礎分析では，主目標企業の分析，競合企業の分析，市場競争の分析，外部環境の分析を行います。

①　主目標企業の分析

主目標企業の分析では，分析する企業の，価値創造モデル・ビジネスモデル［利益構造，価値創造，戦略体系，経営資源］，事業内容［製品・サービス（種類，内容，品質，差別化された価値など）］，企業能力［販売能力，生産能力，技術力，資本力，コアコンピタンス，競争優位，強み・弱み］，企業理念・経営理念・将来ビジョン，主要業績指標［全社およびセグメントの売上高，市場シェア，利益，利益率など］等を分析します。

②　競合企業の分析

競争市場において競合する企業を分析します。競合する企業を特定し，主目標企業の分析内容と同じ内容項目を分析します。

③　市場競争分析

市場競争分析では，企業の事業が属する産業（業界）における市場競争の構造と状況を分析します。業界，市場，顧客の分析を行います。

市場の規模（業界売上高合計，顧客数，地域構成），市場の成長性，参入障壁，新規参入，代替品，顧客，納入業者（サプライヤー）などを分析します。

市場競争分析では，５フォース分析を行います。

④　外部環境の分析

企業，産業（業界）の外部の環境要因として，マクロ経済（金利，為替レート，物価水準，賃金水準，景気の動向），人口動態，技術（IT，生産技術），社会状況（価値観，ライフスタイル，倫理観），政治・法律（法規制）などを分析します。

企業分析

①経営基礎分析　→　②財務諸表分析　→　③企業価値評価

経営基礎分析

企業内部の分析	企業外部の分析
①主目標企業の分析と②競合企業の分析 ビジネスモデルと価値創造モデルの分析 経営戦略分析 ビジネス・ポートフォリオ分析 企業能力分析	③市場競争分析と④外部環境分析 市場競争分析（5フォース分析） 外部環境分析

2 ビジネスモデルと価値創造モデルの分析

企業の事業活動の内容や価値創造活動の内容の要点と論理的流れを，簡潔に説明するものは，ビジネスモデル，価値創造モデルと呼ばれ，企業自身が図表等によって明示することが多くなっています。

ビジネスモデルとは，企業がビジネスによってお金を生み出す（稼ぎ出す）しくみを示すモデルのことです。**価値創造モデル**とは，企業が社会に対して価値を生み出すしくみやプロセス（価値創造プロセス）を示すモデルのことです。

企業の活動内容の基本構造を広い意味でビジネスモデル・価値創造モデルと呼ぶことにすると，それは，事業内容，利益構造，価値創造，戦略体系，経営資源という要素から構成される体系として説明できます。**ビジネスモデル・価値創造モデルの分析**では，それらの内容と全体像を整理して把握します。

（1） 事業内容

事業内容は，提供する製品・サービスの内容と，その生産・提供活動の流れやサイクルのことです。

（2） 利益構造

企業利益は，簿記会計の原理に基づいて，［収益－費用＝利益］として算定され（40頁），**収益性**は，［利益／資本＝資本利益率］で表されます。**利益構造**は，**資本利益率**（利益の金額と利益を稼ぐために利用した資本の金額の比率）（223頁）と**売上高利益率**（売上高に占める利益の割合）（225頁）が基本要素です。

利益構造を詳細に分析するためには，利益を決定する要因である収益と費用に関して，収益構造，費用構造を分析します。**収益構造**は，売上高の金額の大きさの決まり方であり，資産（資本）回転率（売上高と資産（資本）総額の比率）と将来の資産総額の予想額から将来の売上高を見積もったり，売上高成長率に基づいた売上予想を行うことが基本となります。**費用構造**は，売上高原価率・費用率（売上高に占める原価・費用の割合）が基本となります。企業の活動内容に従って費用構造と収益構造が決まります。企業の活動内容と照らし合わせながら，財務諸表の会計数値を用いてそれらの構造を分析します。

（3）価値創造

企業の価値創造は，企業自体の価値である企業価値の創造，顧客に対する顧客価値の創造が中心です。**企業価値**は，資本利益率を資本コストより高くするほど高まるため，高い収益性を長期持続的に継続することで企業価値を高めることができます（272頁）。**顧客価値**は，顧客にとっての価値が高い製品サービスを，より少ないコストで生産して提供することが価値創造の基本となります。

（4）戦略体系

企業は，他企業との市場競争の中で，経営目標である高い収益性を達成するために，競争に勝っていく必要があり，そのために成長戦略，事業戦略，競争戦略などの**経営戦略**を策定します。企業は目標を達成するために戦略に基づいた**経営計画**（企業全体の経営目標を達成するための行動計画を定めたもの）に従って行動していきます。戦略については，４節で説明します。

経営戦略に基づいた企業の個別の活動内容の要点と活動間の関連を簡潔にまとめた活動システム図を描くと，どのような内容の戦略に基づいた諸活動を行うかが明確になり，その諸活動の組み合わせと関連，相互補完，整合性，適合性，有効性，調和度，それによる価値の創出力を評価するために役立ちます。

活動システムが有効かつ強力であるほど，諸活動は強力なバリューチェーン（価値と利益を生み出すために繋がった諸活動全体）となり，競争優位の源泉となることで，経済価値の創出力が高くなり，高い収益性が生み出されます。

（5）経営資源

経営資源とは，人的資源（従業員等），有形資産（土地，建物，機械装置，備品，車両運搬具などで構築される生産設備，販売設備，経営管理設備）・無形資産（特許権，商標権などの法律上の権利，その他の知的財産），資金，情報（顧客情報，市場動向の情報，取引先の情報など）のことです。企業（経営者）は，有限で希少であり利用コストのかかる経営資源を**最適資源配分**，つまり，無駄なく効率的に最適配分，最適配置，最適利用して，経営目標達成のために最大限に有効活用し，企業経営を行います。企業にとって経営資源は有限であり，あれもこれもと，事業の範囲や活動内容の拡大を続けることはできません。戦略に基づいた計画的かつ有効・効率的な資源利用が重要になります。

3 利益と価値の創造

企業は，製品・サービスの販売による収益と，その提供コストの差額が開発・生産・提供・販売の利益となります。厳密には，研究開発費，製造原価，販売配送費用，運営経費の違いや，変動費，固定費の違いなどの問題がありますが，単純化すると，**企業利益**は，［製品・サービスの価格－生産・提供費用＝利益］と考えることができます。この企業利益は，売上総利益や営業利益に近く，また，経済的な付加価値にも近い概念といえます。

顧客にとっての価値が高い製品・サービスほど，高い販売価格で売ることができます。企業は，顧客にとっての価値が高い製品・サービスを開発し，低いコストで生産・提供することができるほど，利益が高くなります。

価格が高く，製品・サービスの提供コストが低いほど，利益は高くなります。

顧客にとっての**純顧客価値**（純便益）は，［製品・サービスの価値の金銭評価額－購入費用（価格）＝純便益］として，単純化して考えることができます。

顧客にとっての製品・サービスの価値が高く，価格が低いほど，純顧客価値（純便益）は高くなります。

企業利益は，顧客にとっての価値，価格，費用（提供コスト）の３つの要因によって決まるといえます。次頁の図表のようにまとめられます。

企業利益と顧客価値の創造のためには，顧客にとっての価値が高い製品・サービスを，より低いコストで生産して提供する必要があり，製品・サービスの顧客にとっての価値を最大化し，その生産提供コストを最小化するように，開発・生産・販売・提供の活動を行う必要があります。

顧客にとっての価値の高い製品・サービスであれば，販売価格を高く設定することが可能となるため，それによって売上高を高めることができます。売上利益率が高いほど，付加価値の高い製品・サービスを顧客に提供している可能性が高いといえます。売上高利益率が高いほど，企業の収益性は高くなります。

製品・サービスを低コストで生産・提供することができれば，１単位当たりの利幅（りはば）を大きくすることができ，利益を増やすことができ，また，販売価格を低く設定することが可能となるため，販売数量を多くして，売上高と利益を高めることができる場合もあります。

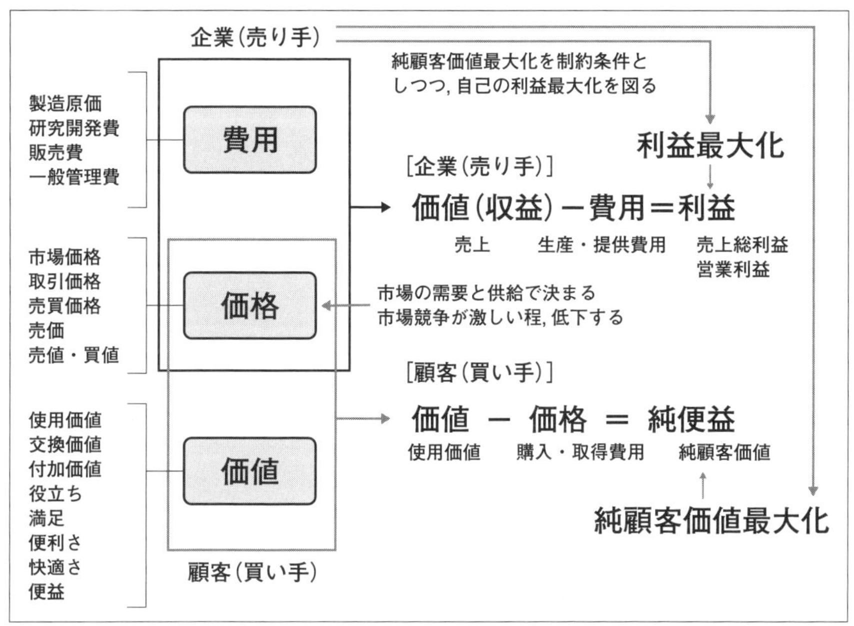

企業価値は，資本利益率（＝利益／資本）を資本コストより高くするほど高くなるという決定関係があります（272頁）。企業が，企業価値を高めるためには，資本利益率をできる限り高くし（最大化），資本コストをできる限り低くする（最小化）必要があります。企業価値を構成する主項目である株主価値を高めるためには，自己資本純利益率（ROE）と株主資本コストの差である株主資本スプレッドを最大化する必要があります（251-252, 272頁）。

資本利益率の決定要因の１つは，売上高利益率であり（225頁），売上高利益率が高いほど資本利益率は高くなります。売上高利益率は，費用を上回る収益を得る企業能力，つまり，高い価値のある製品・サービスを，低いコストで生産・提供する能力で決まります。

残余利益＝親会社株主に帰属する当期純利益－株主資本コスト×自己資本簿価
　　　　＝（自己資本純利益率（ROE）－株主資本コスト）×自己資本簿価
株主価値＝将来残余利益の割引現在価値合計＋現在時点における自己資本簿価
企業価値＝株主価値＋負債価値（有利子負債価値）

4 経営戦略分析

企業が市場競争下において経営を行った結果（リザルト）としての企業の経営成績は，事業年度毎(ごと)に，簿記会計上の決算により算定されます。企業活動には終わりがないため，市場競争が終了するということはなく，事業年度毎にその一定期間の財務的なパフォーマンスが算定されていきます。

企業が競合企業との競争に勝つということは，他社よりも高い利益と収益性をあげ，企業価値をより多く高めることであり，それを長期持続的に継続することであるといえます。簿記会計の原理に基づいて，利益は，［収益－費用＝利益］として算定され，収益性は，［利益／資本＝資本利益率］で表され，資本利益率を資本コストより高くするほど企業価値は高まるため，競争に勝つための経営戦略とは，企業の諸活動の基本的内容の方向性を決定することを通じて収益と費用を制御し，利益と資本利益率を，長期持続的に最大化するもの，ということになります。

一時的に利益や資本利益率を上昇させてもそれが将来を犠牲にする形であれば，企業価値は高まらないため，中長期的な視点で，全体的に利益や資本利益率を高めて，企業価値を向上させることが，経営戦略の大前提となります。

経営戦略とは，他社との企業競争状況下において，高い利益と収益性をあげ，企業価値を向上させるために計画される，全体的・長期的な視点に基づく一連の行動の方針と内容のことです。

企業は経営戦略を策定して，経営戦略に基づき，より高い価値を新しく提供するか，平均的な価値をより低いコストで生産して提供する，活動システムを構築し，他社とは異なるビジネスモデルを持った存在になる**企業の差別化・事業の差別化**を実現することで，競争優位を確立します。

ビジネスの市場競争において競合企業に対して優位であることを**競争優位（競争優位性）**といいます。競争優位性を持てば他の競合企業よりも，高い収益性を得ることができます。有効な経営戦略の策定と活動システムの構築により，強い競争優位を獲得するほど，事業の収益性が高くなります。

もし，ある企業が長期持続的に他社よりも高い企業業績・収益性を達成することができている場合，その企業は市場競争に勝つための経営戦略によって競争優位を獲得している可能性が高いといえます。

経営戦略分析は，企業の戦略を整理し，その有効性や成果を明らかにする分析のことです。事前と事後を対比させる形で，戦略と，戦略に基づいた営業の結果として現れる財務数値（企業業績）を，整合性を前提に照らし合わせます。

経営戦略には，以下のような成長戦略や競争戦略があります。

成長戦略とは，企業成長をするための戦略であり，企業が売上や利益などの金額を増加させ，持続的成長していくためにとる方策のことです。

市場浸透戦略	既存の市場で既存製品を売り，シェアの拡大を目指す戦略
新製品開発戦略	既存の市場で新製品を売り，そのために新製品を開発する戦略
新市場開拓戦略	新市場で既存製品を売り，そのために新市場を開拓する戦略
多角化戦略	新市場で新製品を売り，そのために新市場を開拓し，新製品を開発する戦略
選択集中戦略	収益性や成長性の高い事業・製品を選択し経営資源を集中させる戦略
撤退戦略	収益性と成長性が低くなった事業や不採算事業から撤退する戦略

競争戦略とは，市場競争において競争に打ち勝って生き抜くための戦略であり，企業が経営する事業が属する業界における企業間競争に関して企業がとる方策のことです。次の３つは，基本的競争戦略とよばれます。

低コスト戦略	低コストでの生産を追求する戦略
差別化戦略	他企業とは異なる独自の付加価値のある製品・サービスを追求する戦略
集中戦略	特定の顧客層や特定の地域，特定の製品など，特定の対象に集中する戦略

低コスト戦略をとる企業は，販売価格を相対的に安く設定することで，顧客にとってコストパフォーマンスの高い商品を提供し，販売価格が安いことにより販売数量を大きくすることで，大きな売上高を得ることにつなげていきます。低コスト戦略かつ低価格で販売する場合，売上総利益率（225頁）は小さくなり，資本（資産）回転率（226頁）は高くなることが多いといえます。

差別化戦略をとる企業は，差別化によって顧客にとっての価値の高い製品サービスを提供することで，販売価格を相対的に高く設定することができ，大きな売上高を得ることにつなげていきます。差別化戦略では，付加価値の大きさに比例するといえる売上総利益率は大きくなることが多いといえます。

集中戦略は，低コストを追求しながら特定の対象に集中するコスト集中戦略と，差別化を追求しながら特定の対象に集中する差別化集中戦略に分かれ，財務指標への影響はそれぞれ低コスト戦略あるいは差別化戦略と同じです。

5 ビジネス・ポートフォリオ分析

大企業の場合，企業集団の親会社として，複数の事業を経営していることが多くなっています。経営する複数の事業の組み合わせを**事業ポートフォリオ**といい，販売する複数の製品・サービスの組み合わせを**プロダクト・ポートフォリオ**といいます。**ビジネス・ポートフォリオ分析**は，以下の内容に従い，事業やプロダクト（製品・サービス）を図表の様式にプロットして整理します。

個々の事業やプロダクトを，市場（需要）成長率と市場シェア（市場占有率）の２つの次元で捉え，「スター」「金のなる木」「問題児」「負け犬」の４つに分類・評価します。市場シェアは，［１社の売上/市場全体売上］として，市場成長率は，［(ある期間の市場全体売上/その前の期間の市場全体売上)－１］として，金額または数量で計算します。市場全体売上は主要企業分の合計でかまいません。

「スター」は，市場（需要）成長率の高い市場で，市場シェアが高く，収益は大きいですが，反面，競争が激しく，市場シェアを維持するために費用もたくさんかかり，利益率は中程度の事業・プロダクトのことです。

「金のなる木」は，市場の成熟により市場（需要）成長率が低くなった市場で，市場シェアが高く，利益率が高い事業・プロダクトのことです。

「問題児」は，市場（需要）成長率の高い市場で，市場シェアが低く，収益は小さく，激しい市場競争において，市場シェアを高めていくために，費用がかかる事業・プロダクトのことであり，市場シェアを高めることができれば，スター（花形）に成長しますが，失敗すれば，負け犬になります。

「負け犬」は，市場（需要）成長率の低い市場で，市場シェアが低く，収益が小さく，儲けが出ない事業・プロダクトのことです。

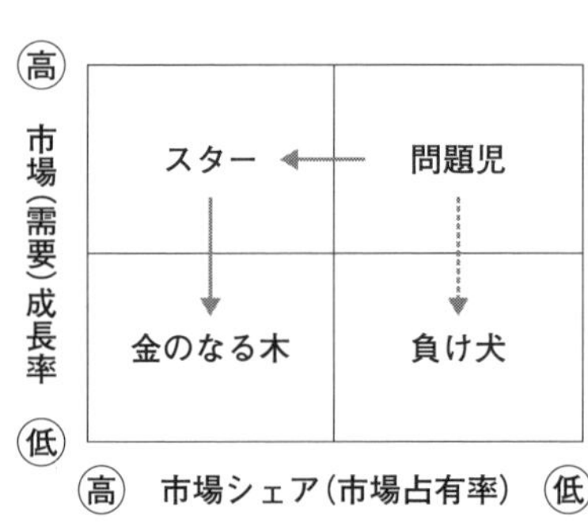

6　企業能力分析

（1）SWOT分析

SWOT分析は，企業とその競合企業の，強み（Strengths），弱み（Weaknesses），機会（Opportunities），脅威（Threats）を，明確化して整理する分析のことです。

強みとは，他の企業より優れている点や，その企業の良い点などのことです。

弱みとは，他の企業より劣っている点や，その企業の悪い点などのことです。

機会とは，事業を拡大させたり，売上・利益を増やすチャンスのことです。

脅威とは，将来の利益の減少をもたらす可能性のある要因のことです。

企業の強みと弱みは，企業の内部要因であり，企業にとっての機会と脅威は，企業の外部要因です。下の図表の様式で，箇条書きで内容を整理します。

	ポジティブ	ネガティブ
内部要因	Strength 強み	Weakness 弱み
外部要因	Opportunity 機会	Threat 脅威

		内部要因 Strength 強み	内部要因 Weakness 弱み
外部要因	Opportunity 機会	機会×強み 機会に強みを どう生かすか	機会×弱み 弱みがある中 機会を どう生かすか
外部要因	Threat 脅威	脅威×強み 強みを生かして 脅威をどうやって 克服するか	脅威×弱み 弱みがある中 脅威をどうやって 切り抜けるか

（2）コアコンピタンス分析

コアコンピタンスとは，1）自社の製品・サービスに他社のものにはない付加価値を与え，あるいは純顧客価値を高め，2）自社の複数の製品・サービス・市場で応用可能であり，3）競合他社に真似されにくい，企業の中核となる能力のことです。たとえば，その企業独自の優れた，技術，ノウハウ，ブランド力，人材，経営システムなどがコアコンピタンスとなります。コアコンピタンスは競争優位の源泉となります。企業は，コアコンピタンスを活用して経営資源を使用し，競争優位を築くことで，企業間競争を有利に行うことができます。

コアコンピタンス分析は，企業のコアコンピタンスが何であり，どう活用しているか，何に応用できるかを明確化して整理する分析のことです。

7 市場競争分析

市場競争分析は，企業の事業が属する産業（業界）における市場競争の構造と状況を分析するものです。代表的な分析方法は，５フォース分析です。

５フォース分析では，次の５つの**競争要因**を分析します。

① **既存企業間の競争**：競合企業との競争状況，競争企業間の敵対関係
② **新規参入の脅威**：業界に新規参入してくる者の脅威
③ **代替製品の脅威**：代替品・代替サービスの脅威
④ **売り手の交渉力**：自社に財・サービスを供給する企業の交渉力
⑤ **買い手の交渉力**：自社の財・サービスを需要する顧客の交渉力

５つの要因によって，業界の競争状況を特徴付け，競争が激しいのか，競争が激しくないのかなどを理解することができます。競争状況は，事業の平均的な収益性を規定する企業外部の要因であり，競争状態が激しいほど，業界の平均的な収益性は低くなります。すなわち，①既存企業間の競争について，競争が多く激しい（少ない）ほど，②新規参入の脅威について，新規参入が多い（少ない）ほど，③代替製品の脅威について，代替製品が多い（少ない）ほど，④売り手の交渉力について，売り手の交渉力が強い（弱い）ほど，⑤買い手の交渉力について，買い手の交渉力が強い（弱い）ほど，事業の平均収益性が低く（高く）なります。

完全競争が長期的に続く産業（業界）の経済的な企業利潤はゼロに収斂（しゅうれん）する（長期競争均衡の状態）ことをベンチマークとして，競争状況がどれだけ完全競争に近いか，その競争状況がどのくらいの期間続くかという競争構造を把握します。１つの企業が，短期的・一時的に高い収益性の実績を上げたとしても，市場競争が激しければ，それを長期間持続することは難しいといえます。

個々の企業の将来の収益性を予想する場合，その企業が属する業界の現在時点の競争状況と構造を分析し，そこから業界の将来を予想して，それらを考慮しつつ，個々の企業の将来を予想します。

競争要因の弱い部分が企業の収益性を高くし，強い部分が収益性を低くする要因となりうるため，１つの企業について５フォース分析により５つの競争要因を分析すると，その企業の収益性の根源と改善を検討することに役立ちます。

8　外部環境分析

経済全体（マクロ経済）の金利水準，為替レート，物価水準，賃金水準，景気の動向といった項目は，一企業や一産業から見ると，外部的に決定されて与えられる条件であり，それらに対して意図的な影響を及ぼすことはできないため，外部の環境要因といえます。それらの要因の影響は一方的に受けることになります。たとえば，金利水準の上昇は企業の資金調達コストを上げ，物価水準の上昇は原材料価格の上昇により生産コストを上げ，賃金水準の上昇は人件費の上昇につながって，企業の収益性にマイナスの影響を与えます。経済全体の景気が良い場合は，総需要が多いため，一企業の売上高も好調になることが多いでしょう。企業がその時点において利用可能な生産技術，情報技術といった科学技術の内容は，企業の生産能力や業務効率，コスト削減に重大な影響を与えます。消費者の価値観，ライフスタイルは，企業の製品・サービスの販売状況・売上高に影響を与えます。社会全体の倫理観や法規制は，企業活動・企業行動の許容される内容に影響を与えます。**外部環境分析**は，これらの外部の環境要因と，その企業への影響を整理して明らかにする分析のことです。

会計と倫理

経営者が売上目標や利益目標などの経営目標を過大に宣言することで，投資家等の企業の将来に対する期待を高く誘導したとしても，時間の経過とともに，その高い目標が達成できないことが確実に近づいていくにつれて，高すぎる期待は修正されていきます。企業・経営者が宣言するビジネスモデルや経営戦略なども見かけ上は華(はな)やかなものであっても財務諸表で示される実績数値によってその内容が評価されます。

キーワード

企業分析　経営基礎分析　ビジネスモデル　価値創造モデル　利益構造　経営資源
経営戦略　ビジネス・ポートフォリオ分析　企業能力分析　市場競争分析　外部環境分析

練習問題

問題14－1　関心のある企業２社の次の内容を要約，整理，分析して比較しなさい。
①ビジネスモデル・価値創造モデル　②経営戦略　③強み・弱み・機会・脅威

問題14－2　関心のある企業１社の，５フォース分析と外部環境分析を行いなさい。

第15章

財務諸表分析

1 財務諸表分析の目的

財務諸表分析とは，企業の利害関係者が，合理的な経済的意思決定を行うために，企業が公表した財務諸表を分析し，企業の実体の現状や問題点を解釈し理解することです。財務諸表分析は，企業分析における最も重要な分析です。

本章では企業の利害関係者が財務諸表を用いて企業のさまざまな特性を定量的・客観的に分析するために用いる財務諸表分析の基本的な方法を説明します。

株主	保有する株式に関する将来の株価や将来の配当を予測したい
証券への投資者	株式の将来の配当や株価，社債の将来の利息や元本返済を予測したい
社債権者	保有する社債の将来の債券価格や将来の利息と元本返済を予測したい
金融機関	貸し付けた資金の元本と利息を回収できるかどうかを確認したい
仕入先	納入商品の代金を企業が支払えるかどうかを知りたい
顧客	取引価格や品質が適正であるかどうかを知りたい
消費者	財・サービスの価格や品質が適正であるかどうかを知りたい
地域住民	企業活動による公害などに対する対策費用の負担能力を知りたい
税務当局	将来の税額や税負担能力を予測したい
監督官庁	行政指導に必要な企業分析情報が知りたい
従業員	企業の給料の支払能力や昇給可能性など，将来の給料を予測したい
経営者	財務上の課題や問題を明らかにし，改善に役立てたい

2　分析アプローチ

財務諸表分析の分析アプローチには，比較分析，トレンド分析，構成比率分析があります。

（1）比較分析

比較分析は，次の３つの比較方法に基づく分析です。

①　企業間比較

企業間比較は，分析する複数の企業の間で数値を比較する方法です。

資生堂の財務数値 ←　比較　→ コーセーの財務数値

②　業界平均比較

業界平均（産業平均）比較は，分析対象の企業の数値を，同じ業種（産業）に属する企業の平均的な数値と比較する方法です。

①と②は，クロスセクション分析ともよばれます。

資生堂の財務数値 ←　比較　→ 化粧品業界の財務数値の平均値

③　年度間比較

年度間比較（期間比較）は，分析対象の企業の数値について，今年度の数値を，昨年度などの別の年度の数値と比較する方法です。

資生堂の今年度の財務数値 ←　比較　→ 資生堂の昨年度の財務数値

資生堂とコーセーの売上高の企業間比較かつ年度間比較を行うと，下表のようになります（西暦は決算年度であり，金額の単位は百万円です）。

売上高	2014	2015	2016	2017	2018	2019	2020	2021	2022
資生堂	777,687	763,058	850,306	1,005,062	1,094,825	1,131,547	920,888	1,009,966	1,067,355
コーセー	207,821	243,390	266,762	303,399	332,995	327,724	279,389	224,983	289,136

財務諸表項目で特に注目すべき重要項目として，売上高，営業利益，親会社株主に帰属する当期純利益，営業活動によるキャッシュ・フロー，資産合計額，負債合計額，純資産合計額，現金及び預金，利益剰余金などがあげられます。

(2) トレンド分析

トレンド分析は，次の３つの比較方法に基づく分析です。

① グラフ分析

グラフ分析は，分析対象の企業の数値を，同じ項目について過去２年分以上のデータを時系列に並べて，棒グラフや折れ線グラフなどでグラフ化し，トレンド（趨勢（すうせい），変動の傾向，傾向変動）を明らかにする分析です。

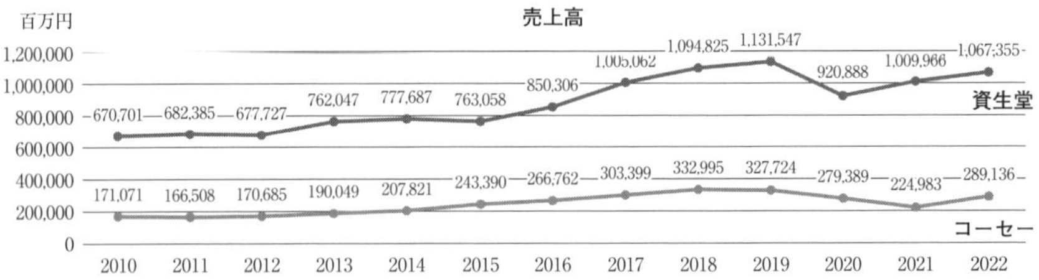

② 成長率分析

成長率分析は，分析対象の企業の財務諸表上の数値について，以下の式で期間成長率（増減率）を計算し，各期ごとのトレンドを明らかにする分析です。増減率の計算期間には，１年間，１四半期・３ヵ月，１ヵ月などがあります。

$$期間成長率（増減率）=\frac{ある期の値-その前期の値}{その前期の値}$$

売上高	2014	2015	2016	2017	2018	2019	2020	2021	2022
資生堂	−	−1.9%	11.4%	18.2%	8.9%	3.4%	−18.6%	9.7%	5.7%
コーセー	−	17.1%	9.6%	13.7%	9.8%	−1.6%	−14.7%	−19.5%	28.5%

③ 指数トレンド分析

指数トレンド分析は，分析対象の企業の財務諸表上の数値について，以下の式で指数を計算し，基準年度から見たトレンドを明らかにする分析です。

$$指数=\frac{ある期の値}{基準とする期の値}$$

売上高	2014	2015	2016	2017	2018	2019	2020	2021	2022
資生堂	100%	98%	109%	129%	141%	146%	118%	130%	137%
コーセー	100%	117%	128%	146%	160%	158%	134%	108%	139%

(3) 構成比率分析

財務諸表を企業間比較や年度間比較する場合に，金額を並べて比較するだけでは，勘定科目別の金額の大小関係はわかっても，全体の構造的差異を把握することは難しいです。**構成比率分析**では，勘定科目別の金額的割合（構成比率）を計算し，**百分率財務諸表**を作成することで，貸借対照表や損益計算書などの１つの財務諸表内での数値的割合構造を明らかにします。構成比率で比較すれば，企業規模や合計金額や個別の金額などが異なる場合でも，金額のみかけ上の違いに混乱させられることなく，項目の金額的割合による比較ができます。

貸借対照表の場合は，総資産額（＝総資本額）を構成比率の基準金額（100%）とし，損益計算書の場合は，売上高を構成比率の基準金額（100%）とします。

資生堂とコーセーの2022年度の連結損益計算書（営業利益まで）について，構成比率を計算すると，下記のようになります。

連結損益計算書	金額（百万円）		構成比率	
2022年度	資生堂	コーセー	資生堂	コーセー
売上高	1,067,355	289,136	100.0%	100.0%
売上原価	323,191	83,620	30.3%	28.9%
売上総利益	744,164	205,515	69.7%	71.1%
販売費及び一般管理費	721,722	183,395	67.6%	63.4%
媒体費／広告宣伝費	104,677	25,767	9.8%	8.9%
見本品・販売用具費／販売促進費	44,775	44,167	4.2%	15.3%
従業員給付費用／給料等人件費	269,123	57,256	25.2%	19.8%
その他の販売費及び一般管理費	303,147	56,205	28.4%	19.4%
その他の営業収益費用（＋は収益）	24,130	——	2.3%	——
営業利益	46,572	22,120	4.4%	7.7%

金額ベースでは，売上高も営業利益も資生堂の方がコーセーよりも大きいです。しかし，資生堂の売上高はコーセーの3.69倍あるのに対して，営業利益は，2.10倍となっています。営業利益の構成比率は，資生堂の4.4%よりもコーセーの7.7%の方が3.3%大きく，1.75倍になっています。コーセーの方が，本業のもうけの効率性が高いといえます。この原因は，売上原価の構成比率が，コーセーの方が1.4%低いことと，販売費及び一般管理費総額の構成比率が，コーセーの方が4.2%低いことにあります（3.3%＝1.4%＋4.2%－2.3%）。

3　財務比率分析

財務比率とは，財務諸表上の２つ以上の数値を分数の形でかかわらせて解釈上の意味を持たせた比率のことであり，企業の収益性，財政状態，活動性などを単一の会計数値よりも明確に示す財務指標です。財務比率によって企業の経営状況をより深く理解することが可能となります。

財務比率分析とは，財務比率を計算し，その財務比率を使って，企業間比較や年度間比較，グラフ分析などを行い，企業の分析を行うことです。

なお，本章の数値例で使う連結財務諸表上の財務数値は第２章（22頁），第３章（43，60頁），第４章（74，79頁，82-84頁），第５章（94-95頁）の連結財務諸表の数値例を用いています。また，追加的に必要な財務数値・データは，以下のとおりです。

B/S	当座資産	期首80億円	期末170億円
B/S	売上債権（貸倒引当金控除後）	期首20億円	期末30億円
B/S	棚卸資産	期首30億円	期末40億円
B/S	仕入債務	期首５億円	期末16億円
	発行済株式総数	期首46百万株	期末50百万株
	期中平均発行済株式総数	――	48百万株
	自己株式数	期首１百万株	期末1.2百万株
	期中平均自己株式数	――	1.1百万株
	株価	期首4,000円	期末6,000円
B/S	有価証券（短期所有）	期首50億円	期末60億円
	設備投資額の過去10年分の合計		1,100億円
	当期純利益の過去10年分の合計		1,250億円
B/S	非事業余剰資金資産	期首130億円	期末233億円
B/S	未稼働・遊休・廃止・処分予定事業資産	期首０億円	期末20億円
B/S	有利子負債合計	期首160億円	期末120億円
B/S	非事業負債	期首０億円	期末０億円
B/S	長期有利子負債	期首70億円	期末95億円
P/L	減価償却費		10億円
P/L	無形固定資産/繰延資産の償却額		10億円/10億円
P/L	研究開発費		23億円
P/L	利息費用	――	14億円

（1）収益性分析

①　資本利益率

資本利益率は，元手（資本）に対する利益の比率として定義される収益性の指標であり，資本運用・利益稼得の効率性（**資本効率**）を示す企業の基本的な**業績指標**です。資本利益率は，高い方が収益性が高く望ましいことになります。

$$資本利益率=\frac{利益の金額}{資本の金額}$$

資本利益率を具体的に計算する場合は，資本と利益の金額を特定化する必要があり，連結財務諸表上の数値を用います。資本の金額は１つの会計期間中に変化していくため，資本利益率を計算する場合の，分母の資本の金額は，連結貸借対照表における期末と前期末（期首）の２時点の数値の平均値とすることが適切ですが，期末または期首時点の資本の金額を用いる場合もあります。

$$期中平均資本金額=\frac{期首の資本金額+期末の資本金額}{2}$$

代表的な資本利益率に，ROE，ROA，ROICなどがあります。

ROEは，**自己資本純利益率**（return on equity；ROE）のことであり，企業集団の親会社株主にとっての資本利益率を意味しています。

ROAは，**総資本利益率・総資産利益率**（return on asset；ROA）のことであり，企業の資金提供者全体（株主と債権者）にとっての資本利益率を意味し，同時に，企業の資産全体（総資産）が生み出す利益に関する資本効率を示します。貸借対照表（19頁の図）に基づき，総資本と総資産の金額は一致します。

ROICは，**投下資本利益率**（return on invested capital；ROIC）のことであり，事業に投下している資本が生み出す利益に関する資本効率を示します。

資本利益率	計算式	数値例	
自己資本純利益率（ROE）	$\frac{親会社株主に帰属する当期純利益}{自己資本}$	$\frac{100}{(507+730)\div 2}$	16.2%
総資本利益率（ROA）	$\frac{利益}{総資本}$，$\frac{利益}{資産合計}$	$\frac{250［営業利益］}{(750+1{,}000)\div 2}$	28.6%
投下資本利益率（ROIC）	$\frac{税引後営業利益}{事業投下資本}$	$\frac{250\times(1-0.3)}{(570+587)\div 2}$	30.3%

ROEの計算式の分母の**自己資本**の金額は，次の計算式で定義されます。

自己資本＝株主資本合計＋その他の包括利益累計額合計
＝純資産合計－新株予約権－非支配株主持分

その他の包括利益累計額は，純利益とされなかった資産負債の時価評価差額などの累計額であり，いずれ純利益および株主資本となる可能性のある潜在的な株主資本といえるので，自己資本に算入します。

ROAの計算式の分母の総資本は，負債と純資産の合計金額であり，資産合計金額（総資産）と同額です。分子の利益の値は，［営業利益］，［経常利益］，［経常利益＋利息費用合計］，［当期純利益］，［親会社株主に帰属する当期純利益（最終利益）］などのうちのどれかを用います。どの利益を使って計算したROAなのかをカッコ書きで示すとよいでしょう。**利息費用合計**とは，有利子負債の利息費用項目（損益計算書の営業外費用の部に記載）の合計です。

総資本＝負債合計＋純資産合計＝資産合計（総資産）
利息費用合計＝支払利息＋社債利息＋コマーシャル・ペーパー利息＋その他の利息費用

ROICの計算式の分母は，**事業投下資本**を意味しており，225頁の図のように定義します。**有利子負債合計**，**非事業余剰資金資産**は，下記の計算式で計算します。現金及び預金は，流動資産の現金及び預金の金額です。**非事業負債**は，連結財務諸表の注記等において，事業に関わる負債ではないことが示されている負債の金額です。**未稼働・遊休・廃止・処分予定事業資産**は，建設仮勘定および連結財務諸表の注記等において，遊休，処分予定であることが示されている事業資産の金額です。

事業投下資本＝純資産合計＋有利子負債合計＋非事業負債
－現金及び預金－非事業余剰資金資産－未稼働・遊休・廃止・処分予定事業資産
有利子負債合計＝短期借入金＋コマーシャル・ペーパー＋長期借入金＋各社債＋リース債務
非事業余剰資金資産＝長期性預金＋投資不動産＋有価証券
＋投資有価証券（子会社，関連会社，持ち合い，提携会社の株式を除く）

分子の**税引後営業利益**は，次の計算式で計算します。法定実効税率は，本書では簡単化のため30％とすることにします。55頁，248頁を参照してください。

税引後営業利益＝営業利益×（1－法定実効税率）

税引後営業利益は，EBIAT（earnings before interest after taxes, イービアット），NOPAT（net operating profit after taxes, ノーパット）ともよばれます。

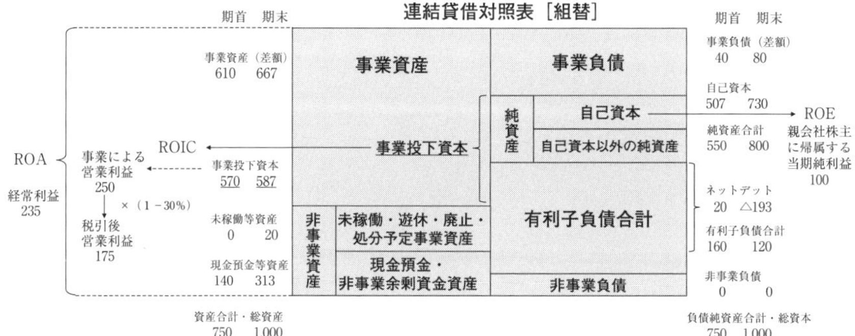

②　売上高利益率

売上高利益率（うりあげだかりえきりつ）は，以下の式で定義される収益性の指標の１つであり，後の③で説明するように，資本効率を示す資本利益率の構成要素となります。売上高利益率は，高い方が収益の効率性が高く望ましいことになります。

$$売上高利益率 = \frac{利益}{売上高}$$

分子の利益は，連結損益計算書上の段階別の６つの利益の数値（43頁，48-49頁参照）を用いて次の６つの売上高利益率を計算することができます。

売上高利益率	計算式	数値例	
売上総利益率	$\frac{売上総利益}{売上高}$	$\frac{400}{1,000}$	40％
売上高営業利益率	$\frac{営業利益}{売上高}$	$\frac{250}{1,000}$	25％
売上高経常利益率	$\frac{経常利益}{売上高}$	$\frac{235}{1,000}$	23.5％
売上高税金等調整前当期純利益率（売上高税引前利益率）	$\frac{税金等調整前当期純利益}{売上高}$	$\frac{170}{1,000}$	17％
売上高当期純利益率	$\frac{当期純利益}{売上高}$	$\frac{120}{1,000}$	12％
売上高親会社株主当期純利益率（売上高最終利益率）	$\frac{親会社株主に帰属する当期純利益}{売上高}$	$\frac{100}{1,000}$	10％

③　資本利益率の分解

資本利益率は，以下の式のように分数の約分の関係を使って，売上高利益率と資本回転率に分解できます。

$$\text{資本利益率} = \frac{\text{利益}}{\text{資本}} = \underset{\text{〔売上高利益率〕}}{\frac{\text{利益}}{\text{売上高}}} \times \underset{\text{〔資本回転率〕}}{\frac{\text{売上高}}{\text{資本}}}$$

資本回転率とは，売上高と資本の金額の比率のことであり，営業活動における資本（資金）の投資・回収というサイクルの観点からの資本の利用度合いを示す指標です。資本回転率が高いほど資本の利用度が高いことになります。

現金 → 商品仕入・製品生産 → 販売 → 現金
100円　　100円　　150円　　150円

1サイクルで利益50円
1万回繰り返せば利益50万円

この分解式から，資本効率を示す資本利益率を高めるためには，売上高利益率を高めるか，資本回転率を高めるかをすればよいことになります。

上記の分解式により，ROEとROAは，次のように分解できます。

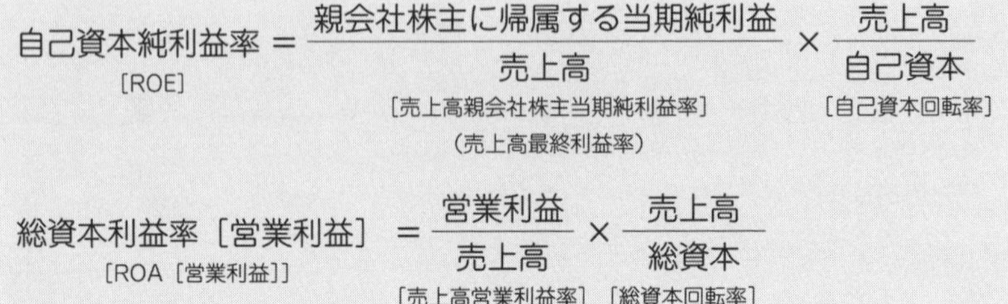

$$\underset{\text{〔ROE〕}}{\text{自己資本純利益率}} = \underset{\text{〔売上高親会社株主当期純利益率〕（売上高最終利益率）}}{\frac{\text{親会社株主に帰属する当期純利益}}{\text{売上高}}} \times \underset{\text{〔自己資本回転率〕}}{\frac{\text{売上高}}{\text{自己資本}}}$$

$$\underset{\text{〔ROA〔営業利益〕〕}}{\text{総資本利益率〔営業利益〕}} = \underset{\text{〔売上高営業利益率〕}}{\frac{\text{営業利益}}{\text{売上高}}} \times \underset{\text{〔総資本回転率〕}}{\frac{\text{売上高}}{\text{総資本}}}$$

ROEとROAの分解の数値例は，次のとおりです。

自己資本純利益率	売上高親会社株主当期純利益率	自己資本回転率
$\frac{100}{(507+730) \div 2}$	$\frac{100}{1,000}$	$\frac{1,000}{(507+730) \div 2}$
16.2%	10%	1.62回

総資本利益率〔営業利益〕	売上高営業利益率	総資本回転率
$\frac{250\text{〔営業利益〕}}{(750+1,000) \div 2}$	$\frac{250}{1,000}$	$\frac{1,000}{(750+1,000) \div 2}$
28.6%	25%	1.14回

④　費用構造の分析

売上高費用率（うりあげだかひようりつ）は，分母を売上高，分子を費用金額とした比率で，分子の費用の金額は，連結損益計算書上の費用の数値を用います。売上原価と販売費及び一般管理費の合計は，**総原価**とよばれます。売上高費用率は，低い方が収益性が高くなり，望ましいことになります。

売上高費用率	計算式	数値例	
売上原価率	売上原価 / 売上高	600 / 1,000	60%
売上高販管費比率	販売費及び一般管理費 / 売上高	150 / 1,000	15%
売上高総原価率 総原価率（営業比率）	売上原価＋販売費及び一般管理費 / 売上高	600+150 / 1,000	75%
売上高総費用比率	費用合計（法人税等合計まで） / 売上高	920 / 1,000	92%
売上高減価償却費比率	減価償却費 / 売上高	10 / 1,000	1%
売上高償却費比率	減価償却費＋その他の償却費用 / 売上高	10+20 / 1,000	3%
売上高研究開発費比率	研究開発費 / 売上高	23 / 1,000	2.3%

売上原価率と売上総利益率の和は1になり，売上高総原価比率と売上高営業利益率の和は1になり，売上高総費用比率と売上高当期純利益率の和は1になります。売上高費用率を下げれば，売上高利益率が上がる関係があります。

また，費用構造を分析する財務比率として次のような指標もあります。

比率名	計算式	数値例	
販管費対マージン比率	販売費及び一般管理費 / 売上総利益	150 / 400	37.5%
総原価対マージン比率	売上原価＋販売費及び一般管理費 / 売上総利益	600+150 / 400	187.5%
償却費対マージン比率	減価償却費＋その他の償却費用 / 売上総利益	10+20 / 400	7.5%

(2) 財政状態分析

財政状態分析は，連結貸借対照表で示される企業の財政状態（財務状況）を分析するものであり，①短期的支払能力分析（流動性分析），②長期的支払能力分析（ソルベンシー分析），③長期運用安定性分析に分かれます。なお，②と③を合わせて財務安全性分析ともいいます。

① 短期的支払能力分析

短期的支払能力分析（流動性分析）では，1年以内に返済する短期的な負債（流動負債）を企業が返済できるかどうかという資金繰り状況を分析するため，流動負債と流動性（手元資金，運転資金）に関する比率を計算します。

比率名	計算式	数値例	
流動比率	$\frac{流動資産}{流動負債}$	$\frac{230}{50}$	460%
当座比率	$\frac{当座資産}{流動負債}$	$\frac{170}{50}$	340%
営業キャッシュ・フロー対流動負債比率	$\frac{営業活動によるキャッシュ・フロー}{流動負債}$	$\frac{211}{50}$	422%
手元流動性	現金預金＋有価証券（短期所有）	80＋60	140
手元流動性比率（月商ベース）	$\frac{現金預金＋有価証券（短期所有）}{売上高（年間）\div 12ヵ月}$	$\frac{80+60}{1000\div 12}$	1.68ヵ月
正味運転資本	流動資産－流動負債	230－50	180

当座資産は，26頁の表にある項目であり，次の定義式で計算します。

当座資産＝現金及び預金＋売上債権（受取手形・売掛金）－貸倒引当金＋有価証券

流動比率，当座比率および他の4つの指標は，すべて，数値が高い方が企業の短期的支払能力や資金的余裕度が高いと判断されます。

② 長期的支払能力分析

長期的支払能力分析（ソルベンシー分析）では，全体としての負債総額（流動負債と固定負債の合計）を企業が返済できるかどうかを分析するため，負債，純資産，他人資本，自己資本，総資本に関する比率を計算します。

比率名	計算式	数値例	
負債資本比率 (負債比率)	$\frac{他人資本}{自己資本}$ or $\frac{負債合計}{純資産合計}$	$\frac{200+10+60}{600+130}$	37%
負債比率 (総資本負債比率)	$\frac{他人資本}{総資本}$ or $\frac{負債合計}{総資本}$	$\frac{200+10+60}{1{,}000}$	27%
自己資本比率	$\frac{自己資本}{総資本}$ or $\frac{純資産合計}{総資本}$	$\frac{600+130}{1{,}000}$	73%
有利子負債比率	$\frac{有利子負債合計}{総資本}$	$\frac{120}{1{,}000}$	12%

他人資本は次の定義式で計算します（自己資本は，224頁参照）。

他人資本＝負債合計＋新株予約権＋非支配株主持分
総資産（資産合計）＝負債合計＋純資産合計＝自己資本＋他人資本＝総資本

負債は，企業にとって返済する必要がある債務としての資金調達源泉です。負債が多すぎると，企業は負債を返済できずに倒産するリスクが高まります。

純資産は，企業にとって返済不要の資金調達源泉です。株式会社の所有者である株主が株主総会で決議すれば，配当や出資金の払い戻しとしての減資を行い，企業の資金を株主に払うことはできますが，それ以外では，株主に出資金額を返済する義務はありません。したがって，純資産を株主に返金できなくて倒産するということはありません。このように企業が倒産する場合は，負債（給料の未払金なども含む）を返済できない場合になります。

負債資本比率，負債比率は，分子が他人資本，負債であるため，数値が低い方が長期的支払能力が高いといえます。自己資本比率は，分子が自己資本,純資産であるため，数値が高い方が長期的支払能力が高いといえます。

企業が１年間の間に稼ぎ出す収益やキャッシュ・フローも，負債の元利払いに使えるため，以下のような財務比率を計算することができます。

比率名	計算式	数値例	
利息カバー比率 （インタレスト・カバレッジ・レシオ）	$\frac{経常利益＋利息費用合計}{利息費用合計}$	$\frac{235+14}{14}$	17.79倍
営業キャッシュ・フロー対総負債比率	$\frac{営業活動によるキャッシュ・フロー}{総負債}$	$\frac{211}{200}$	105.5%

この２つの比率は，数値が高い方が長期的支払能力が高いと判断されます。

③ 長期運用安定性分析

長期運用安定性分析は，投資する資金が長期的に拘束される資産である固定資産（本社ビル，工場，販売店舗などを構成する建物，土地，備品，機械装置など）を，長期的な資金調達源泉である純資産や固定負債として調達した資金によって投資されているかどうかを判断するための分析です。そのために，連結貸借対照表上の固定資産と資金調達源泉を意味する純資産と固定負債の残高（バランス）の状態を確認する比率を計算します。

比率名	計算式	数値例	
固定比率	$\frac{固定資産}{自己資本}$ or $\frac{固定資産}{純資産}$	$\frac{750}{600+130}$	102.7%
固定長期適合率	$\frac{固定資産}{純資産+固定負債}$	$\frac{750}{800+150}$	78.9%

固定比率と固定長期適合率は，分子が固定資産であるため，それらの数値が低い方が長期運用安定性が高いと判断されます。

固定資産は，資金が長期的に拘束される資産であるため，(i)返済義務のない純資産（資本）でまかなわれることが好ましい，(ii)返済義務がある負債でまかなう場合は，返済期限までの期間が短い流動負債よりも，期間が長い固定負債のほうが好ましい，(iii) 1年以内に返済期限の到来する流動負債で，固定資産をまかなうことは好ましくない，ということになります。

固定資産は，その取得にかかった投資資金の投下状態が固定的であることから固定資産とよばれます。減価償却を行う費用性の固定資産の場合，時間経過によって価値が減少する固定資産の取得にかかった投資資金は，耐用年数の期間にわたる減価償却費などの償却費用が売上収益から控除（こうじょ）され純利益から除外されることにより，分割されて資金として回収されていきます。

連結貸借対照表は，企業の**財政状態**を示すと言われますが，それは，資産，負債，純資産の残高の状況や，①流動資産と流動負債のバランス（**短期的支払能力**），②負債総額と純資産のバランス（**長期的支払能力**），③固定資産と資金の調達源泉のバランス（**長期運用安定性**）のことを意味しています。②長期的支払能力と③長期運用安定性をあわせて**財務安全性**といいます。

負債が多すぎる場合や，流動性（手元資金）が少ない場合は，負債を返済できずに倒産する可能性が高くなり，財政状態が悪いということになります。

（3）活動性分析・能率性分析

分数の分子を売上高や売上原価とし，分母を，資産，負債，純資産の特定項目とした比率を**回転率**といいます。回転率が高い方が，活動性が高いと考えます。また，回転率の逆数は，**回転期間**といいます。１年の日数である365を回転率で割った数字は，**回転日数**といいます。回転期間と回転日数は短い方が，活動性が高いと判断されます。これらによる分析を**活動性分析**といいます。

回転率	計算式	数値例	回転率	回転期間	回転日数
自己資本回転率	売上高 / 自己資本	1,000 / (507+730)÷2	1.62回	0.619	226日
総資本回転率	売上高 / 総資本	1,000 / (750+1,000)÷2	1.14回	0.875	319日
売上債権回転率	売上高 / 売上債権	1,000 / (20+30)÷2	40回	0.025	9.1日
棚卸資産回転率	売上原価 / 棚卸資産	600 / (30+40)÷2	17.1回	0.058	21.3日
仕入債務回転率	売上原価 / 仕入債務	600 / (5+16)÷ 2	57.1回	0.018	6.39日
固定資産回転率	売上高 / 固定資産	1,000 / (600+750)÷2	1.48回	0.675	246日
有形固定資産回転率	売上高 / 有形固定資産	1,000 / (300+355)÷2	3.05回	0.328	120日

仕入・生産・販売という基本業務における現金預金の支払いから回収までの期間の目安を示す，**現金転換日数**（キャッシュ・コンバージョン・サイクル；CCC）は，次のように計算します。現金転換日数は短い方が営業に投入される資金の拘束時間が短くなるといえ，経営・資金管理上，良いといえます。

現金転換日数＝売上債権回転日数＋棚卸資産回転日数－仕入債務回転日数

回転率は，粉飾決算や倒産の兆候（ちょうこう）を示すシグナルにもなります。売上債権回転率または棚卸資産回転率が異常に低い（回転日数が異常に長い）場合や，トレンド分析によりそれらの数値が大幅に悪化する傾向にある場合は，粉飾決算をしている可能性や，倒産の可能性があることを示しています。

（4）キャッシュ・フロー分析

次のキャッシュ・フローに関する比率が高いほど，収益性が高いといえます。

比率名	計算式	数値例	
売上高営業キャッシュ・フロー比率	営業活動によるキャッシュ・フロー / 売上高	211 / 1,000	21.1%
売上高フリー・キャッシュ・フロー比率	フリー・キャッシュ・フロー比率 / 売上高	211－200 / 1,000	1.1%
フリー・キャッシュ・フロー比率	フリー・キャッシュ・フロー / 営業活動によるキャッシュ・フロー	211－200 / 211	5.2%
自己資本フリー・キャッシュ・フロー比率	フリー・キャッシュ・フロー / 自己資本	211－200 / (507+730)÷2	1.8%
総資本営業キャッシュ・フロー比率	営業活動によるキャッシュ・フロー / 総資産	211 / (750+1,000)÷2	24.1%

フリー・キャッシュ・フロー＝営業活動によるキャッシュ・フロー
＋投資活動によるキャッシュ・フロー（or 設備投資額）

設備投資の規模を検討する指標は，以下のとおりです。

①設備投資額＝有形固定資産の取得による支出＋無形固定資産の取得による支出
②設備投資額＝有形固定資産の取得による支出

（上記の計算式で，有形・無形固定資産の売却による収入を控除する場合もあります。）

比率名	計算式	数値例	
設備投資対営業キャッシュ・フロー比率	設備投資額 / 営業活動によるキャッシュ・フロー	190 / 211	90.0%
設備投資対純利益比率	設備投資額 / 当期純利益	190 / 120	158.3%
長期的設備投資対純利益比率	設備投資額の過去10年分の合計 / 当期純利益の過去10年分の合計	1,100 / 1,250	88.0%

これらの比率で，設備投資の規模を把握することができます。これらの比率が，100％以下の場合は，１期間の設備投資の支出額が，１期間の営業キャッシュ・フローまたは当期純利益の金額で賄（まかな）われており，資金調達上の負担が軽いことを意味するので，比率が長期的に低いことが望ましいといわれます。

4 デュポン・システム

分数の約分の関係により，ROE（自己資本純利益率）は次のように3つの要素に分解することができます。この分解を，**デュポン・システム**といいます。

$$\text{ROE} = \frac{\text{親会社株主に帰属する当期純利益}}{\text{売上高}} \times \frac{\text{売上高}}{\text{総資本}} \times \frac{\text{総資本}}{\text{自己資本}}$$

［売上高親会社株主当期純利益率］（売上高最終利益率）［総資本回転率］［財務レバレッジ比率］

ここで，**財務レバレッジ比率**とは，株式会社の元手としての自己資本の金額を基準として，何倍の総資本を運用しているかを示す比率です（財務レバレッジ比率は自己資本比率の逆数です。レバレッジ＝てこの力）。この比率が高いほど，負債を利用して，使用する資本（広義）総額を増やしていることになります。

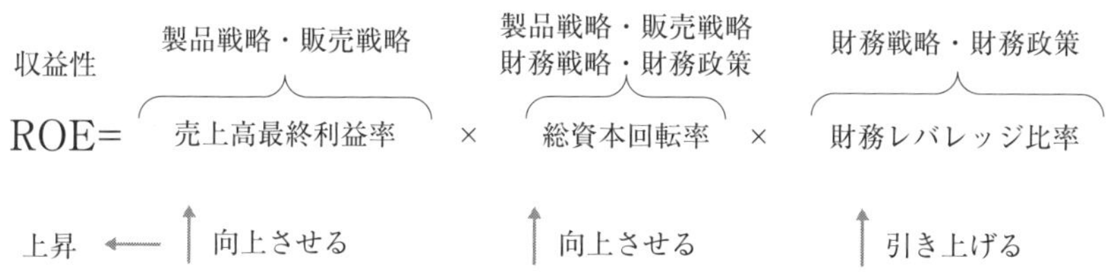

デュポン・システムにより，ROEを上昇させるために，上記の3つの指標のうち，他を一定にして，どれかを高めればよいことがわかります。

デュポン・システムの数値例は，次のとおりです。

自己資本純利益率	売上高親会社株主当期純利益率	総資本回転率	財務レバレッジ比率
$\frac{100}{(507+730)\div 2}$	$\frac{100}{1{,}000}$	$\frac{1{,}000}{(750+1{,}000)\div 2}$	$\frac{(750+1{,}000)\div 2}{(507+730)\div 2}$
16.2%	10%	1.14回	1.41倍

分子を最終利益とするROAの場合，ROEは，ROAと財務レバレッジ比率の積として表され，ROAを高めるとROEが高まることがわかります。

$$\text{ROE} = \frac{\text{親会社株主に帰属する当期純利益}}{\text{総資本}} \times \frac{\text{総資本}}{\text{自己資本}}$$

［ROA［最終利益］］［財務レバレッジ比率］

また，ROEと自己資本比率の積は，ROA［最終利益］となります。

5 株式投資指標

(1) 1株当たり指標

連結財務諸表上の特定の項目の金額について，発行済株式総数で割り算した金額を，**1株当たり指標**といいます。期中平均の場合は，次の式で計算します。

$$\text{期中平均発行済株式総数} = \frac{\text{期首発行済株式総数} + \text{期末発行済株式総数}}{2}$$

なお，期中平均発行済株式総数は，決算短信の２頁目の「注記事項：発行済株式数」の箇所に記載されています。１株当たり指標を計算する際は，期末の発行済株式総数を用いる場合もあります。

1株当たり指標	計算式	数値例	
1株当たり純利益(EPS)	$\frac{\text{親会社株主に帰属する当期純利益}}{\text{期中平均発行済株式総数}-\text{期中平均自己株式数}}$	$\frac{\text{10,000百万円}}{\text{48百万株}-\text{1.1百万株}}$	213.22円
1株当たり純資産(BPS-NA)	$\frac{\text{期末純資産}}{\text{期末発行済株式総数}-\text{期末自己株式数}}$	$\frac{\text{80,000百万円}}{\text{50百万株}-\text{1.2百万株}}$	1,639円
1株当たり自己資本(BPS-OE)	$\frac{\text{期末自己資本}}{\text{期末発行済株式総数}-\text{期末自己株式数}}$	$\frac{\text{73,000百万円}}{\text{50百万株}-\text{1.2百万株}}$	1,496円
1株当たり配当金(DPS)	$\frac{\text{剰余金の配当}}{\text{期中平均発行済株式総数}-\text{期中平均自己株式数}}$	$\frac{\text{5,000百万円}}{\text{48百万株}-\text{1.1百万株}}$	106.61円
1株当たり営業キャッシュ・フロー	$\frac{\text{営業活動によるキャッシュ・フロー}}{\text{期中平均発行済株式総数}-\text{期中平均自己株式数}}$	$\frac{\text{21,100百万円}}{\text{48百万株}-\text{1.1百万株}}$	449.89円
1株当たりフリー・キャッシュ・フロー(FCFPS)	$\frac{\text{フリー・キャッシュ・フロー}}{\text{期中平均発行済株式総数}-\text{期中平均自己株式数}}$	$\frac{\text{1,100百万円}}{\text{48百万株}-\text{1.1百万株}}$	23.45円

1株当たり純利益（**EPS**；earnings per share）は，親会社の普通株式１株に帰属する最終利益の金額のことです。EPSは，金額が大きい方が望ましいといえます。**1株当たり純資産**と**1株当たり自己資本**は，**BPS**（book value per share）といい，親会社の普通株式１株に帰属する純資産または自己資本の金額のことです。このBPSは，株価の水準のベンチマーク（適正水準推定の基準・目安）の１つとなります。**1株当たり配当金**（**DPS**；dividend per share）は，親会社の普通株式１株に支払われた配当金の金額のことです。

（2）株価関係比率

上記の1株当たり指標の金額を分母にし，株価を分子とした比率は，株価の適正水準を判断するための指標として使用されます。

株価関係指標	計算式	数値例	
株価収益率（PER）	株価 / 1株当たり純利益（EPS）	6,000円 / 213.22円	28.14倍
株価純資産倍率（PBR-NA）	株価 / 1株当たり純資産（BPS-NA）	6,000円 / 1,639円	3.66倍
株価自己資本倍率（PBR-OE）	株価 / 1株当たり自己資本（BPS-OE）	6,000円 / 1,496円	4.01倍
株価配当率（PDR）	株価 / 1株当たり配当金（DPS）	6,000円 / 106.61円	56.28倍
株価キャッシュ・フロー率（PCFR）	株価 / 1株当たりフリー・キャッシュ・フロー	6,000円 / 23.45円	255.86倍

株価収益率（**PER**；price earnings ratio）は，株価が1株当たり純利益の何年間分の金額になっているかを示す指標であり，他の企業，業界平均，市場平均との比較で，PERが低いほど株価は割安，PERが高いほど株価は割高と判断できます。**株価純資産倍率**と**株価自己資本倍率**は，**PBR**（price book value ratio）といい，株価と1株当たりの純資産または自己資本の金額の比率です。**株価配当率**（**PDR**；price dividend ratio）は，株価が1株当たり配当金の何年間分の金額になっているかを示す指標です。PBR，PDRも，他の企業，業界平均，市場平均との比較で，数値が低いほど株価は割安，数値が高いほど株価は割高と判断できます。

2022年12月31日時点での，資生堂，コーセー，ポーラ・オルビスのPER，PBR，ROEは以下の表のようになります。237頁の計算式によると，PBRをPERで割ると，ROEとなります。

2022年12月31日時点	資生堂	コーセー	ポーラ・オルビス
株価（2022/12/30）	6,471円	14,420円	1,860円
PER	75.67倍	46.54倍	37.23倍
PBR［自己資本］	4.28倍	3.37倍	2.49倍
ROE	5.7%	7.2%	6.7%

株価自己資本倍率（PBR-OE）は，株式時価総額（第10章161頁）を自己資本で除した数値とも一致します。

$$\text{PBR-OE} = \frac{\text{株価}}{\text{1株当たり自己資本（BPS-OE）}} = \frac{\text{株式時価総額}}{\text{自己資本}}$$

株式時価総額は，企業の純資産の市場評価値であるといえます。株式時価総額と純資産の差額を，**純資産時価簿価差額**といいます。

純資産時価簿価差額＝株式時価総額－純資産

純資産時価簿価差額が大きいほど，市場での評価が高いといえます。

1株当たり純利益（EPS）は，次のように，自己資本純利益率（ROE）と，1株当たり自己資本（BPS-OE）に分解することができます。

$$\frac{\text{親会社株主に帰属する当期純利益}}{\text{発行済株式総数}} = \frac{\text{親会社株主に帰属する当期純利益}}{\text{自己資本}} \times \frac{\text{自己資本}}{\text{発行済株式総数}}$$

$$[\text{EPS}] = [\text{ROE}] \times [\text{BPS-OE}]$$

この式から，EPSを高めるためには，ROEを高めるか，BPS-OEを高めるかをすればよいことがわかります。

上記の式の両辺を［株価］で割り算して整理することで，次の式を導出することができます。すなわち，株価自己資本倍率（PBR-OE）は，自己資本純利益率（ROE）と株価収益率（PER）に分解することができます。

$$\frac{\text{株価}}{\text{1株当たり自己資本（BPS-OE）}} = \frac{\text{親会社株主に帰属する当期純利益}}{\text{自己資本}} \times \frac{\text{株価}}{\text{1株当たり純利益（EPS）}}$$

$$[\text{PBR-OE}] = [\text{ROE}] \times [\text{PER}]$$

この式から，PBR-OEが低い企業は，企業の収益性を表すROEが低いか，市場での評価としての株価が相対的に低いためPERが低いということによっているということがわかります。ROEを高めることでPBRが高まる傾向があります。現在までの企業業績が悪く，将来的な業績回復の可能性も低いと市場から評価され株価が低迷している企業は，PBRが低くなります。

PBRが1より小さい場合は，その企業が営業を継続して利益を上げていくよりも，その時点で営業を停止し，すべての資産を売却し，すべての負債を返済し，その後に残る，残余財産の現金を株主に返金して，解散した方が，株主にとっては価値が高いと，市場から判断されていると解釈することが，基本的解釈となります。ただし，詳しい分析によって適否を検討する必要があります。

また，次の式で表されるように，ROEは，EPSをBPS-OEで除した値，およびPBR-OEをPERで除した値と等しくなります。

$$\frac{\text{自己資本純利益率}}{\text{(ROE)}} = \frac{\text{1株当たり純利益 (EPS)}}{\text{1株当たり自己資本 (BPS-OE)}} = \frac{\text{株価自己資本倍率 (PBR-OE)}}{\text{株価収益率 (PER)}}$$

EPS，BPS-OE，ROEは，３つの数値のうち，２つの数値がわかれば，残り１つを逆算することができ，PER，PBR-OE，ROEも同様です。

（3）配当関係比率と利回り・益回り

配当金と利回り・益回りに関する比率には次のようなものがあります。

配当関係指標等	計算式	数値例	
配当性向	剰余金の配当 / 親会社株主に帰属する当期純利益	50 / 100	50%
配当率	剰余金の配当 / 株主資本	50 / 600	8.33%
配当利回り	１株当たり配当金（DPS） / 株価	106.61円 / 6,000円	1.78%
株式益回り	１株当たり純利益（EPS） / 株価	213.22円 / 6,000円	3.55%
株式キャッシュ・フロー利回り	1株当たりフリー・キャッシュ・フロー / 株価	23.45円 / 6,000円	0.39%

配当性向は，１年間の親会社株主に帰属する当期純利益から，どれだけ株主への配当に回したかを表す比率です（167頁参照）。

配当率（株主資本配当率）は，株主資本の残高から，どれだけ株主に配当したかを表す比率です。

配当利回りは，株式投資のインカムゲインに該当し（168頁参照），配当利回りが高いほど，配当金だけで見た投資効率がよいことになります。これは，PDRの逆数です。株式の長期保有投資においては，配当利回りが安定的に高い企業に投資することが好まれます。

株式益回りは，企業の利益を重視する観点から株式投資をする場合に，利益が多いかどうかを判断するときに役立つ指標であり，株式益回りが高いほど，企業の利益で見た投資効率がよいことになります。これは，PERの逆数です。

6 株価予測のフレームワーク

図表15-1は，株価の適正水準を予測する際に，3節の財務比率と5節の株式投資指標を用いて予測する方法の枠組みを示しています。

株価は，PERにEPSを乗じた値として決まります。EPSは，ROEとBPSに分解されます。ROEは，さらに財務レバレッジ比率とROA（総資本利益率）［最終利益］に分解されます。ROA（総資本利益率）［最終利益］は，総資本回転率と売上高最終利益率に分解されます（4節のデュポン・システムを参照）。

さらに図表15-1のように分解を進めることができます。EPSを分解していった先の各項目は，発行済株式総数を除いて，連結貸借対照表と連結損益計算書の数値です。したがって，この枠組みでEPSを予測するためには，将来の連結財務諸表を予測する必要があります（予測連結財務諸表の作成）。

図表15-1 EPSとPERによる株価予測のフレームワーク

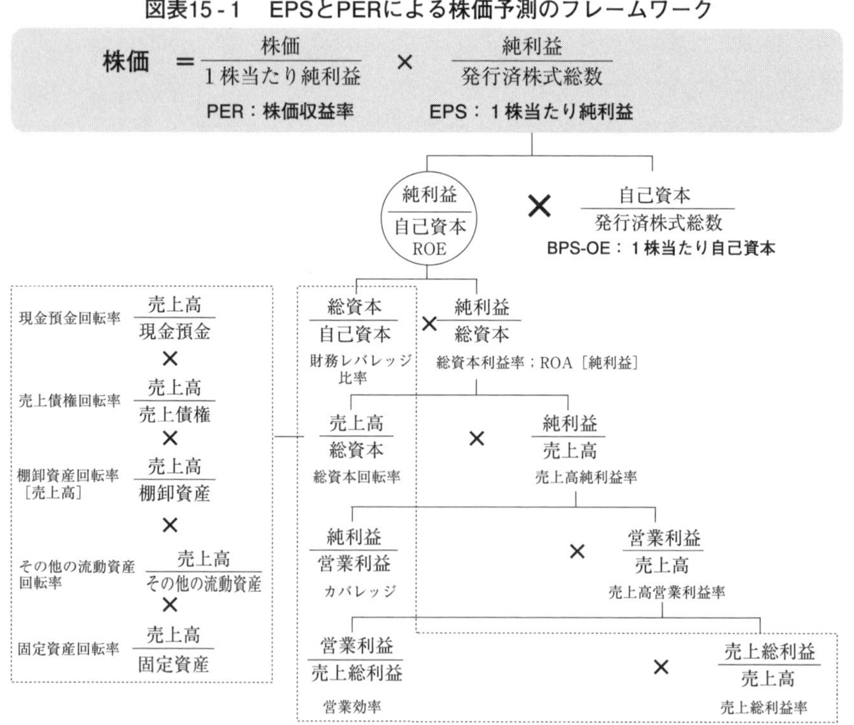

（図表15-1と下記の式では，最終利益とよばれる「親会社株主に帰属する当期純利益」（連結）または「当期純利益」（個別）を「純利益」と表記しています。）

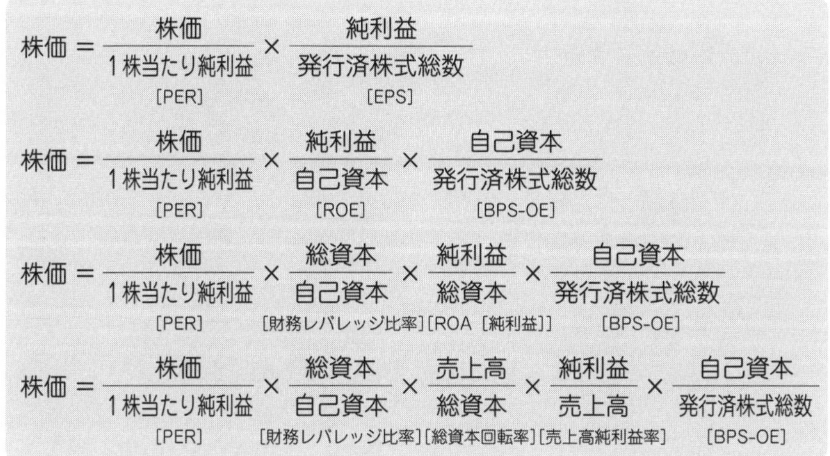

総資本は総資産と等しく，総資産は，現金預金，売上債権，棚卸資産，その他の流動資産，固定資産の和に等しいので（繰延資産があるときは，ここでは固定資産に含める），総資本回転率（総資産回転率）は，現金預金回転率，売上債権回転率，棚卸資産回転率（分子を売上高とする），その他の流動資産回転率，固定資産回転率の和に分解できます。これによって，ROEの分解分析に，活動性および資産運用の能率性の観点を入れることができます。

この枠組みでは，将来のある時点における連結財務諸表と発行済株式総数を予測して，EPSを計算してから，市場における妥当なPERの水準を見積もって，EPSに乗じれば，将来のある時点における株価の適正水準の予測値を得ることができます（無論，それが絶対確実な真実の株価水準になるわけではなく，あくまで１つの予測値にすぎません）。市場価格を評価基準とする，この考え方は，**マーケット・アプローチ**や**類似企業比較倍率法**といいます（243頁参照）。

将来のある時点における株価の適正水準を予想する場合は，図表15-1に示された財務比率と株式投資指標の将来の時点における数値を予想してから，掛け算をしていけばよいことになります。これは，株価そのものをいきなり予測するのではなく，株価を構成する要素に分解して，それぞれを予測していくことにより，より精密に株価を予測しようというアプローチです。

7 市場評価企業価値

（1）市場評価企業価値

企業は「利益（ネット・キャッシュ・フロー）」を得ることを目的とする組織であり，その獲得能力が高いほど企業自体の価値すなわち企業価値が高いといえます。**企業価値**とは，企業が生み出す将来のネット・キャッシュ・フロー全体の現在時点における評価金額のことです。企業価値は第16章で説明します。

株式時価総額（第10章161頁参照）に，有利子負債の合計金額を加算した金額は，企業価値の株式市場による評価金額といえます。

企業価値（市場評価）＝株式時価総額＋有利子負債合計
　株式時価総額＝株価×発行済株式総数
　有利子負債合計＝短期借入金＋コマーシャル・ペーパー＋長期借入金＋各社債＋リース債務

企業の経営者は，株式市場からの企業の評価を高めるような企業経営を行うことを通じて，株価を上げ，株式時価総額を上げれば，市場評価の企業価値を高めることができます。ただし，有利子負債を単に増やすだけでは，市場評価の企業価値を高めることはできません。これについては第16章で説明します。

（2）純有利子負債（純債務，ネット・デット）

有利子負債の合計金額から，現金及び預金と，余剰資金の運用資産である非事業余剰資金資産（それらに付随する非事業負債がある場合はそれを控除する）を差し引いた金額を，**純有利子負債（純債務，ネット・デット）**といいます。この純有利子負債がマイナスになる場合は，**ネット・キャッシュ**（純現金預金）ともよびます。非事業余剰資金資産の計算式は，224頁を参照してください。

純有利子負債（純債務，ネット・デット）＝有利子負債合計
　－（現金及び預金＋非事業余剰資金資産－非事業負債）

純有利子負債は，企業にとって負担となる実質的な有利子負債残高を把握するために役立ちます。収益性が極めて高い優良企業の中には，有利子負債が0円の無借金経営を行っている企業もあり，その場合，純有利子負債は，ネット・キャッシュとなります。また，有利子負債があっても，純有利子負債がマイナスになり，実質的に無借金経営という企業もあります。

8　EBITDAとEV/EBITDA倍率

(1) EBITとEBITDA

証券アナリストや実務家が用いる財務指標に，EBITとEBITDAという概念があります。EBITとEBITDAの計算方法・計算式は1つに決まったものはなく，いろいろなものがあり，計算方法によってその数字は異なってきます。

EBIT（イービットなどと読む）とは，earnings before interest, taxesの略であり，直訳すると，利息・税金控除前利益となります。

① EBIT＝営業利益
② EBIT＝経常利益＋利息費用合計
③ EBIT＝税金等調整前当期純利益＋利息費用合計
（個別財務諸表の場合は，税引前当期純利益）
利息費用合計＝支払利息＋社債利息＋コマーシャル・ペーパー利息＋その他の利息費用
（利息費用合計の金額から，受取利息の金額を差し引く場合もあります。）

なお，関連する指標に，EBIAT（税引後営業利益）があります（224頁参照）。

EBITDA（イービットディーエー，イービッダーなどと読む）とは，earnings before interest, taxes, depreciation and amortizationの略であり，直訳すると，利息・税金・減価償却費・無形固定資産償却控除前利益となります。

EBITDA＝EBIT＋固定資産償却額
固定資産償却額＝減価償却費＋無形固定資産償却（151頁参照）
① EBITDA＝営業利益＋固定資産償却額
② EBITDA＝経常利益＋利息費用合計＋固定資産償却額
③ EBITDA＝税金等調整前当期純利益＋利息費用合計＋固定資産償却額

EBITDAは，損益計算書（連結・個別）の利益や費用の金額だけを使って計算する，企業の事業によるネット・キャッシュ・フロー（純現金収入）のおおざっぱで簡易な概算値です。概算値であるため，本当のキャッシュ・フローの金額と一致する保証は，まったくありません（キャッシュ・フロー計算書を作成していない会社や事業部門のキャッシュ・フローを把握するための方法といえます）。

EBITDAは，減価償却費，無形固定資産償却を足し戻しているため，減価償却方法の違いによる利益への影響を排除した財務数値であり，利息費用も控除前であるため，負債総額や資本構成，金利水準の違いによる利益への影響を排除した財務数値です。したがって，EBITDAは，企業の負債総額や資本構成，金利水準，法人税額，減価償却方法が異なる企業を，それらに関する費用を引く前の利益として，同じ条件で比較することができる指標であるといえます。また，日本企業と外国企業の比較というように，企業をグローバルに比較する場合には，EBITDAは，国ごとの金利水準の違い，税制・税率の違い，減価償却方法の違いがあったとしても，有効に比較できる財務数値であるといえます。企業間比較では，利益が同額でもEBITDAは異なり得ます。

投資家等の情報ニーズに配慮して，連結財務諸表を，IFRS（国際財務報告基準）で作成している企業の中には，連結損益計算書の本体の段階的利益として，EBITを表示している企業もあります。連結財務諸表のセグメント情報には，減価償却費，のれんの償却額などを記載することとなっており，セグメント別のEBITDAを計算することが可能です。アニュアルレポート・統合報告書の財務データ・サマリーなどでは，EBITDAが記載されている場合もあります。

（2）EBITDA倍率法とEV/EBITDA倍率

企業が他の企業を合併・買収するM&A（142頁参照）においては，企業の適正な買い取り価格（株式の取得価格）はいくらかを算定するために，企業価値評価が行われます。交渉において取引の両者が認める合理的な株式価値を算定するための方法は，第16章の企業価値評価の枠組みに基づく方法です。しかし，その方法は，手間がかかり十分な準備が必要となるので，そのような詳細な企業価値評価を行う前の手続きとして，簡易・簡便に株式価値の概算額を把握する方法として，EBITDA倍率法（EBITDAマルチプル法）があります。

EBITDA倍率法では，次の計算式で，株式価値の簡易的な概算額を求めます。

$$\text{株式1株の価値の簡易概算額} = \frac{\text{事業価値の簡易概算額} - \text{純有利子負債}}{\text{発行済株式総数}}$$

事業価値の簡易概算額＝
その企業のEBITDA×同業企業，類似企業あるいは業界平均のEV/EBITDA倍率

$$\text{EV/EBITDA倍率} = \frac{\text{株式時価総額} + \text{純有利子負債}}{\text{EBITDA}}$$

EV/EBITDA倍率（事業価値EBITDA倍率）のEV（enterprise value）は，ここでは，事業価値（市場評価）のことで，企業の事業が生み出す価値を株式市場が評価している金額のことです。より詳しくは，第16章268頁で説明します。

株式価値を評価したい企業と同業種の企業のEV/EBITDA倍率を計算し，それを，株式価値を評価したい企業のEBITDAに乗じると，事業価値の簡易概算額が得られ，それから純有利子負債を控除した金額（株主価値の概算額）を発行済株式総数で除すと，株式1株の価値の簡易的な概算額が求められます。

EV/EBITDA倍率は，EBITDAをその企業が毎年稼ぎ出すキャッシュ金額と想定すると，市場評価での事業価値が，毎年稼ぎ出すキャッシュ金額の何年分に相当するかを示しています。PER，PCFR（235頁）の場合と同様に，EV/EBITDA倍率が高いほど株価は割高，低いほど株価は割安といえます。

EBITDA倍率法のように，企業価値評価の対象企業を評価するための基準として，同業種の企業や，類似する企業の，株式市場で成立している株価など（市場による評価値）を使い，市場評価の相場によって，企業価値評価を行う方法を，マーケット・アプローチ（類似企業比較倍率法）といいます。

（3）EBITDAを使った財務比率および関係する財務比率

下表のEBITDAマージンは，売上高に占めるEBITDAの割合であり，その値が大きいほど売上から得るキャッシュが多いことを示します。その下の4つの比率は，有利子負債が何年分の利益やキャッシュ・フローで返済できるのかを示し，比率が低いほど，負債の負担が小さいことを意味します。

比率名	計算式	数値例	
EBITDAマージン（売上高EBITDA比率）	$\frac{\text{EBITDA}}{\text{売上高}}$	$\frac{250+10+10}{1{,}000}$	27%
有利子負債対EBITDA比率	$\frac{\text{有利子負債}}{\text{EBITDA}}$	$\frac{120}{250+10+10}$	0.44倍
純有利子負債対EBITDA比率	$\frac{\text{純有利子負債}}{\text{EBITDA}}$	$\frac{120-313}{250+10+10}$	－0.71倍
長期有利子負債対最終利益比率	$\frac{\text{長期有利子負債}}{\text{親会社株主に帰属する当期純利益}}$	$\frac{95}{100}$	0.95倍
長期有利子負債対フリー・キャッシュ・フロー比率	$\frac{\text{長期有利子負債}}{\text{フリー・キャッシュ・フロー}}$	$\frac{95}{211-200}$	8.64倍

9 サステナブル成長率

企業の成長率のベンチマーク（規範的目標水準）として，**サステナブル成長率（持続可能成長率）**があります。サステナブル成長率は，以下の**会計的企業成長モデル**から導出されます。

図表15-2 会計的企業成長モデル

Ⅰ **構造パラメーター**（①～⑤は，計算期間全期を通じて一定値と仮定する。）
①総資本利益率（ROA）［EBIT］（以下，［EBIT］の表記を省略する。）
EBITの定義：EBIT＝経常利益＋利息費用合計（241頁参照）
②利子率 ③法人税等率 ④配当性向
⑤負債資本比率（資本は純資産とする。）

Ⅱ **仮定**
- 負債はすべて有利子負債，または，利子率は無利子負債を含めた平均的利子率。
- 簡単のため，増資と減資は行わない。
- 純資産＝株主資本＝自己資本，とする。

Ⅲ **貸借対照表の定義式**（パラメーターは，カッコ書き）
資産＝負債＋純資産
純資産の初期値＝所与の値
負債の初期値＝（負債資本比率）×純資産の初期値

Ⅳ **損益計算書の区分計算の定義式**
総収益－利息と法人税等以外の総費用＝EBIT
EBIT－利息費用＝税引前純利益
税引前純利益－法人税等＝純利益

Ⅴ **純資産と負債の残高変動方程式**
純資産 当期末残高＝純資産 前期末残高＋内部留保純増加額
負債 当期末残高＝負債 前期末残高＋負債純増加額

Ⅵ **構造方程式**（パラメーターは，カッコ書き）
EBIT＝（総資本利益率）×資産 前期末残高
利息費用＝（利子率）×負債 前期末残高
法人税等＝（法人税等率）×税引前純利益
配当金＝（配当性向）×純利益
内部留保純増加額＝純利益－配当金
負債純増加額＝（負債資本比率）×内部留保純増加額

会計的企業成長モデルの式を代入によって計算すれば次の帰結が得られます。

図表15-3　会計的企業成長モデルのインプリケーション

帰結①　自己資本純利益率（ROE）は次の定数となる。
自己資本純利益率（ROE）
＝（１－法人税等率）×［（１＋負債資本比率）×総資本利益率
－負債資本比率×利子率］
＝（１－法人税等率）×［総資本利益率＋（総資本利益率－利子率）
×負債資本比率］

帰結②　純資産と資産の成長率は次の定数となる。
純資産の成長率＝資産の成長率
＝（１－配当性向）×自己資本純利益率
＝（１－配当性向）×（１－法人税等率）
×［総資本利益率＋（総資本利益率－利子率）×負債資本比率］

帰結③
純資産と資産が，（１－配当性向）×自己資本純利益率の率で成長するので，純資産または資産の定数倍で決まる，次の変数がすべて，（１－配当性向）×自己資本純利益率の率で成長する。
負債，利息費用，EBIT，税引前純利益，法人税等，純利益，配当，内部留保純増加額，負債純増加額，総収益，利息以外の総費用

帰結②③から，**図表15-2**全体の仮定の下では，資産，負債，純資産，純利益などのすべての変数が，一定である次のサステナブル成長率で成長します。

サステナブル成長率＝（１－配当性向）×自己資本純利益率
＝　内部留保率　×自己資本純利益率
内部留保率＝（１－配当性向）

なお，配当性向を１から引いた値を，**内部留保率**といいます。

実際の企業において，図表15-2全体の仮定のすべてが厳密かつ永続的に成り立ち続けるということはありませんが，ある一会計期間の期末時点における連結財務諸表上の数値から計算される財務比率が，その時点以降も一定のまま保たれると仮定した場合に，その財務比率の中の配当性向と自己資本純利益率（ROE）によって定まるサステナブル成長率は，企業のその時点の財務構造に基づく長期的な企業成長率の目安とすることができます。

コーセーのサステナブル成長率を計算すると，次のようになります。

コーセー	2016	2017	2018	2019	2020	2021	2022	平均
ROE	13.2%	16.6%	17.7%	11.9%	5.3%	5.6%	7.2%	11.1%
配当性向	27.4%	23.5%	26.2%	40.6%	73.8%	51.3%	39.5%	40.3%
サステナブル成長率	9.6%	12.7%	13.1%	7.1%	1.4%	2.7%	4.4%	7.3%

帰結①は，ROEとROAの関係を示しています。

ROE＝（1－法人税等率）×［ROA＋（ROA－r）×負債資本比率］
ROE：自己資本純利益率　ROA：総資本利益率［EBIT］　r：利子率

この関係式から，ROA［EBIT］が利子率よりも高いという正常の場合は，負債資本比率を高める（負債を増やし，財務レバレッジ比率（233頁参照）を上げる）とROEが高まることがわかります。このことを，**財務レバレッジ効果**といいます。企業経営者が株主のための経営としてROEを高めることを目標とする場合は，ROAを高めること以外に，負債資本比率を上げるという方法でもROEを高めることができるのです。

10 資本コスト

（1）資本コストとは何か

ROE，ROA，ROICといった資本利益率は高ければ高いほど良いと言えますが，企業の経営者はどの程度の水準を目指すべきであり，投資家はどの程度の水準を求めるべきでしょうか？ 資本利益率の最低限クリアすべき水準を示すものが，資本コストです。

企業は，資本市場で資金すなわち資本を調達し，それを投資・運用して，事業を行い，利益やネット・キャッシュ・フローを稼得する主体です。**資本コストとは**，企業がその時点で使用している資金（資本）の使用コストのことです。使用している資本について，使用にかかるコストよりも使用によって得る利益の方が大きくなければ，企業は価値を生み出しているとはいえません。

通常，資本コストは，何円という金額ではなく，率（%）で示されます。したがって，使用している資本は，その使用コストである資本コストよりも大きい資本利益率で運用しなければならないといえます。この意味で，資本コストは，最低要求利益率や切捨率，ハードルレートともよばれます。

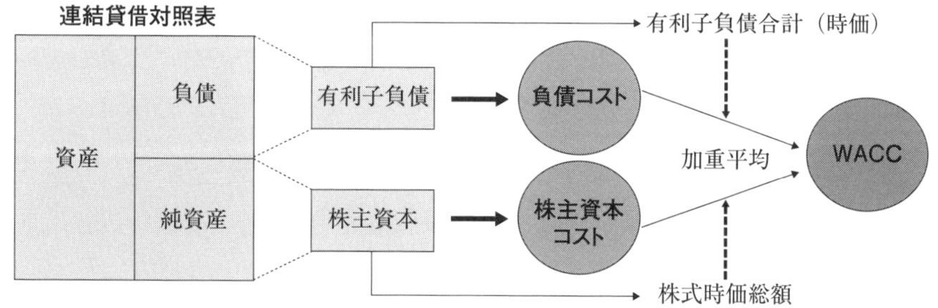

連結貸借対照表の負債・純資産の部は，資金（資本）の調達源泉を示しています（19頁参照）。連結貸借対照表の構造が示すように，企業の資金（資本）の調達源泉は，負債と純資産に分かれます。

資本コストを計算する場合は，一般に，負債については，その中の有利子負債（30頁，224頁参照）の資本コストを考え，純資産については，その中の株主資本（32頁参照）の資本コストを考えます。

資本コストには，負債コスト，株主資本コスト，加重平均資本コストの３種類があります。有利子負債の資本コストは**負債コスト**といい，株主資本の資本コストは**株主資本コスト**といいます。**加重平均資本コスト**（Weighted average capital cost；WACC）とは，負債コストと株主資本コストの加重平均をとった資本コストです。より一般的には，加重平均資本コストは，複数の資金調達手段の個々の資本コスト（率）を資金調達金額の割合を用いて加重平均した資本コスト（率）です。これらの計算方法は以下の（2）（3）（4）項で説明します。

負債コストは，有利子負債に対して支払う支払利息・社債利息などの利息費用金額を基礎に測定されます（調達資本コストの支出原価測定）。

株主資本コストは，株主資本の金額の資金を投資・運用するときの資本の機会費用を基礎に測定されます。資本の機会費用とは，資本を特定の投資案に投下するときに，棄却された他の最も有利な投資案の収益率のことです（運用資本コストの機会原価測定）。株主資本コストは，具体的には，**CAPM（資本資産価格モデル）**（Capital Asset Pricing Model）の計算式で計算されます。CAPMとは，経済学上の，市場均衡における金融商品の価格形成モデルです。

資本コストのうち，株主資本コストは，ROEの最低要求水準を示す基準値となり，加重平均資本コスト（WACC）は，ROAまたはROICの最低要求水準を示す基準値となります。

(2) 負債コストの計算方法

負債コストは，有利子負債の使用コストとして，次の計算式で計算します。

$$負債コスト＝有利子負債平均金利×（1－法定実効税率）$$

$$有利子負債平均金利＝\frac{利息費用合計}{有利子負債合計}$$

利息費用合計＝支払利息＋社債利息＋コマーシャル・ペーパー利息＋その他の利息費用
有利子負債合計＝短期借入金＋コマーシャル・ペーパー＋長期借入金＋各社債＋リース債務

有利子負債平均金利（53頁参照）は，企業が資金を借り入れて調達する場合に，平均的にどの程度の金利を負担しているかを示します。分子の利息費用合計を計算するための利息項目の金額は，連結損益計算書の営業外費用の部に記載されている利息費用の項目（53頁参照）の数字を用います。企業によっては社債利息等が支払利息に合算されている場合もあります。分母の有利子負債合計の金額は，連結貸借対照表の流動負債の部と固定負債の部に記載されている有利子負債の項目（30頁参照）の数字を用います。有利子負債の金額は，普通，期中に変化しますので，期首と期末の数値の平均値を用いることが合理的ですが，期首または期末の数値を用いても差し支えありません（以下では期首）。

一般に，財政状態の良好な企業は，有利子負債平均金利は低くなり，財政状態の悪い企業は，融資する側が，貸倒れのリスクを金利に上乗せするため有利子負債平均金利が高くなります。

法定実効税率は，法人税，住民税，事業税を総合した税率（55頁参照）です。法定実効税率は，大企業の場合，2023年現在，約30％です。

有利子負債平均金利に，（1－法定実効税率）の値を掛ける理由は，**利息費用の節税効果**を考慮し，金利から節税効果金額を引いた実質的な有利子負債の金利として，負債コストを計算するためです。利息費用は，法人税等の納税額の計算上，費用（損金）として認められる項目であるため，利息費用が多いほど，納税額を減少させる効果を持ち，それを節税効果といいます。

コーセー（2022年度）を例にすると，負債コストは，0.417％となります。

法定実効税率は，30.6％です（有価証券報告書に記載）。

$$\frac{60}{1,361+828+7,793}×（1－0.306）＝0.00417$$

（3）株主資本コストの計算方法

株主資本コストは，株主資本の使用コストとして，CAPM（資本資産価格モデル）という，次の計算式で計算します。

株主資本コスト＝無リスク利子率＋β×（市場ポートフォリオの期待収益率－無リスク利子率）

（市場ポートフォリオの期待収益率－無リスク利子率）：市場のリスクプレミアム

この計算式には，①無（む）リスク利子率，②市場ポートフォリオの期待収益率，③β（ベータ）の3つの要素があります。

① **無リスク利子率**は，リスクがない証券投資の投資収益率のことであり，10年国債利回りなどが用いられます。
（10年国債利回りの数値はウェブ検索するとすぐに調べられます。）

② **市場ポートフォリオの期待収益率**は，証券市場（金融商品市場）全体としての投資収益率のことであり，TOPIXの上昇率などが用いられます。市場ポートフォリオとは，株式市場全銘柄を組み入れた組み合わせのことです。TOPIXの2012年末～2022年末の10年間の平均増加率は8.2％であり，本章では，これを市場ポートフォリオの期待収益率とします。

③ **β（ベータ）**は，個々の株式の投資収益率の変動と，市場ポートフォリオの投資収益率の変動の連動性を示す数値です。1時点において個々の企業ごとに1つのβが計算されます。βの値は，日々刻々と変化します。

βは，市場ポートフォリオの投資収益率が1％変化したとき，個々の株式の投資収益率が何％変化したか，を表す数値です。βが大きいほど，ハイリスク・ハイリターンといえます。計算されたβの値は，次のように調べられます。

1.「ロイター」のウェブサイトに行く。（https://jp.reuters.com/）
2.ページ上部の「株式市場」－「国内株式」のページに行く。
3.「株価検索」の欄に調べたい企業名を入力して，その企業のページに行く。
4.「指標」の，「ベータ値」の欄に，その企業のβが記載されています。

コーセー（2022年度）を例にして，株主資本コストを計算すると，5.13％となります。βは0.61であり，10年国債利回りは0.33％（本章執筆時点の2023年3月31日現在）です。

0.33％	＋0.61×	（	8.2％	－	0.33％	）＝5.13％
無リスク利子率	＋ β ×	（	市場ポートフォリオの期待収益率	－	無リスク利子率	）

（4）加重平均資本コストの計算方法

負債コストと株主資本コストが算定できれば，加重平均資本コストを計算できます。**加重平均資本コスト**は，次の計算式で計算します。

加重平均資本コスト＝

$$\text{負債コスト} \times \frac{\text{有利子負債合計}}{\text{有利子負債合計}+\text{株式時価総額}} + \text{株主資本コスト} \times \frac{\text{株式時価総額}}{\text{有利子負債合計}+\text{株式時価総額}}$$

株式時価総額＝株価×発行済株式総数

２つの分数の部分は，加重平均を計算するためのウェイト（重み）（分母の数値全体に占める割合）であり，ウェイトの合計は１になります。

有利子負債合計の金額は，負債コストの計算時に用いた数字を使います。株式時価総額の金額は，株価と発行済株式総数を乗じた金額です（第10章161頁参照）。株式時価総額を計算するための株価と発行済株式総数は，負債コストの計算時に用いた有利子負債の金額と同じ時点の数値を用います（決算日の数値）。

有利子負債合計の金額は連結貸借対照表の金額から計算した有利子負債の帳簿価額ですが，有利子負債の時価も意味しているといえます。株式時価総額の金額は株主資本の時価を意味しているといえます。したがって，上記の式は，有利子負債合計の時価と株主資本の時価の金額で加重平均を計算しています。

コーセー（2022年度）を例にして加重平均資本コスト（WACC）を計算すると，5.084％となります。

$$0.00417 \times \frac{9{,}982}{9{,}982+953{,}121} + 0.0513 \times \frac{953{,}121}{9{,}982+953{,}121} = 0.05084$$

（0.417%）　［1.04%］　（5.13%）　［98.96%］　（5.084%）

負債コストは，0.417％です（248頁）。株主資本コストは，5.13％です（249頁）。有利子負債合計は，負債コストの計算に用いた金額（2022年度末）の9,982百万円を用いることにします。株式時価総額は，有利子負債合計と同じ時点である，2022年度末の金額を使うことにします。2022年12月30日の株価は15,730円であり，発行済株式総数は60,592,541株であるため，953,121百万円です。

加重平均資本コストは，第16章の企業価値評価においても使用しますが，その際は，％表示で小数第３位程度までを用いるとよいでしょう。

11　資本スプレッド：(資本利益率－資本コスト) スプレッド

企業の経営者は，企業の価値（第16章で説明します）を最大化することを経営目標とします。企業が使用する資本を，その使用コストである資本コストよりも大きな資本利益率で運用するとき，企業の価値は増加します。

資本，資本利益率，資本コストの種類とその対応は以下のようになります。

資本	利益	資本利益率	資本コスト	企業の価値
株主資本	純利益	ROE	株主資本コスト	株主価値
総資本	経常利益など	ROA	加重平均資本コスト	企業価値
全事業投下資本	税引後営業利益	ROIC	加重平均資本コスト	事業価値

資本利益率とそれに対応する資本コストの差額を**資本スプレッド**（**超過資本利益率**）といいます。したがって，経営者は，企業の価値を最大化するために，資本スプレッドのプラス幅を最大化することを目標とするといえます。上記の資本の種類の場合，次のような資本スプレッドとなります。

株主資本スプレッド　　　＝ROE　－ 株主資本コスト
総資本スプレッド　　　　＝ROA　－ 加重平均資本コスト
全事業投下資本スプレッド＝ROIC － 加重平均資本コスト

第16章272頁で説明しますが，理論的に，株主資本スプレッドを長期継続的に高くすれば高くするほど，株主資本の価値（株主価値）が高まります。したがって，株主資本スプレッドが大きいほど，株主にとっての価値を多く生み出しているといえます。株主資本コストを超えるROEを長期間にわたって生み出す力を持つと株式市場で期待されている企業は，株式時価総額が純資産の金額を上回り，純資産時価簿価差額（236頁参照）はプラスとなり，PBR（235頁参照）が1より大きくなります。また，その期待が大きいほど，純資産時価簿価差額およびPBRは大きくなります。PBRが高いということはそのようなことを意味しています。

株主資本スプレッドがマイナスつまりROEが株主資本コストを下回る場合は，株主にとっての価値（株主価値）を破壊・毀損（きそん）しているといえ，PBRが1より小さくなります。株主のための経営を行う企業経営者は，株主資本スプレッドをプラスにし，それをできる限り大きくしなければなりません。

理論的に，総資本スプレッドまたは全事業投下資本スプレッドを長期継続的に高くすれば高くするほど，企業価値または事業価値が高まります。したがって，総資本スプレッドまたは全事業投下資本スプレッドが大きいほど，企業の価値を多く生み出しているといえます。ROAまたはROICが加重平均資本コスト（WACC）を下回る場合は，企業価値または事業価値を破壊・毀損しているといえます。企業経営者は，ROAまたはROICを，加重平均資本コスト（WACC）よりも高くしなければなりません。持続的な企業成長と中長期的な企業価値の向上のためには，資本利益率を資本コストより高くすることで価値が創造されることを基本原理として，収益性，資本効率，資本コストを意識した財務，投資，営業という企業活動を行う必要があります。積極的にディスクロージャーを行い，アカウンタビリティー（説明責任）を果たすことは，資本コストを引き下げることにつながり，企業の価値創造に寄与します。

会計と倫理

ROE（自己資本純利益率）（223頁）は，企業の業績を示す基本的な指標であり，証券市場における投資者も，優良な投資先企業を探すための投資指標として利用しています。226頁のROEの分解式が示すように企業の収益性（売上高最終利益率）を高めればROEは高まりますが，売上高最終利益率を高めずとも，ROEを向上させるという方法があります。それは，デュポン・システム（233頁）が示す財務レバレッジ比率（233頁）を高めるという方法であり，また，ROEとROAの関係式（246頁）が示す負債資本比率（229頁）を高めるという方法です。それにより，短期的・一時的にROEを高めることはできますが，長期的には，本業の収益性を高めることで，高いROEを維持しなければ，市場（投資者）からの高い評価（株価）を得続けることはできません。

キーワード

財務諸表分析　比較分析　トレンド分析　構成比率分析　財務比率　収益性分析
資本利益率　自己資本純利益率（ROE）　総資本利益率（ROA）
投下資本利益率（ROIC）　売上高利益率　売上高費用率　財政状態分析
短期的支払能力分析　長期的支払能力分析　長期運用安定性分析　活動性分析
キャッシュ・フロー分析　デュポン・システム　株式投資指標　1株当たり純利益（EPS）
1株当たり純資産（BPS）　1株当たり配当金（DPS）　株価収益率（PER）
株価純資産倍率（PBR）　株価配当率（PDR）　配当性向　配当利回り
市場評価企業価値　純有利子負債　EBITDA　サステナブル成長率　資本コスト
株主資本コスト　負債コスト　加重平均資本コスト　CAPM　ベータ　資本スプレッド
株主資本スプレッド　総資本スプレッド　全事業投下資本スプレッド

練習問題

問題15－1　次のデータから，ROE，ROA，ROICを計算しなさい。

営業利益：３兆円　経常利益：２兆円　親会社株主に帰属する当期純利益：１兆円
法定実効税率：30％　資産合計：期首18兆円，期末22兆円
現金預金：期首４兆円，期末６兆円 これ以外の非事業の資産・負債はない。
遊休・未稼働・処分予定事業資産はない。事業負債：期首１兆円，期末１兆円
有利子負債合計：期首８兆円，期末10兆円
純資産：期首９兆円，期末11兆円　株主資本：期首８兆円，期末10兆円
その他の包括利益累計額：期首１兆円，期末１兆円

ROE：______％　　ROA［営業利益］：______％　　ROIC：______％

問題15－2　次のデータから，解答欄の財務比率を計算しなさい。

流動資産：120億円　流動負債：120億円　当座資産：60億円
固定資産：480億円　固定負債：180億円　純資産：300億円
新株予約権：15億円　非支配株主持分：45億円

流動比率：______％　当座比率：______％　負債資本比率：______％
自己資本比率：______％　固定比率：______％　固定長期適合率：______％

問題15－3　次のデータから，解答欄の指標を計算しなさい。

株価：2,000円　　親会社株主に帰属する当期純利益：500億円
純資産：6,000億円　剰余金の配当：200億円　自己株式：無し
期首の発行済株式総数：４億株　期末の発行済株式総数：６億株

１株当たり純利益（EPS）：______円　１株当たり純資産（BPS）：______円
１株当たり配当金（DPS）：______円　株価収益率（PER）：______倍
株価純資産倍率（PBR）：______倍　株価配当率（PDR）：______倍
配当性向：______％　配当利回り：______％　株式益回り：______％

問題15－4　倫理問題

Ｚ社はＢ銀行からの借入残高が5,000億円ありますが，その借入契約条項に，流動比率を90％以上保持し，保持できない時点で，全額返済するという条項があります。しかし，今年度の決算では，89％になりそうです。財務テクニックとして，流動負債より流動資産が少ない会社は，在庫品の掛け買いをすることによって，流動比率を高めることができます。Ｚ社の財務部長のＦ氏は，この借入契約条項をクリアすることを目的に，在庫の掛け買い500億円を，営業課長のＥ氏に指示しました。これは正しい行為ですか，間違った行為ですか。理由とともに答えなさい。

第16章

企業価値評価

1 企業価値評価のフレームワーク

本章では，企業の将来の業績を予想し，企業価値を評価するためのフレームワークを説明します。**企業価値評価**とは，財務諸表分析（財務諸表の数値を分析すること）や経営分析（経営計画，経営戦略，経営管理など経営者の経営方法を分析すること）によって得た企業分析情報を基礎にして企業の将来を予想し，**企業価値**という企業の貨幣評価金額を算定することです。企業価値は，企業が将来どれだけの利益としてのキャッシュを稼ぎ出すことができるか，というその金額の大きさとタイミング，リスク，および資本コストで決まってきます。

企業価値評価は，投資者が，企業の発行する株式の適正な価値・株価水準を算定・想定・把握する場合や，企業の経営者が，他の企業を合併・買収（M&A）する際の，合併の対価・買収価額の算定を行う場合，また，事業の一部を譲渡する際の対価の算定を行う場合などに必要となります。

２節では，企業価値評価に必要な概念の説明として，割引（わりびき）現在価値を説明します。３節では，企業価値，株主価値，事業価値といった，企業価値評価に関係する複数の企業の価値の概念を説明します。４節では，事業価値の計算とそれに必要な企業の将来キャッシュ・フローの予想方法を説明します。５節では，企業価値評価モデルを割引超過利益モデルを中心に説明します。

最後に，７節と８節では，本書のまとめとして，投資家による企業分析のフレームワークと，上場企業経営者の経営目標のフレームワークを説明します。

2　割引現在価値

(1) 元本と利息：貨幣の時間的価値

お金の貸し借りにおいて，貸し借りするもともとの資金の金額のことを元本（元金）といいます。借り手が貸し手に一定期間ごとに支払う報酬金額を，利子（利息）といいます。利子（利息）は，普通，一定期間の期末に一度，支払われます。元本金額に対する一定期間当たりの利子金額の割合を，**金利**といいます。金利は，**利子率**，**利率**ともいいます。たとえば，金利，年利率10%という場合は，お金を１年間借りると，１円当たり0.1円の利子を支払う約束であるということを意味しています。金利は契約によって，あらかじめ（事前に）合意されており，貸し手にとっては，ほぼ確実な収益率を意味しています。

消費のために使わない貨幣を，預金や国債などによって運用すれば，金利分だけ利子が付いて，貨幣が増えることから，金利は「**貨幣の時間的価値**」であるといわれます。金利を考えると，「今日の１円は，１年後の１円より，価値がある。」ことになります。預金の金利が年利率10%ならば，今日１円を預金すれば，１年後には，1.1円になるため，１円よりも多いからです。

お金の貸し借りにおいて，一定期間後の元本と利子の合計のことを**元利合計**といいます。金利，年利率10%で１円を１年間貸した場合，元本は１円，１年間の利子は0.1円，元利合計は1.1円となります。

図表16-1　金利と貨幣の時間的価値

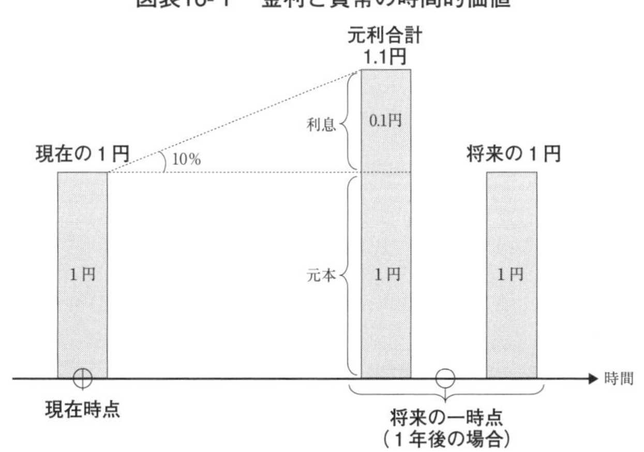

(2) 複利計算と将来価値（元利合計）

金利には単利と複利があります。**単利**は，利子が付くごとに，利子が元本に繰り入れられず，結果として，利子に利子が付かず，元本にのみ利子が付く金利です。**複利**は，利子が付くごとに，利子が元本に繰り入れられ，一期間前までの元本とそれに付いた利子の両方に新しい利子が付く金利です。本章では，複利の金利のみを取り扱います。

現在保有する100円の現金を，年利率10%（複利）の預金に預ける場合，1,2,3年後の元利合計はそれぞれいくらかを計算すると次のようになります。

1年後の元利合計：$100\times(1+0.1)^1=110$	110円
2年後の元利合計：$100\times(1+0.1)^2=121$	121円
3年後の元利合計：$100\times(1+0.1)^3=133.1$	133.1円

以下同様に計算すると，4年後の元利合計は，146.41円，5年後の元利合計は，161.05円となります。**図表16-3**は，複利計算の模式図です。

預金や債券など利子が付く投資において，現在時点の元本の金額（初期投資金額）のことを「**現在価値**」(Present value；PV）といい，一定期間の運用後の元利合計の金額のことを「**将来価値**」(Future value；FV）といいます。

現在価値（元本金額）から，与えられた複利金利を用いて，将来価値（元利合計金額）を計算することを**複利計算**といいます。複利計算によって，現在価値から将来価値を計算します。**図表16-2**は，複利計算のイメージ図です。

図表16-2　複利計算のイメージ

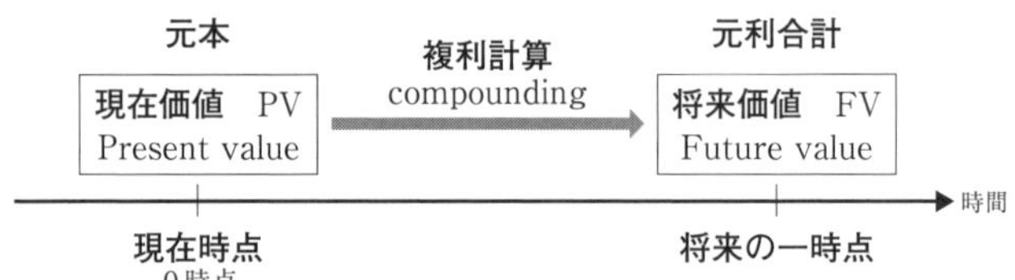

契約上で明示される表面上の金利（利子率）は，名目金利（名目利子率）といいます。名目金利から，予想物価上昇率（期待インフレ率）を差し引いた数値は，実質金利（実質利子率）といいます。[実質金利＝名目金利－予想物価上昇率]。実質金利は，物価変動による購買力の変化を考慮した実質的な金利です。

図表16-3　複利計算

現在時点

時点：	0時点	1時点	2時点	3時点	4時点	5時点
	元本	元利合計	元利合計	元利合計	元利合計	元利合計

（各時点の間：一期間　1年）→時間

- **1年間運用：** 100 → 110　$100\times(1+0.1)^{1}$
- **2年間運用：** 100 → 121　$100\times(1+0.1)^{2}$
- **3年間運用：** 100 → 133.1　$100\times(1+0.1)^{3}$
- **4年間運用：** 100 → 146.41　$100\times(1+0.1)^{4}$
- **5年間運用：** 100 → 161.05　$100\times(1+0.1)^{5}$

（110 → 121 → 133.1 → 146.41 → 161.05：各 $\times(1+0.1)$）

（3）割引計算と現在価値

複利計算と反対に，将来価値（元利合計金額）から，与えられた複利金利を用いて，現在価値（元本金額）を計算することを，**割引計算**（**割引現在価値計算**）といいます。割引計算における複利金利は，**割引率**といいます。割引計算は複利計算をちょうど逆にした演算です。現在価値は，**割引現在価値**（discounted present value；DPV）ともいいます。**図表16-4**は，割引計算のイメージ図です。

図表16-4　割引計算のイメージ

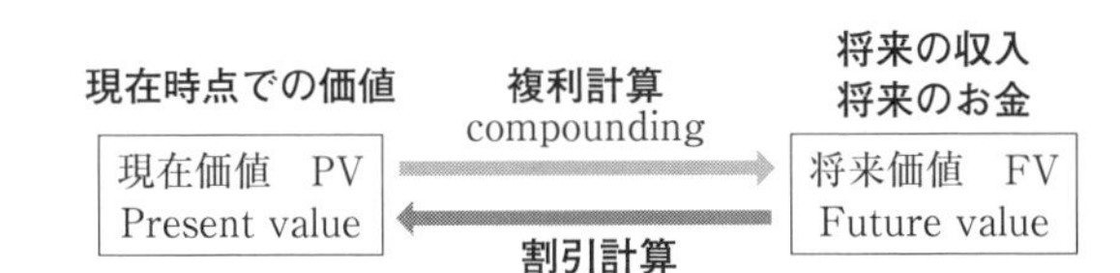

現在時点
0時点

将来の一時点

複利計算
$100\times(1+0.1)^{3}=133.1$

3年後の場合

100円
元本

133.1円
元利合計

$$133.1\times\frac{1}{(1+0.1)^{3}}=100$$

割引計算

たとえば，現在時点（0時点）の1年後（1時点）に100円の収入（キャッシュ・フロー）があるとします。その将来のキャッシュ・フロー100円の割引現在価値は，次のように計算されます。ただし，ここでは，割引率を年10%とします。

1年後の100円の現在価値：$\frac{100}{(1+0.1)^{1}}=90.91$ 　<u>90.91円</u>

現在時点（0時点）の2年後（2時点）に100円の収入（キャッシュ・フロー）がある場合は，その将来のキャッシュ・フロー100円の割引現在価値は，次のように計算されます。割引率は年10%とします。

2年後の100円の現在価値：$\frac{100}{(1+0.1)^{2}}=82.64$ 　<u>82.64円</u>

現在時点（0時点）の3年後（3時点）に100円の収入（キャッシュ・フロー）がある場合は，その将来のキャッシュ・フロー100円の割引現在価値は，次のように計算されます。割引率は年10%とします。

3年後の100円の現在価値：$\frac{100}{(1+0.1)^{3}}=75.13$ 　<u>75.13円</u>

以下同様に計算すると，4年後の100円の現在価値は，68.30円，5年後の100円の現在価値は，62.09円となります。同じ100円でも，遠い将来の収入になるほど現在価値が小さくなります。**図表16-5**は，割引現在価値計算の模式図です（「合計」の箇所は（4）項で説明）。

割引現在価値は，与えられた複利金利（割引率）を用いて，複利計算の逆算（割引計算）で計算した，将来保有するお金の，現在時点において等価な価値の金額を意味します。つまり，与えられた割引率によって将来のお金の金額を割り引いた，現在時点での価値の金額です。

また，割引現在価値は，将来のある一時点で，ある一定の金額を得るために，現在時点で1回限りの投資を行う場合の，必要投資金額を意味しています。

複利計算と割引計算は逆演算ですので，与えられた複利金利を用いて，割引計算によって計算した割引現在価値（現在価値）の金額を，再度，複利計算し，元の将来時点の元利合計金額を計算すると，割り引く前の将来価値の金額となります。

(4) 割引現在価値合計

将来の数年間にわたって，各年毎の期末に，収入（キャッシュ・フロー）がある場合の，そのキャッシュ・フロー流列の**割引現在価値合計**を求める場合は，将来の各時点ごとの収入金額の割引現在価値をそれぞれ別々に計算してから，最後に合計すれば計算できます。

たとえば，現在時点の１年後（１時点）に100円，２年後（２時点）に100円，３年後（３時点）に100円，４年後（４時点）に100円，５年後（５時点）に100円の収入がある場合，その将来のキャッシュ・フロー流列の割引現在価値合計は以下の図表16-５および計算式のように計算されます。ただし，ここでは，割引率を年10%とします。

図表16-５　割引現在価値の計算

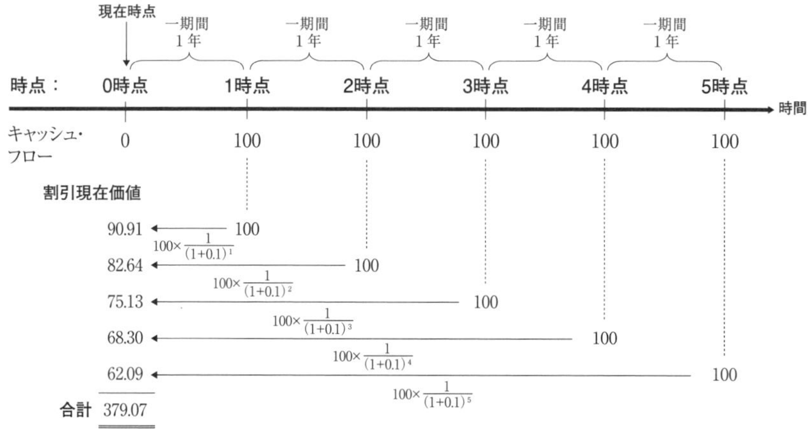

$$\text{計算式}\ \frac{100}{(1+0.1)^1}+\frac{100}{(1+0.1)^2}+\frac{100}{(1+0.1)^3}+\frac{100}{(1+0.1)^4}+\frac{100}{(1+0.1)^5}=379.07$$

割引現在価値合計：　379.07円

キャッシュ・フローを単純に足し算すると，500円ですが，割り引いてから合計する分，割引現在価値合計379.07円は500円より小さくなっています。

この例では，毎年同額100円の収入でしたが，金額が各年ごとに変化しても，同じ計算方法で，割引現在価値合計を計算することができます。

(5) 無限キャッシュ・フロー流列と永久割引公式

将来のキャッシュ・フローが有限の期間数で生じるのではなく，無限の期間数で生じる場合，無限に続くキャッシュ・フローの流列となり，(4) 項で説明した方法では，割引計算が無限に続き，計算できません。キャッシュ・フローが永久・無限に続く場合でも，次の2つの場合のみ，キャッシュ・フローの無限流列の割引現在価値合計を計算するための公式（**永久割引公式**）があります。

① 永久に続くキャッシュ・フローの金額が，毎期定額である。

② 永久に続くキャッシュ・フローの金額が，毎期一定の率で成長（増加）する。

① 永久定額キャッシュ・フローの割引公式

$$割引現在価値合計=\frac{永久定額キャッシュ・フロー}{割引率}$$

この式に，(i)その永久定額キャッシュ・フローの金額と，(ii)割引率を代入することにより，割引現在価値合計を求められます。

たとえば，企業が，現在時点の1年後から永久に，毎年100億円のキャッシュ・フローを稼ぎ出す場合の，割引現在価値合計は，次のように計算されます。ただし，この①と下記の②の数値例では，割引率を年10%とします。

$$\frac{100}{0.1}=1{,}000 \qquad 割引現在価値合計：\underline{1{,}000億円}$$

② 永久定率成長キャッシュ・フローの割引公式

$$割引現在価値合計=\frac{1年後のキャッシュ・フロー}{割引率-成長率}$$

この式に，(i)現在時点から1年後のキャッシュ・フローの金額と，(ii)割引率と，(iii)一定であるキャッシュ・フローの成長率を代入することにより，割引現在価値合計を求められます。ただし，［割引率＞成長率］の場合に限ります。

たとえば，企業が，現在時点の1年後から永久にキャッシュ・フローを稼ぎ出し，その金額は，現在時点の1年後が100億円であり，それ以降，毎年，5%の一定率で増加していく場合の割引現在価値合計は，次のように計算されます。

$$\frac{100}{0.1-0.05}=2{,}000 \qquad 割引現在価値合計：\underline{2{,}000億円}$$

3　企業価値と株主価値

（1）事業と非事業，営業活動と営業外活動

企業は，事業を経営する主体です。事業によって利益およびネット・キャッシュ・フローを稼ぎ出すことを目的とします。**事業**とは，企業が目的として設定し，継続的に行う**本業**のことです。製造業を例にとると，製品の生産販売が事業となり，企業自身の設定により，製品の種類，ブランドの種類，販売地域などによって，事業を細分することもできます。また，たとえば，製造業であっても，金融などのサービスも事業として同時に行う場合もあります。

企業は，事業（本業）とは別に，一時的な余剰資金の運用といった**本業外**の**非事業**の行為を行う場合があります。

余剰資金の運用は，企業が，稼ぎ出した利益の内部留保などによって保有している余剰資金を，定期預金に預け入れたり（利息を得る），売買目的で株式や債券を購入したり（配当金や利息を得たり，値上がり益・売却益を得る），投資目的で不動産を購入したり（家賃や地代を得たり，値上がり益・売却益を得る）することです。このような余剰資金の運用は，事業として行うものではないため，本業外の非事業といえます。したがって，企業は，事業に関する行為と非事業の行為を行うといえます。また，建設中の事業に関する固定資産等（建設仮勘定など）の**未稼働事業資産**もあります。また，**遊休事業資産**や，廃止する事業に関する固定資産等の**廃止・処分予定事業資産**が生じる場合もあります。

連結キャッシュ・フロー計算書（第4章参照）の作成において，企業活動は，①営業活動，②投資活動，③財務活動に3区分されます。この3区分を用いて考えると，企業は，事業において，①仕入，生産，販売，代金回収，研究開発，経営管理といった基本業務としての営業活動，②営業所，工場や機械装置，設備の取得や処分といった設備投資を主とする投資活動，③投資や営業に必要な資金の調達と，利払い・返済といった財務活動を行っています。非事業においても，資金の運用管理といった営業活動，株式・債券の取得や処分といった証券投資や，資金の貸付け・回収といった融資を主とする投資活動，余剰資金運用に関係する資金調達や，利払い・返済といった財務活動という活動を行っています。これらをまとめると，次ページの表のようになります。

<table>
<tr><td colspan="3" rowspan="2"></td><td colspan="2">**企業全体**</td><td rowspan="2"></td></tr>
<tr><td>**事業（本業）**
（基本的な製品・サービス・ブランドによる事業）</td><td>**非事業（本業外）**
（余剰資金の運用等）
（遊休資産等）</td></tr>
<tr><td rowspan="3">**全活動**</td><td>**営業活動**</td><td>**営業（基本業務）活動**
（仕入・生産・販売・回収）
（研究開発）
（経営管理・業務管理）</td><td>営業収益・営業費用
営業利益</td><td>受取利息配当金は
営業外収益に分類</td><td>営業活動によるキャッシュ・フロー</td></tr>
<tr><td rowspan="2">**営業外活動**</td><td>**投資活動**
（長期保有資産取得・処分）</td><td colspan="2">減価償却費←設備投資→受取家賃地代
（営業費用）証券投資→受取配当金
有価証券評価損益
有価証券売却損益
融資　→受取利息
（営業外損益）</td><td>投資活動によるキャッシュ・フロー</td></tr>
<tr><td>**財務活動**
（資金調達・返済・利子配当払い）</td><td colspan="2">株式発行→配当金
社債発行→社債利息
借入　→支払利息
（営業外損益）</td><td>財務活動によるキャッシュ・フロー</td></tr>
<tr><td colspan="3"></td><td>事業資産
事業負債
↓
事業価値</td><td>非事業資産
非事業負債
↓
非事業価値</td><td></td></tr>
</table>

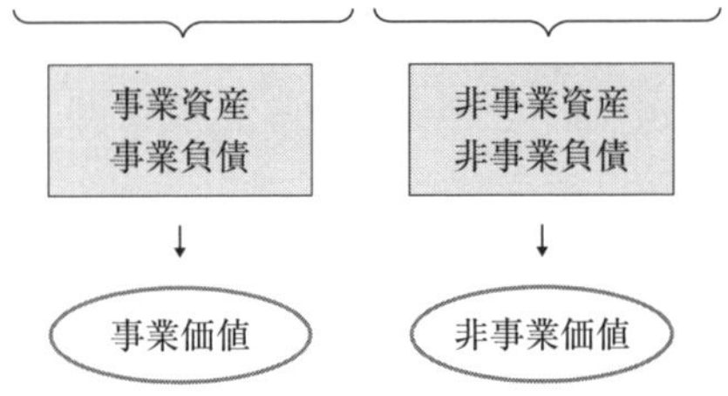

- すべての活動の活動費用（人件費等）は，営業費用，営業活動によるCFに分類される。
- 事業資産は，事業用金融資産と事業用非金融資産に区分される。
- 非事業資産は，非事業用金融資産と非事業用非金融資産に区分される。

(2) 企業価値，事業価値，非事業価値

企業が本業として行うすべての事業から，将来得られるネット・キャッシュ・フローの割引現在価値合計を，**事業価値**といいます。これは，企業の事業が企業にもたらす価値であり，事業自体の価値という意味です（ネット・キャッシュ・フローとは，収入合計から支出合計を差し引いた金額のことです）。

企業の非事業の財産（余剰資金の運用としての金融投資や不動産投資で保有する，定期預金，株式，債券，土地，建物など，および，遊休資産や処分予定の資産など）によって，将来得られるネット・キャッシュ・フローの割引現在価値合計を，**非事業価値**といいます。これは，企業の非事業として保有する財産が企業にもたらす価値であり，事業価値以外で企業が持つ価値という意味です。

事業価値と非事業価値の合計は，企業の全体的な価値であり，企業価値といいます。**企業価値**とは，企業の将来のネット・キャッシュ・フローのすべての割引現在価値合計であり，事業価値と非事業価値の合計です。

企業価値＝事業価値＋非事業価値

事業のために保有する資産（本社，営業所，工場などの固定資産，商品，製品などの棚卸資産，受取手形，売掛金，現金及び預金のうちの事業の運転資金部分など）は，**事業資産**といい，事業に関係する負債（支払手形，買掛金，未払金，前受金，引当金など）は，**事業負債**といいます。ただし，借入金や社債といった**有利子負債**は，事業負債には含めないこととします。事業価値は，この事業資産と事業負債の集合体から生み出されるといえます。

本業外の非事業である余剰資金の運用として保有する資産（定期預金，売買目的有価証券，投資有価証券，投資不動産など）および廃止された事業などで使用していた固定資産などの遊休資産は，**非事業資産**といい，それに直接関係する負債（未払金，特定目的の借入金など）は，**非事業負債**といいます。非事業価値は，この非事業資産と非事業負債の集合体から生み出されるといえます。

なお，次のように定義します。

事業資産－事業負債＝事業投下資本
非事業資産－非事業負債＝非事業投下資本

連結貸借対照表は，法令・規則に基づく区分様式（第２章22頁の表示区分構造）によって表示されていますので，事業資産，事業負債，非事業資産，非事業負債の金額を得るためには，組替をする必要があります。

連結貸借対照表上の資産は，事業資産と非事業資産に再分類・組替できます。

資産＝事業資産＋非事業資産

非事業資産を，具体的な資産科目名で計算式を示すと次のとおりです。

非事業資産＝未稼働・遊休・廃止・処分予定事業資産
＋現金及び預金＋非事業余剰資金資産
非事業余剰資金資産＝長期性預金＋投資不動産＋有価証券
＋投資有価証券（子会社，関連会社，持ち合い，提携会社の株式は事業資産とする）

現金及び預金は，事業で運転資金等として使用する分が識別できる場合は，その金額は事業資産とし，事業で使用しない金額を非事業資産としますが，識別できない場合は，全額を，非事業資産とします。

連結貸借対照表上の負債は，事業負債，非事業負債，有利子負債に分類できます。なお，未払金などであっても非事業資産に関わるものについては，非事業負債に分類します。

負債＝事業負債＋非事業負債＋有利子負債

有利子負債を，具体的な負債科目名で計算式を示すと次のとおりです。

有利子負債合計＝短期借入金＋コマーシャル・ペーパー＋長期借入金＋各社債＋リース債務

組み替えた項目名で表記した**貸借対照表等式**は次のようになります。

事業資産＋非事業資産＝事業負債＋非事業負債＋有利子負債＋純資産

この貸借対照表等式を図示すると，**図表16-6**の連結貸借対照表［組替］のようになります（順序は入れ替えがあります）。

図表16-6 企業価値のバランスシート

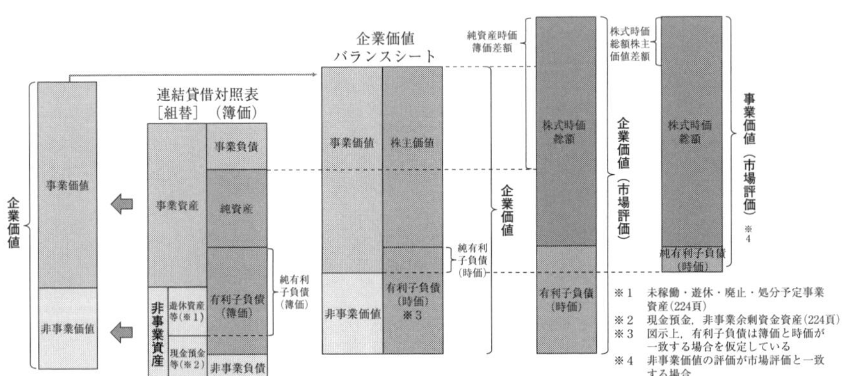

（3）株主価値，有利子負債価値

企業価値から，有利子負債価値（有利子負債（時価））を控除した金額を，株主価値といいます。この計算式は，**株主価値等式**（方程式）といいます。

> 株主価値＝企業価値－有利子負債価値（有利子負債（時価））
> 株主価値＝事業価値＋非事業価値－有利子負債価値（有利子負債（時価））

株主価値とは，企業価値のうち，企業（株式会社）の出資者である株主に帰属する価値です。企業価値の総額のうち，有利子負債価値（有利子負債の債権者にとっての価値）を控除した後の残余の価値が，株主価値となります。

有利子負債価値とは，企業価値のうち有利子負債の債権者に帰属する価値であり，同時に，有利子負債の将来の利払いと元本返済によるキャッシュ・フローの割引現在価値合計として算定される有利子負債の価値評価金額です。有利子負債価値は，**有利子負債（時価）**とも表記することとします。多くの場合，この価値金額は，現在時点での，連結貸借対照表上の有利子負債（簿価）と一致するとみなすことができるため，ここでもそのように仮定します。

> 有利子負債価値＝有利子負債合計（264頁の計算式で計算）
> 有利子負債（時価）＝有利子負債（簿価）

残余価値として定義した株主価値という概念を使うと，**企業価値のバランスシートの等式**の関係が，次のように成立します。

> 事業価値＋非事業価値＝企業価値＝有利子負債（時価）＋株主価値

この等式を図示すると，図表16-6の企業価値のバランスシートのようになります（順序は入れ替えがあります）。上記の3つの式で，次のことがわかります。

- 事業価値，非事業価値の数値がわかれば，企業価値の数値がわかり，さらに有利子負債価値の数値がわかれば，株主価値がわかります。
- 他を一定にして，事業価値または非事業価値を高めると，株主価値が高まります。
- 企業価値を増やそうとして有利子負債を増やしたとしても，その資金の運用に基づく事業価値，非事業価値が増加しない場合は，株主価値が，その分だけ減少し，企業価値を増やすことはできません。

株主価値等式により，①事業価値，②非事業価値，③有利子負債（時価）がわかると，株主価値の金額を算定することができます。次に，非事業価値の計算方法を説明します。事業価値の計算方法については，4節で説明します。

有利子負債（時価）から非事業価値を控除した金額を，**純有利子負債（純債務，ネット・デット）（時価）**といいます（(簿価）の場合は，240頁を参照)。

純有利子負債（ネット・デット）（時価）＝有利子負債（時価）－非事業価値

これを用いると，株主価値は，次のようにも計算されます。

株主価値＝事業価値－純有利子負債（ネット・デット）（時価）

図表16-6の企業価値のバランスシートにも，この関係は示されています。

（4）非事業価値の計算

非事業価値は，事業以外から生み出される将来のネット・キャッシュ・フローの割引現在価値合計ですが，ここでは，以下のように計算することとします。

非事業価値＝遊休・廃止・処分予定事業資産の売却価値＋現金及び預金（簿価）
　　　　　　＋非事業余剰資金資産の価値－非事業負債（簿価）
非事業余剰資金資産の価値＝長期性預金（簿価）＋投資不動産（時価）
　＋有価証券（簿価）
　＋投資有価証券（子会社，関連会社，持ち合い，提携会社の株式を除く）（簿価）

ここでの（簿価）は，連結貸借対照表に記載されている金額のことを意味しています。有価証券や投資有価証券の一部は会計上，時価評価され，連結貸借対照表上時価で表示されていますが，その金額も（簿価）となります。

投資不動産の（時価）は，［注記事項］に記載されている時価を用います。遊休・廃止・処分予定事業資産の売却価値は，注記等の情報提供がない限り，一般に，不明となりますが，不明の場合は，簿価を用います。非事業負債は，余剰資金の運用に直接関係する負債の金額ですが，財務報告書・連結財務諸表などに特段の説明の無い限り，0円と考えます。

一期間の収益性を分析する観点からの第15章223頁のROICの計算の場合，事業に投下している資本の収益性を精密に測定するため，分子の一期間の利益に対応する分母の資本には，未稼働事業資産（建設仮勘定など）を算入していません。一方，本章で説明している企業価値を評価する観点からは，設備投資を行って生じている未稼働事業資産は，今後，稼働を開始し，キャッシュ・フローの獲得に貢献し始めるため，事業価値を増加させる要因であって，非事業価値の金額を増加させる要因ではないため，上記の非事業価値の計算式には，未稼働事業資産の要素が入らないことになります。

（5）１株当たり株主価値（理論株価水準）と株式時価総額

株主価値は，理論株価水準と株式時価総額に関係しています。

株主価値（265頁）を発行済株式総数で割り算すると，**１株当たり株主価値**となります。１株当たり株主価値は，**理論株価水準（理論株価）**の評価値です。企業の株価の理論値といえます。

$$\text{理論株価水準}=\frac{\text{株主価値}}{\text{発行済株式総数}}$$

株式時価総額（161頁）は，株式市場での実際の株価（株式の実際取引価格）で評価した発行済株式総数の株式全体の評価金額であり，株式市場が評価した１つの企業の株式全体の価値です。株式時価総額は，企業の純資産あるいは自己資本または株主資本の市場評価値といえます。

株式時価総額＝株価×発行済株式総数

株式時価総額と純資産の差額を，純資産時価簿価差額といいます（236頁）。

純資産時価簿価差額＝株式時価総額－純資産

純資産時価簿価差額が大きいほど，企業の将来の収益性に対する株式市場での評価が高いといえます。株主価値は，この株式時価総額の理論値といえます。

純資産・自己資本・株主資本　⇔　株式時価総額　⇔　株主価値

企業の経営者が，事業価値や非事業価値を高めて，企業価値を高めることにより，株主価値が高まり，それを株式市場の投資家が評価することによって，株価が上昇し，株式時価総額が上昇します。

事業価値・非事業価値 ⇒ 企業価値 ⇒ 株主価値 ⇒ 株価 ⇒ 株式時価総額

企業価値評価を行った対象企業の，理論株価水準と，現在時点の市場株価を比較して，次のように，市場株価が**割安**（わりやす）であるか，**割高**（わりだか）であるかを判断します。

理論株価水準 ＞ 市場株価　：⟶　割安
理論株価水準 ＜ 市場株価　：⟶　割高

理論株価水準が正しい場合は，割安の株式を購入すれば，いずれ株価の値上がり益を得ることができ，割高の株式を購入すると，いずれ株価の値下がり損を被ることになります。ただし，理論株価水準自体も時間とともに変動します。

企業がM&A（142頁）において取得する株式の適正価格の算定を行う場合にも，理論株価水準の計算を行います。

(6) 市場評価による企業価値と事業価値

企業価値は，有利子負債（時価）と株主価値の合計となりますが，この株主価値を株式時価総額に置き換えると，現在時点の株式市場が評価している企業価値を計算できます。ここでは，有利子負債は時価と簿価が等しいと仮定します。

企業価値（市場評価）＝有利子負債（時価）＋株式時価総額
　　　　　　　　　　＝有利子負債（簿価）＋株式時価総額

事業価値は，次のように計算されるので，その株主価値を株式時価総額に置き換えると，現在時点の株式市場が評価している事業価値を計算できます。

事業価値＝株主価値＋有利子負債（時価）－非事業価値
事業価値（市場評価）＝株式時価総額＋有利子負債（時価）－非事業価値
　　　　　　　　　　＝株式時価総額＋純有利子負債（時価）

事業価値（市場評価）は，株式時価総額と純有利子負債（ネット・デット）（時価）（266頁）の合計となります。

図表16-6には，ここまでの内容がまとめられています。図表16-6では，株主価値よりも株式時価総額が大きい場合が例示されています。この場合，株式市場では，株主価値を理論値よりも高く評価しているということであり，株主価値が正しいと仮定した場合は，株価は割高であるということになります。

4 将来キャッシュ・フローの予測と事業価値の算定

事業価値は，企業のすべての事業に関する事業資産と事業負債の集合体から生み出される，将来のネット・キャッシュ・フローの割引現在価値合計です。

企業は，ゴーイング・コンサーン（継続企業）であり，永久に存続し，企業は将来にわたって永久にネット・キャッシュ・フローを稼ぎ出すと仮定されます。

実際に企業価値評価を行う場合，企業の将来のキャッシュ・フローを予想する必要があります。その予想方法には，さまざまな方法があり，完全・唯一の方法はありません。どんな方法であっても，未来のことを完全に予測することは不可能です。本書では，初歩的な予想方法を紹介します。

その方法は，連結財務諸表のうちの連結キャッシュ・フロー計算書を用いて，2節（5）項で説明した，①永久定額キャッシュ・フロー，または，②永久定率成長キャッシュ・フローの形式で予測を行う方法です。次の手順で行います。

将来キャッシュ・フローの予測と事業価値の算定の手順

Step 1　評価対象の企業の，過去N年分の連結財務諸表を入手する。
（Nは2以上の整数。Nは，5または6から10とすることが多い。過去5年分の有価証券報告書からは過去6年分（N＝6）の連結財務諸表の数値が得られる。）

Step 2　過去N年分の連結キャッシュ・フロー計算書から，次の計算式で，各年ごとの「事業キャッシュ・フロー」を計算する。

事業キャッシュ・フロー
＝「営業活動によるキャッシュ・フロー」＋「投資活動によるキャッシュ・フロー」
＋営業活動によるキャッシュ・フローの部の「利息の支払額」の絶対値
－営業活動によるキャッシュ・フローの部の「利息及び配当金の受取額」

（事業（本業）によって得たキャッシュ・フローを求めるために，「利息の支払額」を足し戻し，「利息及び配当金の受取額」を引き戻している。）

Step 3　過去N年分の「事業キャッシュ・フロー」の平均値を次の計算式で計算する。
（特定年度の異常値によって平均値がマイナスになってしまう場合は，その数値を除外して平均値を計算する。）

$$\text{平均値}=\frac{\text{最新年度の値}+1\text{期前の値}+2\text{期前の値}+\cdot\cdot\cdot+N-1\text{期前の値}}{N}$$

Step 4　過去N年分の「事業キャッシュ・フロー」の平均成長率（増加率）を，次の計算式（幾何平均の式）で計算する。

$$\text{平均成長率}=\sqrt[N-1]{\frac{\text{最新年度の事業キャッシュ・フロー}}{N-1\text{期前の年度の事業キャッシュ・フロー}}}-1$$

Step 5

（A）永久定額キャッシュ・フローの形式を用いる場合

- Step 3で計算した，過去N年分の「事業キャッシュ・フロー」の平均値を，「永久定額キャッシュ・フロー」の金額とする。

（B）永久定率成長キャッシュ・フローの形式を用いる場合

- 過去N年分の「事業キャッシュ・フロー」の平均値の金額に，［1＋Step 4で計算した平均成長率（増加率）］の数値を1回乗じて，「1年後のキャッシュ・フロー」の金額とする。
- Step 4で計算した平均成長率（増加率）を，「一定であるキャッシュ・フローの成長率」とする。

Step 6　本章2節（5）項（260頁）の永久割引公式に，以下の数字を代入して計算した割引現在価値合計が，事業価値となる。

キャッシュ・フロー関連数値　⇒　Step 5で算定した数字
割引率　⇒　第15章10節（4）項（250頁）の方法で算定した，
加重平均資本コスト（WACC）

5 割引超過利益モデル

(1) 3つの企業価値評価モデル

経済的な資産（実物資産，金融資産）の金銭的な価値は，その権利者が将来受け取るすべてのキャッシュ（各時点で純額）の割引現在価値合計として決まり，企業の価値や株式の価値についても同様です。将来のキャッシュなどの数値（計算データ）は，現在時点で確定していないことが普通であり，予想数値が用いられます。予想数値は現在時点で得られる情報を基礎に合理的に算定します。

企業価値評価モデルには，①割引配当モデル，②割引キャッシュ・フローモデル，③割引超過利益モデルがあります。

①**割引配当モデル**は，将来のすべての企業と株主の間の出資・減資・配当によるキャッシュ・フローの割引現在価値合計として，企業価値のうちの株主価値を求める企業価値評価モデルです。

株主価値＝将来の配当･出資･減資によるキャッシュ･フローの割引現在価値合計

$$V_t^S=\sum_{i=t+1}^{\infty}\frac{Dv_i}{(1+r)^{i-t}}$$

V_t^S：株主価値　Dv_i：配当（出資・増資）　r：割引率　t：現在時点

②**割引キャッシュ・フローモデル**は，将来のすべての事業キャッシュ・フローの割引現在価値合計として，企業価値のうちの事業価値を求める企業価値評価モデルです。

事業価値＝将来の事業キャッシュ・フローの割引現在価値合計

$$V_t^B=\sum_{i=t+1}^{\infty}\frac{BCF_i}{(1+r)^{i-t}}$$

V_t^B：事業価値　BCF_i：事業キャッシュ・フロー　r：割引率　t：現在時点

4節と269頁の方法は，②割引キャッシュ・フローモデルに基づく方法です。

③**割引超過利益モデル**は，損益計算書上の純利益から１期前の貸借対照表上の自己資本（株主資本＋その他の包括利益累計額）に割引率（株主資本コスト）を乗じた額である**正常利益**を控除した**超過利益**の将来のすべての金額の割引現在価値合計と現在時点の貸借対照表上の自己資本の和として株主価値を求める企業価値評価モデルです。　　　　（簿価とは貸借対照表記載金額のことです）

超過利益＝親会社株主に帰属する当期純利益－株主資本コスト×自己資本簿価（前期）

＝（自己資本純利益率－株主資本コスト）×自己資本簿価（前期）

正常利益＝株主資本コスト×自己資本簿価（前期）

株主価値＝将来の超過利益の割引現在価値合計＋現在時点における自己資本簿価

自己資本＝株主資本＋その他の包括利益累計額

$$V_t^S=\sum_{i=t+1}^{\infty}\frac{I_i-rNA_{i-1}}{(1+r)^{i-t}}=NA_t$$

V_t^S：株主価値　I_i：純利益　NA_i：自己資本　r：割引率　t：現在時点(当期)

割引超過利益モデルは，企業が株主価値を生み出すためには，将来の各期において純利益をプラスにするだけではなく株主資本コスト分の正常利益を超える超過利益をプラスにする必要があることを示しています。将来の超過利益の割引現在価値合計がマイナスの場合，株主価値は自己資本簿価より低くなります。

一定の仮定の下で，①割引配当モデルで計算する株主価値と，③割引超過利益モデルで計算する株主価値は一致します。それは，①割引配当モデルの計算式に，複式簿記の基本等式の１つである下記の計算式を代入することで，③割引超過利益モデルが導出されるからです。得られる結果は同じですが，割引超過利益モデルの場合は，複式簿記に基づく損益計算書と貸借対照表の項目（純利益，自己資本（株主資本，その他の包括利益累計額））が計算データとなり，企業価値評価と簿記会計・財務諸表を結びつける形となって，株主価値と客観的に数値として示される会計数値の企業業績指標（純利益）が連動します。企業業績を高めていくことが株主価値を高めることにつながることを示します。

配当・出資・減資によるキャッシュ・フロー

＝株主資本(当期)－株主資本(前期)－純利益　[株主資本残高変動方程式]

事業価値と非事業価値の合計である企業価値は，株主価値と有利子負債価値（将来のすべての企業と有利子負債債権者との間の借入，利払い，元本返済によるキャッシュ・フローの割引現在価値合計の金額）との合計に等しくなります。

(2) 割引超過利益モデルとROE

③割引超過利益モデル(271頁)は，次のように，ROE(自己資本純利益率)を使った表記で表すことができます。企業(経営者)が企業価値(株主価値)の最大化のためには，株主資本スプレッド(251頁)を最大化する必要があるということを示す根拠となるものです。

超過利益＝(自己資本純利益率－株主資本コスト)×自己資本簿価(前期)

$$V_t^S=\frac{(I_{t+1}/NA_t-r)(NA_t)}{(1+r)}+\frac{(I_{t+2}/NA_{t+1}-r)(NA_{t+1})}{(1+r)^2}+\frac{(I_{t+3}/NA_{t+2}-r)(NA_{t+2})}{(1+r)^3}+\frac{(I_{t+4}/NA_{t+3}-r)(NA_{t+3})}{(1+r)^4}+\cdots$$

$$V_t^S=\frac{(ROE_{t+1}-r)(NA_t)}{(1+r)}+\frac{(ROE_{t+2}-r)(NA_{t+1})}{(1+r)^2}+\frac{(ROE_{t+3}-r)(NA_{t+2})}{(1+r)^3}+\frac{(ROE_{t+4}-r)(NA_{t+3})}{(1+r)^4}+\cdots$$

$$V_t^S=\frac{(ROE_{t+1}-r)(NA_t)}{(1+r)}+\frac{(ROE_{t+2}-r)(1+g_1^{NA})(NA_t)}{(1+r)^2}+\frac{(ROE_{t+3}-r)(1+g_1^{NA})(1+g_2^{NA})(NA_t)}{(1+r)^3}+\frac{(ROE_{t+4}-r)(1+g_1^{NA})(1+g_2^{NA})(1+g_3^{NA})(NA_t)}{(1+r)^4}+\cdots$$

$$ROE_i=I_i/NA_{i-1}$$

$$NA_{t+1}=(1+g_1^{NA})NA_t,\ \ NA_{t+2}=(1+g_1^{NA})(1+g_2^{NA})NA_t,\ \ \cdots$$

この式から，株主価値を最大化する(高める)ためには，将来の各期ごとに，自己資本純利益率と株主資本コストの差(株主資本スプレッド)を最大化するようにする必要があるということがわかります。そのために，将来の各期のROEを最大化し，株主資本コストを最小化しようとすることが必要です。株主価値を生み出すためには，ROEを株主資本コストより大きくする必要があります。

また，自己資本の成長スピードが速いほど(自己資本増加率が高いほど)，株主価値が高くなることもわかります。

ROEについては，デュポン・システムによる分解(233頁)により，売上高純利益率，自己資本回転率，総資本回転率，財務レバレッジ比率に分解することができるため，将来の各期のそれらの指標の予想からROEの予想につなげることができます。

（3）割引超過利益モデルによるPBRとPER

③割引超過利益モデルの計算式を，現在時点の自己資本NA_tで割ると，PBR（株価自己資本倍率）（235頁）を評価する式となります。

$$PBR_t^* = \frac{V_t^S}{NA_t} = 1 + \frac{(I_{t+1}/NA_t - r)(NA_t/NA_t)}{(1+r)} + \frac{(I_{t+2}/NA_{t+1} - r)(NA_{t+1}/NA_t)}{(1+r)^2} + \frac{(I_{t+3}/NA_{t+2} - r)(NA_{t+2}/NA_t)}{(1+r)^3} + \frac{(I_{t+4}/NA_{t+3} - r)(NA_{t+3}/NA_t)}{(1+r)^4} + \cdots$$

$$PBR_t^* = \frac{V_t^S}{NA_t} = 1 + \frac{(ROE_{t+1} - r)}{(1+r)} + \frac{(ROE_{t+2} - r)(1+g_1^{NA})}{(1+r)^2} + \frac{(ROE_{t+3} - r)(1+g_1^{NA})(1+g_2^{NA})}{(1+r)^3} + \frac{(ROE_{t+4} - r)(1+g_1^{NA})(1+g_2^{NA})(1+g_3^{NA})}{(1+r)^4} + \cdots$$

現在時点の市場株価による実際PBRが１より大きい（小さい）場合は，市場・投資家は，企業が将来に超過利益・超過ROEを得る（得られない）と予想しているといえます。

また，$PER_i = PBR_i / ROE_i$という関係式があるため（236-237頁），上記の式を現在時点のROEで割るという形で，PER（株価収益率，株価純利益倍率）（235頁）を将来の超過利益で評価する式となります。現在時点のROEが低い企業の場合，PERが高くなる要因が強くなるといえます。現在時点の市場株価による実際PERが，現在時点のROEの逆数より大きい（小さい）場合は，市場・投資家は，企業が将来に超過ROEを得る（得られない）と予想しているといえます。

（4）企業価値評価モデルの計算データの将来数値の予想

企業価値評価モデルにより，価値評価を行う場合，将来の数値（将来の各期ごとの配当，将来の各期ごとの事業キャッシュフロー，将来の各期ごとの残余利益，将来の各期ごとの自己資本，将来の各期ごとの自己資本増加率など）を予想する必要があります。複式簿記の基本構造を基礎にして整合的な数値関係を持つように将来の数値を予想しようとする場合は，予想財務諸表（予想貸借対照表，予想損益計算書，予想キャッシュ・フロー計算書，予想株主資本等変動計算書など）を作成して，必要な数値を予想します。

6 企業価値評価のフレームワークの適用：コーセーを例として

企業価値評価のフレームワークを用いて，コーセーについて，企業価値評価と，理論株価の計算を行ってみます。コーセーの2022年度時点における，加重平均資本コスト（WACC）は，第15章250頁の方法で算定すると，5.084％であり，これが，企業価値評価上の割引率となります。

将来の企業成長が無く（成長率０％）現在の平均的なキャッシュ・フローが永久に継続すると仮定した場合の株式の価値を，本章260頁の永久定額の公式を用いて算定します。その金額は，企業成長があると予想する場合の株式の価値の最低金額とみなすことができます。

連結キャッシュ・フロー計算書を用いて，2022年度から2009年度までの14年分の，事業キャッシュ・フローを計算し，過去に遡る形での過去14年分の平均から過去６年分の平均までのそれぞれを計算すると，下記の表のようになります。

事業CF＝営業活動CF－投資活動CF＋利息の支払額－利息配当金の受取額

（CFはキャッシュ・フロー）

連結損益計算書の親会社株主に帰属する当期純利益についても，2022年度から2009年度までの14年分の，過去に遡る形での過去14年分の平均から過去６年分の平均までのそれぞれを計算し，事業キャッシュ・フローの平均との差を同年数ごとに計算します。それらは下の表のようになります。

（単位：百万円）

	過去6年平均	過去7年平均	過去8年平均	過去9年平均	過去10年平均	過去11年平均	過去12年平均	過去13年平均	過去14年平均
事業キャッシュ・フロー①	15,936	14,922	13,820	12,254	13,525	12,334	11,506	10,837	9,865
親会社株主当期純利益②	23,066	22,865	22,338	21,196	20,190	18,965	17,803	16,951	16,108
平均の差①－②	－7,130	－7,943	－8,518	－8,942	－6,664	－6,631	－6,297	－6,114	－6,243

この表で平均の差の大きさが一番小さいのは過去13年平均となっています。これを理由にして事業キャッシュ・フローの過去13年平均の金額10,837百万円を，現在の企業能力による平均的な永久定額キャッシュ・フローとします。

永久定額キャッシュ・フローの金額： 10,837百万円企業が事業によって将来稼ぎ出すネット・キャッシュ・フローの割引現在価値合計である事業価値を計算するためには，本章２節（５）項の永久割引公式を用います。2022年度末を割引計算における現在時点とします。

永久割引公式・永久定額キャッシュ・フローの割引公式（260頁）を用いる
「永久定額キャッシュ・フロー」の金額⇒ 10,837百万円
「割引率」（加重平均資本コスト）⇒5.084％（0.05084）（第15章250頁参照）

$$\frac{10{,}837}{0.05084}=213{,}159\text{（割引現在価値合計）}$$

事業価値の金額：213,159百万円（2022年度末）

①事業価値，②現金預金・非事業余剰資金資産，③遊休・廃止・処分予定事業資産，④有利子負債残高の４つのデータを用いて，株主価値を算定することができます。コーセー（2022年度末）の場合，①事業価値は，213,159百万円，②現金預金・非事業余剰資金資産は，134,141百万円，③遊休・廃止・処分予定事業資産は，０百万円，④有利子負債残高は，9,982百万円です。②③④については，2022年度の連結貸借対照表の数字を使って計算しています。発行済株式総数は60,592,541株です。企業成長が無い（成長率０％）と仮定した場合の，株主価値と１株当たり株主価値（理論株価水準）の計算は以下のようになります。

現金預金・非事業余剰資金資産（134,141）
＋遊休・廃止・処分予定事業資産（０）＝非事業価値（134,141）
事業価値（213,159）＋非事業価値（134,141）=企業価値（347,300）
企業価値（347,300）－有利子負債（9,982）＝株主価値（337,318）

$$\text{理論株価水準}=\frac{337{,}318\text{百万円}}{60{,}592{,}541\text{株}}=5{,}567\text{円}$$

企業価値の金額：347,300百万円　株主価値の金額：337,318百万円
理論株価水準：5,567円（2022年度末）

株式価値の最低金額として企業成長がないと仮定した場合の株式の価値は2022年度末時点で5,567円となります。2022年12月30日の市場株価は15,730円であり，最低金額の2.82倍となっています。永久割引公式の永久定率成長の計算式（260頁）を使い，市場が期待する成長率を逆算すると3.767％となります。

7 投資家による企業分析のフレームワーク

一企業は，経済全体の中に存在し，経済全体の動向の影響を受けながら，自己の生産する財・サービスの市場で，競合する他企業と市場競争をしながら，収益を獲得し，利益やネット・キャッシュ・フローを稼ぎ出しています。

企業は，財・サービスの生産・販売という事業を中心にして，長期的・持続的に，利害関係者にとってプラスとなる価値を創造し，社会全体に対して，価値を提供するべき社会的存在です。価値の創造能力の高い企業は，収益性が高くなり，キャッシュが続々と入ってくるため，財政状態も優良となります。そのような企業は，優良企業などとよばれます。優良企業は，市場や競争状況などの環境の変化に，臨機応変に速やかに対応して適応し，ビジネスチャンスのような事業投資の機会にリスクとリターンを適切に評価して果敢にチャレンジし続けることを通じて，常に進化し，競争優位を保持して，持続的な企業成長をしていきます。企業の経営者は，企業をそのように導いていくリーダーです。

株主や投資家は自己の投資利益を追求して，株式投資・証券投資を行います。企業への証券投資によって利益を得るためには，企業の現状の実力と潜在的能力および成長性を適切に評価し，企業の将来を予想する必要があります。売上高と利益が長期持続的に増加し続ける企業の株価は，普通，上がり続けます。

企業の将来を予想するためには，分析対象の企業が，実際にどのような経済環境・市場環境におかれ，どのような市場でどのような競合企業と競争し，ど

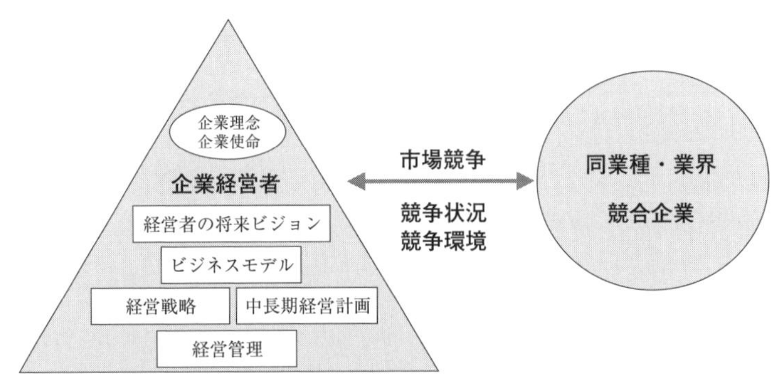

のような企業能力を持っていて，どのような財務状況にあり，どのような収益性があって，どのような経営者がどのような経営の方向性で企業経営をしているかを，客観的なデータや資料によって，理解する必要があります。

有価証券報告書，アニュアルレポート，統合報告書といった財務報告書は，企業の長期持続的な社会に対する価値創造能力や，価値の創造プロセスを理解し，企業価値を評価するために必要な情報が集約されている情報源です。

財務報告書に記載された連結財務諸表に示されている会計情報（会計数値）は，会計期間の期首から期末決算日までという過去から現在までの企業の実績情報です。この実績情報は，現在時点における企業の基本的な生産力や収益力といった企業の基本能力と，財政状態などを把握することに役立ちます。

有価証券報告書，アニュアルレポート，統合報告書に示されている，企業理念・企業使命，ビジネスモデル，価値創造モデル・プロセス，競争優位の分析，経営者の将来ビジョンと経営方針，中長期経営計画，数値目標，経営戦略，財務戦略といった情報は，現在から将来（未来）に向けて企業がどのように変化，成長，推移するかを予想するために役立ちます。

株主や投資家は，過去から現在までの実績としての連結財務諸表のデータ（会計数値）を使って，企業の現状の実力を適切に評価し，それを将来予想の土台としながら，中長期経営計画，数値目標，経営戦略，財務戦略および経営者の経営能力に関する評価を組み合わせることで，客観的な企業情報に基づき，企業の将来を予想します。

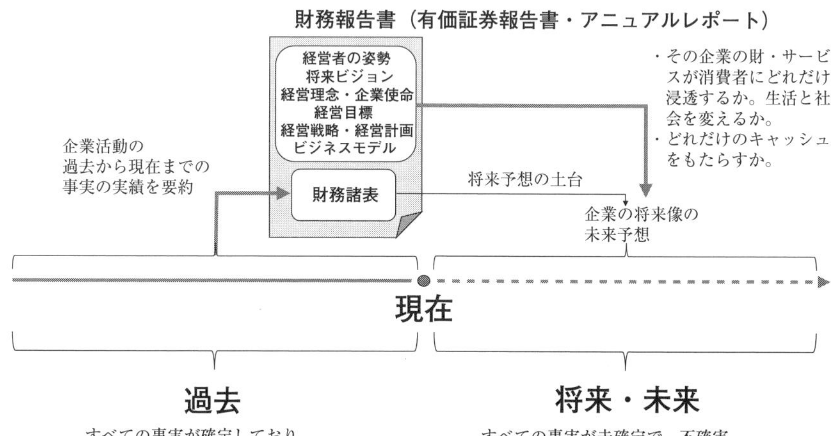

優れた企業分析をするためには，過去の実績情報という性質を持つ連結財務諸表の会計数値から計算した財務比率（ROE，ROA，売上高利益率，自己資本比率など）を，表面的な数字としてだけ理解するのではなく，経営基礎分析と財務諸表分析の分析内容を統合することで，財務比率の全体が指し示す，企業の実体的な能力・構造を，立体的・イメージ的に理解する必要があります。下図は，そのフレームワークを示しています。

企業 **経営基礎分析**

①経営者による企業経営活動
企業理念・経営理念
企業使命
経営者の将来ビジョン
経営戦略
ビジネスモデル
価値創造モデル
価値創造プロセス
中長期経営計画
経営管理

→ 決定

企業の社会的・物理的実体
保有する資産・財産　債務
資金・資金量
製品・サービス　価格表
ブランド　ブランド価値
工場　販売店舗　立地
従業員　人的資源・人材
本社　支社　支店　営業所
製造方法　技術　研究開発
ノウハウ　知的財産　特許
広告宣伝　販売促進
業務プロセス
企業イメージ　知名度
ブランドイメージ
信頼　伝統　営業年数
顧客リスト・顧客情報
株主名簿

①②③の3つの要素が企業の財務的実体の決定要因

②市場競争状況
同業種・業界　競合企業

③経済環境
経済成長率　人口成長率　技術進歩　景気　消費マインド　流行
為替レート　金利水準　物価水準　卸売価格　小売価格
原材料・資源・エネルギー価格　賃金水準　失業率　インフレ率
政府の経済政策　公共事業発注　法律による規制　監督官庁の指導
税制・税金　金融政策　社会状況　外国の景気

過去の実績情報としての会計数値や財務比率が非常に優れていた企業が，突然，経営不振に陥って，経営が悪化するということも多々あります。現在から将来に向かって，企業の業績がどう変化していくかは，企業の経営者の手腕次第といえます。したがって，企業の将来を予想するためには，財務諸表を分析すると同時に，経営者の実力や能力を評価することも，重要となります。

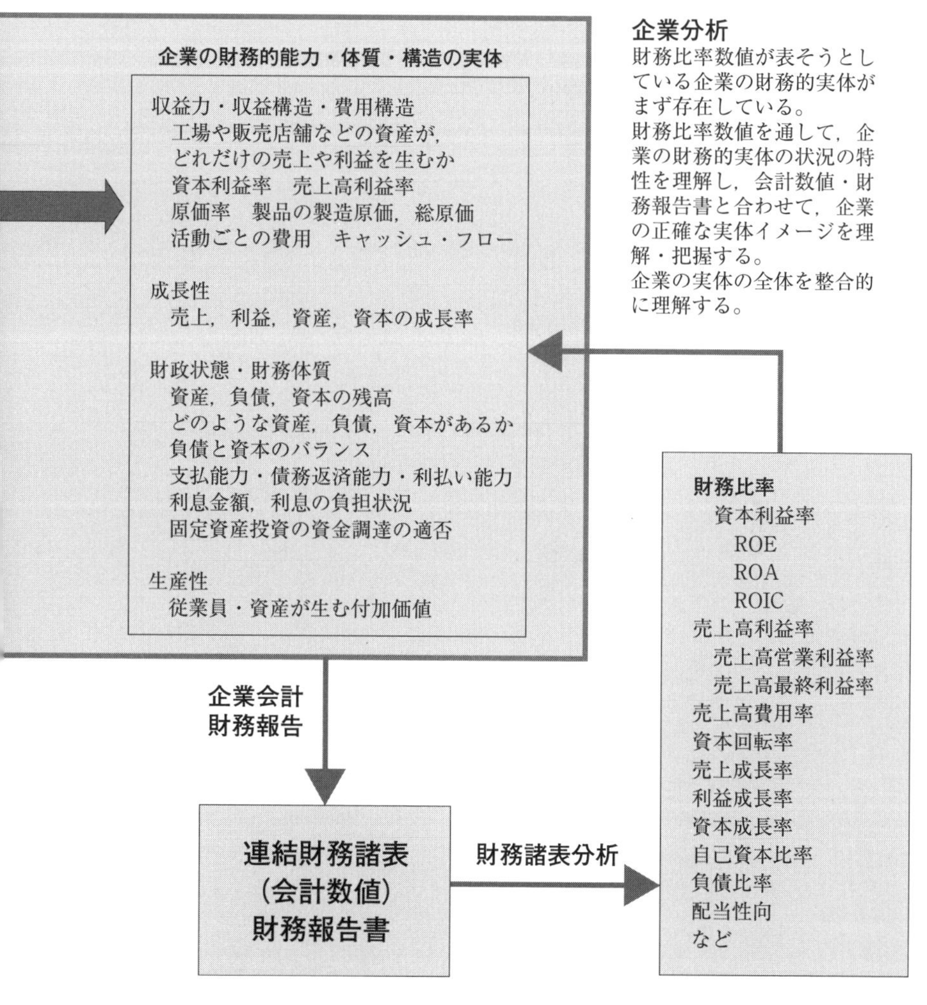

8 上場企業経営者の財務的経営目標のフレームワーク

企業の経営者は，株主の利益の最大化，顧客満足の最大化，顧客への優れた製品・サービス・ソリューションの提供（消費者の生活水準・利便性の向上），各利害関係者（ステークホルダー）への貢献，取引企業間での相互利益による共存共栄，従業員の生活・人生への寄与などを理念・目的として企業経営を行い，企業は，社会に対して価値を産出・提供し，社会に貢献しています。

株式会社の所有者（オーナー）は株主であるため，株主総会における株主の決議によって選任された企業経営者は，ステークホルダーに配慮しながら，株主の利益を追求する企業経営を行うことが使命となります。言い換えれば，経営者は，すべてのステークホルダーのための企業経営を行う必要があります。

経営者の職務は，企業価値を高める投資意思決定を行い，企業の投資の遂行と，投資によって得た資産を用いた営業活動の遂行を管理監督し，事業部門ごとの営業活動の成果を業績測定値（会計数値）によって評価し，これらのことを通して，人材や資金などの経営資源の配分を決定して管理していくことです。

優れた企業とは，優秀な経営陣を有し，優良な事業とその運営実態を構築しており，資金調達構造を中心とする財務面が良好であり，結果としての事業の収益性が高い企業のことです。経営者・経営陣が優れていなければなりません。

上場企業の経営者の財務的経営目標は，企業価値・株主価値・事業価値の最大化（向上），株式時価総額の最大化，株価の最大化，ROEの向上，最終利益の最大化，EPSの最大化であり，これらは企業成長と同時に達成されます。長期持続的に，社会に対して価値を産出・提供し，社会に貢献する企業ほど，これらの財務的経営目標を，よりよく達成することができます。

上場会社の経営者の財務的経営目標

- 企業価値・株主価値・事業価値を高めること
- 株価・株式時価総額を上げること
- ROEを高めること・ROAを高めること
- 最終利益を増やすこと・１株当たり純利益（EPS）を高めること
- 企業を成長させること（売上高や純資産を増やすこと）

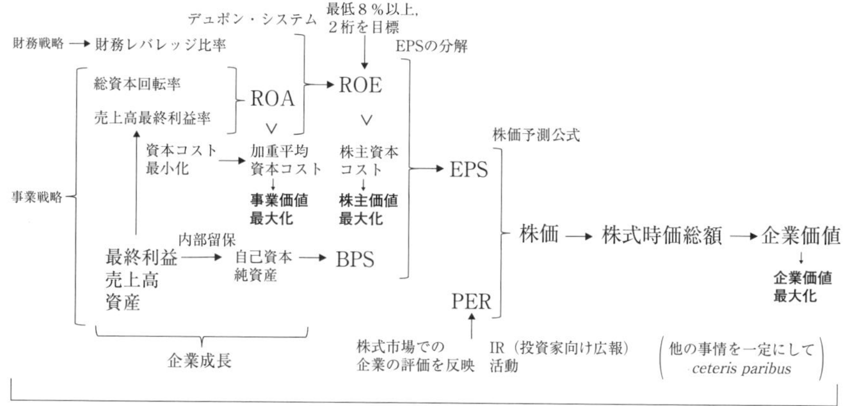

これらの財務的経営目標は，全部が関連しており，一定の仮定の下で実質的に同じことであるともいえます。それは第15章と本章で説明した内容によって理解することができます。

デュポン・システム（233頁）で示されるように，財務計画に基づく財務レバレッジ比率をキープしたうえで，売上高最終利益率と総資本回転率を高めると，ROEが高まります。また，ROA（最終利益またはEBITベース）を高めるとROEが高まります（233頁，246頁の関係式）。

売上高最終利益率がプラスであり，その数値を維持できるのであれば，売上高を増加させれば最終利益の金額が大きくなり，売上高最終利益率が大きいほど，最終利益の増加幅が大きくなります。最終利益の金額の内部留保を蓄積していくと自己資本（純資産）の金額が大きくなっていきます。

株価の分解式（238頁）で示されるように，株価収益率（PER）が一定であると仮定すれば，１株当たり純利益（EPS）を高めれば，株価は上がります。EPSを高めることは，率であるROEを高めることと，金額である１株当たり自己資本（BPS）を高めることに分解され，これらをともに高めることで，EPSと株価は上がります。

株価が上がると，株式時価総額（161頁，240頁）も増加します。

PERは，株価を使って計算するため，株式市場による企業の評価を反映しています。つまり，投資家が，企業の将来キャッシュ・フローや純利益の金額を予想して計算した株式の価値評価金額を反映しています。

最終利益の金額の規模を大きくするのに伴い，工場や営業所，従業員数といった企業の物理的・実体的規模が大きくなり，売上高や資産合計の金額の規模も大きくなって，企業成長をしていきます。均斉のとれた企業成長率の目安として，サステナブル成長率（244頁）があり，それは，ROEが高いほど高くなるため，ROEが高い方が，潜在的な均斉成長が速くなるといえます。

企業価値・株主価値・事業価値を高めるためには，ROEやROAを単に高めるだけではなく，それらが資本コストを上回る幅である資本スプレッド（251頁）を高める必要があります。資本コストを下げることも重要になります。

このような財務的経営目標のフレームワークを使って，上場企業の経営者は，株主の利益を最大化し，企業価値を最大化するという最終目標を達成するために，論理を後ろ向きに遡り，財務的経営目標を具体的かつオペレーショナルなレベルまで還元して，経営戦略を立案し，経営意思決定を行っています。

企業の経営者は，財務諸表（連結／個別）で示される会計数値を見ながら，経営戦略策定，経営資源配分，経営管理，業績評価という企業経営を行っていきますが，同時に，経営者自身の業績や手腕も，その会計数値によって，株主，投資家などの企業外部者から評価されます。企業の経営者は，企業の価値を高めていくという最終目標のために，企業経営により企業全体を動かしていくことを通して，財務諸表（連結／個別）の数値や財務比率・財務指標を良くしていく必要があります。貸借対照表の数値を良くして，財政状態を良くし，損益計算書とキャッシュ・フロー計算書の数値を良くして，経営成績・業績を良くしていく必要があります。企業の経営者は，適切な企業経営を行うために，会計数値を理解し，会計数値の向上メカニズムや企業価値の向上メカニズムを理解しておく必要があります。

会計と倫理

連結財務諸表上の会計情報は，企業価値の推定（評価）に役立つことが期待されていますが，企業価値そのものは表現していません。企業価値は，投資者が財務報告書と会計情報を利用して，自己責任で推定（評価）することが想定されています。1人の投資者が企業価値を常に正確に評価し続けることは難しいですが，証券市場の投資者全体としては，財務報告書による会計情報のディスクロージャーを基礎に，平均的に，企業価値を正しく推定しており，それによって，社会全体の資金が効率的に配分，利用されて，経済全体が発展・成長していきます。このため，財務報告書には，事実かつ真実の情報を記載しなければなりません。

キーワード

貨幣の時間的価値　複利計算　割引計算　割引率　将来価値　現在価値　割引現在価値
永久定額キャッシュ・フローの割引公式　永久定率成長キャッシュ・フローの割引公式
企業価値評価　企業価値　事業価値　非事業価値　有利子負債価値　株主価値
企業価値のバランスシート　理論株価水準（1株当たり株主価値）
将来キャッシュ・フローの予測　企業価値評価のフレームワーク　企業分析のフレームワーク

練習問題

問題16－1　次の問いに答えなさい。

① 現在時点の1年後から永久に，毎年700億円のキャッシュ・フローを稼ぎ出す場合の，割引現在価値合計はいくらか？　割引率：年7％　＿＿＿億円

② 現在時点の1年後から永久にキャッシュ・フローを稼ぎ出し，その金額は，現在時点の1年後が100億円であり，それ以降，毎年，6％の一定率で増加していく場合，割引現在価値合計はいくらか？　割引率：年7％　＿＿＿億円

問題16－2　加重平均資本コストを計算しなさい。

負債コスト：4％　　株主資本コスト：8％
有利子負債合計：5,000億円　　株式時価総額：15,000億円　＿＿＿％

問題16－3　株主価値と，1株当たり株主価値を計算しなさい。

事業価値：10,000億円　　現金預金残高：2,000億円
遊休資産価値：500億円　有利子負債合計：5,000億円
発行済株式総数：5億株
株主価値：＿＿＿億円　　1株当たり株主価値：＿＿＿円

問題16－4　同じ業種の上場企業を3社選び，その3社の直近の5年度分の有価証券報告書を入手した上で，本章の枠組みに従って，企業価値評価を行い，分析，比較をしなさい。

問題16－5　倫理問題

Z社では，有利な資金調達のために，IR活動においてアニュアルレポートを作成し公表しています。Z社は，ここ数ヵ月，株価が下落しているため，社長のX氏は，自社で企業価値を算定し，それをアニュアルレポートに掲載して，自社の価値をアピールすべきであると，経営会議で提案しました。前経理部長であり現在は広報IR部長であるV氏は，会議で，どう答えるべきでしょうか？

索　引

か

さ

た

■編著者紹介

矢部孝太郎（やべ　こうたろう）　［担当］ 第1章～第16章
大阪商業大学総合経営学部准教授

■著者紹介

原田保秀（はらだ　やすひで）　［担当］ 第11章　第12章
四天王寺大学経営学部教授

吉岡一郎（よしおか　いちろう）　［担当］ 第4章
京都産業大学経営学部教授

酒井絢美（さかい　あやみ）　［担当］ 第10章
立命館大学食マネジメント学部准教授

近藤汐美（こんどう　しおみ）　［担当］ 第8章第3節
京都経済短期大学経営情報学科講師

松脇昌美（まつわき　まさみ）　［担当］ 第4章
東海学園大学経営学部教授

中村映美（なかむら　えみ）　［担当］ 第8章第1節～第2節
大阪成蹊短期大学経営会計学科教授

梶原太一（かじわら　たいち）　［担当］ 第6章
高知県立大学文化学部准教授

廣瀬喜貴（ひろせ　よしたか）　［担当］ 第7章
大阪公立大学大学院経営学研究科准教授

財務報告論（第３版）

2017年３月23日　第１版第１刷発行
2018年４月１日　第１版第２刷発行
2020年１月23日　第２版第１刷発行
2022年11月７日　第２版第５刷発行
2023年９月９日　第３版第１刷発行

編著者　矢　部　孝　太　郎
発行者　山　本　継
発行所　㈱　中　央　経　済　社
発売元　㈱中央経済グループ
パブリッシング
〒101-0051　東京都千代田区神田神保町１-35
電話　03（3293）3371（編集代表）
03（3293）3381（営業代表）
https://www.chuokeizai.co.jp
印刷／三英グラフィック・アーツ㈱
製本／誠　製　本　㈱

ISBN978-4-502-47181-0　C3034